政治经济学批判与
人的存在观念重构

孙 亮 ◎ 著

中央编译出版社
Central Compilation & Translation Press

图书在版编目（CIP）数据

政治经济学批判与人的存在观念重构／孙亮著．—北京：中央编译出版社，2021.11

ISBN 978-7-5117-4039-7

Ⅰ．①政… Ⅱ．①孙… Ⅲ．①马克思主义政治经济学-研究 Ⅳ．①F0-0

中国版本图书馆 CIP 数据核字（2021）第 216593 号

政治经济学批判与人的存在观念重构

责任编辑	兰　鹏
责任印制	刘　慧
出版发行	中央编译出版社
地　　址	北京西城区车公庄大街乙 5 号鸿儒大厦 B 座（100044）
电　　话	（010）52612345（总编室）　（010）52612389（编辑室）
	（010）52612311（营销部）　（010）52612315（新技术部）
传　　真	（010）66515838
经　　销	全国新华书店
印　　刷	北京中兴印刷有限公司
开　　本	710 毫米×1000 毫米　1/16
字　　数	237 千字
印　　张	17.5
版　　次	2021 年 11 月第 1 版
印　　次	2021 年 11 月第 1 次印刷
定　　价	89.00 元

新浪微博：@中央编译出版社　　　　**微　信：**中央编译出版社（ID: cctphome）
淘宝店铺：中央编译出版社直销店（http://shop108367160.taobao.com）　（010）52612322

本社常年法律顾问：北京市吴栾赵阎律师事务所律师　闫军　梁勤
凡有印装质量问题，本社负责调换，电话：（010）52612317

目　录

导　言 ··· 1

第一章　商品化世界与人的存在观念 ································· 6

第一节　存在观念与日常生活世界 ································· 6
一、透视"生活"的两个向度 ······································· 7
二、资本、自由民主与形而上学 ·································· 10
三、可能性的美好生活观念 ··· 14

第二节　拜物教与人之存在观念的"抽象化" ···················· 17
一、"个人受抽象统治"的建构原则 ······························ 18
二、重构人之存在观念是否可能 ·································· 21
三、基于"感性的实践活动"的反思 ····························· 25

第三节　价值观念与"抽象"的规训 ······························· 29
一、价值形式对存在观念的"同一化" ·························· 30
二、"支配方式"与存在观念的颠倒 ····························· 34
三、走出抽象统治的可能 ·· 38

第四节　资本形态的"认知化"与存在观念抽象的深化 ······ 41
一、思想源头：西美尔、哈耶克与马克思 ······················ 43
二、"一般智力"的时代效应 ·· 47

三、有没有溢出政治经济学批判：一个反思 ……………… 53

第二章　政治经济学批判与"正义"观念反思 ……………… 58
　第一节　"正义"概念的厘定：事物化与物化 ……………… 58
　　一、词频统计 ……………………………………………… 60
　　二、思入正义的方法论 …………………………………… 64
　　三、勘定正义的真实处境 ………………………………… 67
　第二节　正义的价值观念与政治经济学批判的认知 ……… 71
　　一、"物化"与"事务化" ………………………………… 73
　　二、错认意义上的"正义拜物教" ……………………… 77
　　三、"正义"观念之建构性与限度 ……………………… 80
　第三节　"后正义"存在观念的道路选择 ………………… 84
　　一、"正义"观念争论的分歧、实质与出路 …………… 85
　　二、历史地思考正义观念 ………………………………… 89
　　三、吁求正义观念的张力与以往存在方式的反思 ……… 93

第三章　政治经济学批判与"法"的观念重构 …………… 98
　第一节　马克思与"法"的观念的双重超越 ……………… 98
　　一、自然法学派的要旨及"三个困境" ………………… 99
　　二、以事实命名的法律实证主义的神话 ……………… 103
　　三、拜物教与"法的观念" …………………………… 107
　第二节　人的自然法观念传统 …………………………… 111
　　一、马克思与自然法关系的"似是而非" …………… 112
　　二、"自然法"的两个向度 …………………………… 116
　　三、自然法的现实呼唤 ………………………………… 120
　第三节　政治经济学批判与"抽象"法则 ……………… 124
　　一、"抽象"转向与法则的呈现 ……………………… 126

二、主体与"抽象社会"的断裂 …………………………………… 131
三、"突破"抽象社会与守望解放 ………………………………… 135

第四章 政治经济学批判与当代人的文化观念 …………………… 141
第一节 现代世界与传统价值观念重估 ………………………… 141
一、"特定思想"与普遍意义 …………………………………… 142
二、精神与幽灵 …………………………………………………… 145
三、化"精神"为未来思想的元素 ……………………………… 148
第二节 资本与文化虚无主义 …………………………………… 153
一、抗拒"舍人而为道" ………………………………………… 154
二、值得反思的"历史主义"根由 ……………………………… 156
三、避免瓦解虚无主义的浪漫想象 ……………………………… 158
第三节 存在观念与时代精神 …………………………………… 164
一、欧洲启蒙运动与时代精神的逆反 …………………………… 165
二、否定的辩证法与时代精神的重新规划 ……………………… 169
三、"人民的幸福"与"时代精神"的一致性 ………………… 173
第四节 "生活着的一切都已转化为景观" …………………… 177
一、"表现"及其机制 …………………………………………… 178
二、"景观社会"对表现的激进化改写 ………………………… 182
三、将"景观"重新置放于"表现" …………………………… 186

第五章 人的存在观念重构之双重向度 …………………………… 191
第一节 "资本逻辑的空间化"与"空间修复"的困境 ……… 191
一、黑格尔对殖民理论的激活 …………………………………… 192
二、马克思对"杜能"的批判 …………………………………… 196
三、激进式路径及其反思 ………………………………………… 200

第二节 "争胜式"的民主价值观念：逗留于政治解放 ……… 203
一、遮蔽"政治性"的政治自由主义 ……………………… 204
二、"对手"模式 ……………………………………………… 207
三、争胜式的民主的价值观念：一种可能性的反思 …… 212

第三节 加速社会批判："倾向性共振"的主观恢复 ……… 216
一、"社会加速"、动力因素及内在机制 ………………… 217
二、从异化走向"共振" …………………………………… 220
三、"社会加速"的现实批判 ……………………………… 226

第四节 "精神政治学"："去心理化"的幻象 ……………… 230
一、从自然属性的肉体、"让精神死"到"让精神活" … 232
二、自我剥削、攻心的权力与集体意识调节 …………… 236
三、价值形式化、资本矛盾与自由的可能 ……………… 240

第五节 历史唯物主义视域中解放的逻辑建构 …………… 245
一、资本逻辑与人的解放逻辑之间存在裂缝 …………… 246
二、不能遗忘每一个具体的"同一性" …………………… 250
三、修补资本逻辑批判 …………………………………… 255

参考文献 …………………………………………………………… 260

后　记 …………………………………………………………… 274

导　言

对人的存在观念进行研究，实质上展开的是在特定社会存在条件下，考察现实的人如何遭遇其生活中的文化、法等与人之存在息息相关的根本观念，当然，也包含对未来社会形态的价值观念倡导。

为此，这一研究的方法论在本著作中采用的是政治经济学批判。当然，政治经济学批判有不同的理解方向，诸如在德国古典政治经济学概念范畴与现实的经济生活之间"脱离"的意义上所进行的政治经济学批判；也有在价值形式的意义上展开的，诸如将抵抗价值形式的同一性作为基本的批判策略。在本著作中，采用的政治经济学批判大体上是以对商品化生活中那种政治经济学运行规则进行反思，并将这种运行规则称为拜物教的一种社会存在维度，同时，也将指出拜物教的社会认知维度。因而，我们的政治经济学批判可以在较为宽松的意义上讲，一方面是对人的价值观念的社会处境进行反思，这是基于社会存在维度来看的；另一方面要对人的各种观念，诸如正义、法、文化观念进行反思，这些反思是立足在社会存在维度之上，对人们的社会认知进行的批判性考察。

在此种方法论的思路之下，我们需要厘清社会存在维度到底发生了什么？也就是说商品化社会是一种什么样的社会，按照笔者的看法，这是一切事物、行为的质被抹平、被同质化，一切都可以被资本洞穿的透明的社会，事物与行为变得可量化，当然量化就意味着异质性之间具有了可通约性，这个社会正在逐渐地"同质化"。因为，事物与行为自身存在的意义被看作是整体透明的、可量化的社会的一个构件，它们自身的意义被掏空，一切的一切最终都指向了这座同质化的围城。我们生活在这样的围城之中，伴随着货币让一切相互通约，交换随处进行等抽象化的日常处境，我们的观念中也会形成一种"同质化"或者同一化的认知方式，此类思维方式自然也会在价值观念中扎营。如果我们将这种同质化的力量称为他性存在，那么，它正在占据着自性存在。可以再直白一点，我们所看待的正义、法、政治、文化可能很大程度上是对他性的呈现。

"他性"便是地地道道的暴力，时常灼伤人的心灵，也时常让人百般无奈，灵魂、爱、关照似乎在"他性"的光线下黯然失色，在被他性占据的目光中，自性存在变得虚无起来，"透明的关系是一种死亡的关系，它没有一丝一毫的魅力和活力，只有死亡之物才是透明的"。① 显然，这个商品交换为主导的社会是一个否定型社会，它"确确实实正在摧毁那些肯定的、富于生产力的人类存在于共在空间"。② 而这正是我们要分析政治经济学批评语境下人的价值观念的最重要原因之一。当我们触及正义、法、政治、文化等领域中的观念时，其实，这些观念都会与这样一种否定型的社会、与他性占据自性存在直接关联在一起。这种否定型社会的分析，虽然能够揭示出整个社会运行的"无人性"的暴力特质，但是，它终究无法获得解放的力量源泉，因为解放是来自于对爱、来自于对人类的情感以及那最为真实的善良的承认，而这是资本逻辑无法逾越的解释界限。所以，近年来，笔者始终在论证资本逻辑与生活逻辑之间存在着裂缝，并认为这个裂缝是解放的源泉，其实只要将思绪铆钉在2020年新冠肺炎疫情之下，那么多以医护人员、一线战士、志愿

---

① ［德］韩炳哲：《透明社会》，北京：中信出版社2019年版，第6—7页。
② ［德］韩炳哲：《透明社会》，北京：中信出版社2019年版，第7页。

者为代表的勇士们，我们就会明白，那个透明的量化社会的法则显得多么猥琐、多么卑劣；至少，我们还看得到这个裂缝的存在，而这也是我们坚定地以政治经济学批评去审视人的价值观念所遭受的度量化的透明社会的诸问题之后，依然要从西方左翼思潮的种种未来社会的畅想中，一同去设想超越度量社会的可能性，在马克思的原则下，汲取西方左翼思想的某种反思，增强历史唯物主义在当下为解放事业的贡献力。

具体来讲，第一，本论著对人的价值观念的商品化语境分析，提出这样的观点：在商品社会的生活面前，人呈现为一种生产者与所有者的无个性的"常人"形象，资本、自由民主与形而上学三者共同构成当代人价值观念的基本场景，从而将人的价值观念塑造为"物化"观念。进而认为，从"物化"的意义上讲，价值往往被"非批判实证主义化""实体化""先验化""非实践化"，从而使得仅具"历史正当性"的资产阶级价值获得"永恒信念"的外衣。进行价值再造不能以"灵知主义""救赎"等观念来补救，我们需摆脱"观念批判"的套路，转而植入政治经济学批判。如果进一步从商品"价值"对人的生存"规训"来讲，与之相应的人的物化的价值观念破解之道，则在于摆脱商品价值的规训，在认知资本主义（Cognitive Capitalism）社会，这一点又更进一步得到表现。

第二，集中阐释了当代政治哲学、法哲学中的两个"核心概念"，即"正义"与"法"。论著的观点是：正义只能在事物化限度内来谈论，但是在事物化瓦解之后，正义便失去了谈论的根基。现在谈论正义是因为作为正义的条件即事物化在当下依然具备历史给予的暂时正当性。商品化所造成的"正义拜物教"一旦嵌入到政治经济学批判中就不攻自破，这正是界划马克思主义与自由主义正义价值观念的标志。从中国特色社会主义建设来看，中国实践智慧地处理马克思正义价值观念的内在辩证张力，已经逐渐开启一条与"自由主义与社会主义相结合寻求正义价值观念""市场正义价值观念"以及"第三条道路"的正义价值观念不同的"中国道路"。因而,立足于政治经济学批判,对当代社会中盛行的物化基础上的法的价值观念,不能仅仅以意识批判重构,而应当对法的存在根源进行改造。

第三,论著在分析"当代人的价值观念建构的文化观念"问题时,认为,首先,反思优秀传统文化创造性转化的前提,即儒学之于当下意义。可以借鉴马克思的幽灵与精神的异质性诠释路径来审视儒学,转而以一种面向未来的精神审理儒学之价值当为必要。

对于虚无主义问题。单纯地从历史主义这种形而上学路径来反思价值虚无主义,可能导致研究视角的狭窄。这是因为人们的价值观念总是深深扎根在经济生活与政治生活的双重地平线上。资本主义生产模式变迁与虚无主义的关联(资本逻辑)以及政治生活对虚无主义的影响(权力逻辑)是比形而上学路径批判虚无主义更为有力的方向。真正懂得资本、政治与形而上学三者的关系,方能懂得克服现代虚无主义的要求。

当然还会涉及时代精神问题以及一切"表现了的社会"(景观社会)的问题。这里不去过度讨论时代精神,但是说一下后者,依照马克思的看法,"表现形式"必须置于特定的社会关系中才能真正理解事物本身;表现形式不断发展最终构成了统治人们生活的"抽象形式"并获得了永恒性的外观。景象自身构建了一个"伪世界",人们在其中"以奴为主",德波对此批判与变革的方案最终求助于日常生活的艺术实践,这显然是过分夸大了从占有到显现的过程,从而否定了当今社会依然需要从"资本—阶级"的关联来建构革命主体。

第四,本论著还聚焦了哈维、墨菲、罗萨、韩炳哲等西方左翼学者对解放的各种看法,分别讨论了他们各自的抵抗拜物教社会的策略。这里以墨菲来看,后马克思主义者墨菲一方面借助施米特揭示了遮蔽政治性的政治自由主义的内在缺陷;另一方面,又与施米特的民主需要一种同质性的人民的存在这一观点保持距离,认为其排除多元主义易于走向极权。在上述批判之后,墨菲将施米特的"我们/他们"之间的关系改写为一种争胜的模式，这样一来，她试图在施米特与自由主义之间寻找另类的民主模式。但是，这一模式的实践可能性需要创造新霸权的主体，对此，墨菲却将民主的实现目的误认为前提，进行了颠倒性的思考，从而走入死胡同。

本书还考察了社会加速理论、精神政治学，以及关于哈维论述的"资本逻辑的空间化"等资本主义新进展问题。西方学者以其所在的社会为考察对象，构建了独特的批判理论视角。正是在这些视角的设想下，他们构造更新人之存在观念的方案。为了能够深入认识这些批判理论，则需要给予严肃分析。例如，分析社会加速理论时，我们将追问社会加速的内涵及动力机制的核心原则，以及社会加速批判与政治经济学批判的关系，或者说，此类社会批判理论是否能够达到政治经济学批判的高度。同样，在考察精神政治学批判的社会理论时，也会遇到这些问题。

如何能重新反思这些左翼学者呢？本书借助《资本论》的辩证法方法论，总体性地批判分析了上述各种理解，并从《资本论》出发重新诠释了马克思的解放理念。

第一章　商品化世界与人的存在观念

第一节　存在观念与日常生活世界

立足政治经济学批判展开对人的观念世界的研究，其中一项基本的任务是要厘定当代人的日常生活的"拜物教"问题。因为拜物教之中内含的"物象化"与"物化"的区分恰好表达了政治经济学批判的两个层面，而这也构成了有效理解生活存在方式的基本框架。在商品社会的生活面前，人呈现为一种生产者与所有者的无个性的"常人"形象，而生活外在于人独立存在。对此，学术界大量存在着对生活以观念"错认"这一主体向度的物化方式来加以认知，而物象化这一存在论的客体向度一再被遮蔽。通过揭示拜物教包括主客体双重向度，我们才能够真正把握到构成当代人生活的三种统治形式，即资本、自由民主与形而上学。而瓦解这些统治形式的道路则需要以"实践辩证法"的态度，在"张力"中拆解资本以及为资本存在所做的制度与意识的保护机制，这无疑是生活的基本智慧。

第一章　商品化世界与人的存在观念

一、透视"生活"的两个向度

　　追问什么是生活，比追问什么是政治、什么是哲学可能还要艰难。抛开观念史路径，我们借助马克思拜物教批判的"对象规定性"这样一种具有"现象学意味"的探究方式或许有效。在《资本论》的"商品与货币"一章中，马克思借助价值表现形式对这一方式给予了详尽的说明，所谓"对象规定性"就是商品的内在价值不能够通过自身给予直接呈现，而是必须通过和其他商品等价关系的中介来完成，"通过价值关系，商品B的自然形式成了商品A的价值形式，或者说，商品B的物体成了反映商品A的价值的镜子"。① 那么，探究生活的"镜子"或者"对象的规定性"是什么？更进一步的问题是生活与"何物"能够形成一种等同机制。我们可以对广松涉意图将商品语言翻译为"人类语言"的想法做进一步的叙述，他认为，在20码麻布与1件上衣的商品A与B的主体关系中，"A所关心的，是上衣这种物（使用价值物），而不是对方B的人格的个性。只要是上衣的生产者和所有者就行，对方的人格等是无关紧要的。"② 我们的推论是，在商品社会中，生活如同A，对它来讲重要的是人所给予的实践样态，即是"善"的或者是"恶"的操持，而不会关注人本身。或者说，对生活而言，人即B只是作为生活的"生产者与所有者这一无个性的所谓常人"。③ 那么，在拜物教包裹中，我们到此似乎陷入了僵局之中，为什么在生活面前"人"成了这种"抽象"的常人（Das Man）？如果我们不从"现实的个人"出发而是沉迷于常人式的思考，会真正对生活本身有所领悟吗？无疑，这是一个相对于历史

---

① 《马克思恩格斯文集》第5卷，北京：人民出版社2009年版，第67页。
② ［日］广松涉：《资本论的哲学》，邓习议译，南京：南京大学出版社2013年版，第109页。
③ ［日］广松涉：《资本论的哲学》，邓习议译，南京：南京大学出版社2013年版，第109页。

哲学与政治哲学来讲十足的"元问题"。

当人们将商品社会中特定的"常人"误认为是人的自然本质的时候，我们则需要再借助马克思拜物教批判的"历史性思维方式"来给予解释。在商品社会中，人与人的关系通常被以物与物的关系即 Sache 之间的关系方式颠倒，而物与物的关系，又再一次颠倒为物（Ding）本身固有的自然本质，才完成了"总体的"拜物教。前者是一种作为社会存在之颠倒的"物象化"（Versachlichung）的过程，而后者则是以观念错认方式颠倒的"物化"（Verdinglichung）过程。① 所以，对于马克思来讲，"资本不是物，而是一定的、社会的、属于一定历史社会形态的生产关系"。② 在这一意义上，"常人"一般被理解为属于观念的"错认"。那么，是不是说，只要在文化批判的意义上，以一种存在主义的方式宣告以"本真的人"的思考就可以与"错认"隔离开来？这一点，可以举海德格尔为例，黑尔德认为海德格尔对政治这一世界来讲，仅仅将之归属于常人而非本真状态的生存模式的理解方式是有误的。③ 正是说明了这是以离开"错认"的姿态却走向"错认"的道路。同样，"隆哥版本"④ 的葛兰西在"文化批判"的意义上也为后来的社会批判理论开了一个"坏的方向"，法兰克福学派乃至今天的西方社会批判理论诸如费雷泽、后马克思主义者墨菲等在寻求批判的"基点"时，还意图以文化颠覆"错认"的方式来推进生活，显然存在一定的理论限度。因为，这种抽取了个性的"常人"本来只是商品社会中人的生活的存在方式，它

---

① 关于这一区分，日本学者平子友长以如何看待 Sache 和 Ding 来分析物象化（Versachlichung）与物化（Verdinglichung）的精准看法，是值得高度重视的，参见［日］平子友长：《物象化与物化通黑格尔辩证法的联系》，载《马克思主义与现实》2012 年第 4 期。

② 《马克思恩格斯文集》第 7 卷，北京：人民出版社 2009 年版，第 922 页。

③ ［德］克劳斯·黑尔德：《世界现象学》，倪梁康等译，北京：生活·读书·新知三联书店 2003 年版，第 218 页。

④ 之所以要强调是"隆哥版本"的葛兰西，源自于葛兰西本人并没走向文化批判，他始终与列宁保持着同样的逻辑。只是到了意大利共产党"隆哥时代"情况发生了转变，经过隆哥叙述的葛兰西背离了列宁，撇开了政治经济学的思考，开启了"文化批判版本的葛兰西"。

是特定的，却被看作是生活本身，而且还被当作一种面对生活的思考出发点来建构各种关于美好生活的理论世界。

马克思在《德意志意识形态》中以批判德国哲学的方式，提出自己对于"生活"的理解方法，"符合现实生活的考察方法则从现实的、有生命的个人本身出发，把意识仅仅看做是他们的意识"。① 但是，这一点并不容易认识到，正如上文所述，在商品社会中，拜物教遮蔽了人们的视野，生活成为了一个科西克（kosik）所说的"伪具体的世界"。这是一个"人的拜物教化实践的世界"，其中充斥着"真理和欺骗互相映衬的图画"，也"盛行着模棱两可的东西，现象在显露的同时也在掩盖本质"。② 所以，上文发生的错认当然有其内在产生机制。不过，当马克思说认识生活，必须"从现实的、有生命的个人本身出发"时，可以理解为是对拜物教批判的"Sache"关系的再颠倒的结论③，而对错认的批判与颠倒不过仅仅是拜物教批判之观念意义上物化的颠倒而已。一旦将"现实的个人"与"Sache"联系起来，问题将得到进一步的深化，即要想能够真正理解生活还必须以商品社会中个人在生产资料所有制中的状况为根据。当人们抱怨生活，甚至看不懂生活为何如此的时候，重要的将不再是换一种视野从一种人的本真状态下行到抽象无个性的人，并来对生活应该如何指指点点，而是必须认清只在特定社会产生的物与物的关系对人与人的关系的置换，并能够给予重新置换过来，这才是一个更为根本的任务，而这一任务不是"认识论"的，它归属于实践范畴。当然，两者之间是以颠覆人与人之间真实的剥削关系的实践为基础，辅以认识论的清理才能不断趋近的过程，在这个意义上，笔者赞同科西克的

---

① 《马克思恩格斯文集》第 1 卷，北京：人民出版社 2009 年版，第 525 页。
② ［捷克］卡莱尔·科西克：《具体的辩证法》，傅小平译，北京：社会科学文献出版社 1989 年版，第 2—3 页。
③ 有学者认为，这一颠倒直到在《资本论》中"商品拜物教性质及其秘密"一节才得以建立，笔者以为这是不准确的，应该是这种运用早已开始，只不过在《资本论》中借助商品的世界再次集中展现，所以考茨基才说，"这一节，应该看作是全篇一个最重要的部分"。[德]考茨基：《资本论解说》，戴季陶、胡汉民译，北京：九州出版社 2012 年版，第 11 页。

说法,"摧毁伪具体"的有下列几种方式:"(1)以人类的革命—批判实践来摧毁。这个实践与人的人化过程同一,而社会革命是它的关键阶段。(2)以辩证的思维来摧毁"。所以,一定得深刻地懂得,理解生活不仅要从人的"观念"的辩证思维入手,更重要的是,要从"现实的个人"改造"生活"的实践活动本身来理解生活,"摧毁伪具体是构造具体实在和具体地观察实在的过程"。①

观念地理解生活存在与实践地改造生活,实质上在马克思那里是通过拜物教批判区分物象化与物化而得以界划的两种不同姿态。对于生活的回答,马克思认为是"我们的出发点是从事实际活动的人,而且从他们的现实生活过程中还可以描绘出这一生活过程在意识形态上的反射和反响的发展。甚至人们头脑中的模糊幻象也是他们的可以通过经验来确认的与物质前提相联系的物质生活过程的必然升华物"。②完成了对生活认知的存在方式之后,如何进一步理解生活的统治形式则成为了一个十分艰难也备受质疑的论题。

二、资本、自由民主与形而上学

从马克思视域来看,他的整个文本群处理的问题本身就包含了瓦解"生活"的三种统治形式。在不太严谨的意义上讲,在早期主要以形而上学批判的方式来与德国古典哲学对抗,紧接着在中期则大部分任务是用来处理自由民主制度自身"政治解放"的限度问题,而最后落脚点均在以资本为主体展开的政治经济学批判,集大成之作就是我们看到的《资本论》。从上部分分析来看,马克思已经非常清楚地认识到,在生活面前,人仅仅以"生产者与所有者"出现的无个性的形象,这与上述三种力量相关,而对处于核心地位的资本的强调则是因为,"在资产阶级

---

① [捷克]卡莱尔·科西克:《具体的辩证法》,傅小平译,北京:社会科学文献出版社1989年版,第9页。
② 《马克思恩格斯文集》第1卷,北京:人民出版社2009年版,第525页。

社会里，资本具有独立性和个性，而活动着的个人却没有独立性和个性"。① 这就是说，当人在生活面前仅仅是资本增值的工具，"人是资本的奴隶，是一种'商品'，一种交换价值"。② 对此，马克思非常愤怒地写道，"人同马、蒸汽、水全都充当'力量'的角色，这难道是对人的高度赞扬吗？"，"在现代制度下，如果弯腰驼背，四肢畸形，某些肌肉的片面发展和加强等，使你更有生产能力（更有劳动能力），那么你的弯腰驼背，你的四肢畸形，你的片面的肌肉运动，就是一种生产力。如果你精神空虚比你充沛的精神活动更富有生产能力，那么你的精神空虚就是一种生产力，等等，等等"。③ 一句话，沦为常人这种无个性的人只不过是按照资本逻辑的工具需要发展自己而已。这样一来，在商品社会生活中，一切似乎都是错位的，包含着自己的反面形象，所以，我们很容易理解，今天随着技术的更新，人类劳动似乎被一种更加奇特的力量所减少，但是，过度的疲劳与两极分化显示出来的"贫困"愈加深化，"技术的胜利，似乎是以道德的败坏为代价换来的。随着人类愈益控制自然，个人却似乎愈益成为别人的奴隶或自身的卑劣行为的奴隶"。④ 但是，"资本主义生产的当事人是生活在一个由魔法控制的世界里"⑤，由于资本的力量，"个人和个人彼此之间的一定关系，表现为一种金属，一种矿石，一种处在个人之外的、本身可以在自然界中找到的纯物体"。⑥ 同时由于拜物教的影响，资本被看成为一种普遍永久的自然现象。马克思告诫，资本具有一种赚取增值的能力，是一种"生产的社会关系"，在这个意义上，资本将社会各种不同经济形式所表现出来的生活给予区分，这就是"榨取这种剩余劳动的形式"⑦，即"**资本**的限制

---

① 《马克思恩格斯文集》第 2 卷，北京：人民出版社 2009 年版，第 46 页。
② 《马克思恩格斯全集》第 42 卷，北京：人民出版社 1979 年版，第 254 页。
③ 《马克思恩格斯全集》第 42 卷，北京：人民出版社 1979 年版，第 261 页。
④ 《马克思恩格斯文集》第 2 卷，北京：人民出版社 2009 年版，第 580 页。
⑤ 《马克思恩格斯全集》第 26 卷，北京：人民出版社 1974 年版，第 571 页。
⑥ 《马克思恩格斯全集》第 30 卷，北京：人民出版社 1995 年版，第 193 页。
⑦ 《马克思恩格斯文集》第 42 卷，北京：人民出版社 2016 年版，第 211 页。

就在于：这一切发展都是对立地进行的，生产力，一般财富，知识等等的创造，表现为从事劳动的个人本身的外化；他不是把他自己创造出来的东西当做**他自己的财富**的条件，而是当做**他人财富**和自身贫穷的条件"。① 这应该是马克思从现实人出发来理解"生活"给人的统治最为实质性的指认。

上述分析资本逻辑对人生活的宰制，在学术界，人们还会从人的伦理的丧失等其他角度一并展开。这里，我主要以马克思思想的三大主题来深入讨论生活宰制的形式，除了上述对资本逻辑这一核心问题的锁定之外，与资本逻辑产生共谋关系的还有一整套的政治逻辑与形而上学的意识逻辑，这两者为资本逻辑运行构建了严密的保护机制。

当资本被看作一种制度建构的时候，它必然呈现出一种社会体制，这就是财产权的民主制。在政治生活中，人们谈论的权力与自由大概就属于对制度化资本逻辑的一种阐发。马克思以政治经济学批判的方式，通过揭示古典经济学家们掩盖的经济的政治方面来展现这样一种事实，资本生产的秘密涉及工人与工人必须为之出卖劳动力的资本家之间通行的社会关系和权力配置。自由主义政治哲学通常在审视政治生活时，将此作为自明的前提，而古典经济学家们则把这一秘密隐藏起来。这一点，伍德的看法是准确的，他认为，"这个秘密还有它的引申，单个资本家和工人之间的上述权力配置要以全社会一定的政治构筑作为自己存在的条件，这意味着阶级力量和国家权力的长期平衡形成这样的稳定状态，它准许剥夺直接生产者，维护资本家绝对的私有财产，保护资本家对生产和占有的控制"。② 罗尔斯也在反对的意见上正确地预见了这个结论："马克思认为，一个具有私有财产权的宪政体制仅仅保护了所谓的

---

① 《马克思恩格斯文集》第 8 卷，北京：人民出版社 2009 年版，第 171 页。
② ［加拿大］艾伦·伍德：《民主反对资本主义》，吕薇洲等译，重庆：重庆出版社 2007 年版，第 20—21 页。

消极自由"。① 这就是说，劳资之间的阶级关系在资本体制的自由民主中，以一种政治平等、权力制衡和普选权的"政治生活"方式继续存在着，这种民主自身也分娩出"政治拜物教"，使得"这种形式民主是一种能够与社会不平等同时存在，并且能够维持原有的'精英'与'劳动大众'之间经济关系的公民平等形式"②。所以马克思才说，德国犹太人所渴望的解放还不过就是一种公民的解放，即政治解放。③

资本逻辑与形而上学的意识形式也同样裹挟在一起。诚如卢卡奇描述我们的"生活"状况是这样，"人们在其中一方面日益打碎了、摆脱了、扔掉了纯'自然的'、非理性的和实际存在的桎梏；但另一方面，又同时在这种自己建立的、'自己创造的'现实中，建立了一个保卫自己的第二自然，并且以同样无情的规律性和他们相对立"。④ 显然，个人受着抽象的统治，马克思形象地以英国人玩弄的"资本"与德国人"观念"为例说，"一个英国人把人变成帽子，那么，有一个德国人就把帽子变成了观念"。⑤ 资本作为颠倒了的社会关系，不过正是如近代主体形而上学对真实"生活世界"颠倒一样，具有"共谋"的关系，资本就像"一种普照的光，它掩盖了一切其他色彩"，犹如"一种特殊的以太，它决定着它里面显露出来的一切存在的比重"。⑥ 资本形成支配生活的"抽象同一性"的力量，对形而上学统治的具体分析被马克思在对商品分析时直接说出来了，商品是"可感觉而又超感觉的物"，这其中包裹着"形而上学的微妙和神学的怪诞"。显然，商品本身具有了"形而上学"

---

① ［美］约翰·罗尔斯：《政治哲学史讲义》，杨通进等译，北京：中国社会科学出版社2011年版，第333页。
② ［加拿大］艾伦·伍德：《民主反对资本主义》，吕薇洲等译，重庆：重庆出版社2007年版，第210页。
③ 《马克思恩格斯文集》第1卷，北京：人民出版社2009年版，第21页。
④ ［匈］卢卡奇：《历史与阶级意识》，杜章智等译，北京：商务印书馆1999年版，第200页。
⑤ 《马克思恩格斯文集》第1卷，北京：人民出版社2009年版，第597页。
⑥ 《马克思恩格斯文集》第8卷，北京：人民出版社2009年版，第31页。

的意识形态特质①，这种形而上学总体特质诚如瓦托夫斯基（wartofoky）指认的那样，"不管是古典形式和现代形式的形而上学思想的推动力都是企图把各种事物综合成一个整体，提供出一种统一的图景或框架，在其中我们经验中的各式各样的事物能够在某些普遍原理的基础上得到解释，或可以被解释为某种普遍本质或过程的各种表现"。②到这里可以得出如下的结论，形而上学、古典经济学与自由主义的政治制度三位一体的宰制着"人的生活"。

三、可能性的美好生活观念

作为资本、自由民主与形而上学三种统治方式，形如"骨刺"般地"型构"了现代人生活的存在样态，也沉重地宰制着人的"生活"。对此，人们的思考生发了这样一些出路：彻底瓦解资本逻辑、坚决进行彻底的形而上学批判以及拒绝西方自由主义政治理论。回顾这些年来哲学界通过对形而上学梳辩与批判试图重新确立现代哲学观念之后，又以"资本逻辑批判"的方式，让思想更加切近现实并生发出对"生态""空间""正义"以及诸多新论题。现在，我们大致认识到自身的生活处境是，一方面，发展资本以及市场的作用是目前生活的一种必须，另一方面，又担忧由于资本逻辑，我们的现代生活遭受上述三种统治形式。也就是说，当审视到我们正处于乃至正在进入经济必然性占主导的必然性王国时，人们还处处以一种自由王国思考者的姿态来审视生活，这多少显得我们缺乏对当下如何"现实地生活"而不是应该如何生活问题的实践建构能力。

从一种规范性的视角抑或从一种现实性建构的路径来对待马克思，显然是极不相同的。这两种不同对待"生活"的方式曾被施特劳斯界划

---

① 《马克思恩格斯文集》第 5 卷，北京：人民出版社 2009 年版，第 88 页。
② ［美］瓦托夫斯基：《科学思想的概念基础》，范岱年等译，北京：求实出版社 1989 年版，第 19 页。

为"德性（或人们应当如何生活）之实践"与"技术问题"的区别。①当然，对于马克思来讲，他对于生活的理解既不会陷入理想主义的"德性实践"，也不会将生活理解为一种无批判的实证主义（技术主义）。马克思是将理想转变为以人的自我生活实践为内容展开的辩证法，并以此来终结观念形态的形而上学宰制。同时，又将辩证法指向了"资本""政治"之类的对象，通过赋予其"历史性"的方式加以批判。过分地追逐资本必然导致资本所呈现出来的"形而上学恐怖"，但是"非批判地放弃形而上学对'规律''真理'和'理想'的承诺与追求，则会导致'没有标准的选择的、生命中不能承受之轻的、存在主义的焦虑'"。② 应当说，在对待形而上学与资本问题上，"苦于资本之不发展与苦于资本之发展"已经现实地显示了"实践辩证法"，对待资本的发展与处理的姿态，以及合理地对待形而上学，在这些年的学术界讨论中大致已经给予了理论的勘定，但是如何思考人的政治生活并能够真正有效地推进人的"政治生活"，从而实现"有个性的人"完美状态，似乎这一关键议题一再被理论界拖延下去。

"人们的存在就是他们的现实生活过程"③，因而作为人的"生活"的历史，"并不是把人当做达到自己目的的工具来利用的某种特殊的人格"。④"生活"的"历史不过是追求着自己目的的人的活动而已"。⑤ 一切社会的"顶层设计"也必然要以"人的目的"为要旨，这样一来才能使得生活理论本身具有"现实性"。于是，如何正确地处理并最终试图瓦解三种统治形式，将生活还给人本身，在当下就政治思考而言，需要承接马克思视野去追问这样一个核心的命题，即"我们时代革命的新反

---

① ［德］施特劳斯：《现代性的三次浪潮》，王立秋译，载《西方现代性的曲折与展开》，长春：吉林人民出版社 2011 年版，第 84—86 页。
② 孙正聿：《辩证法：黑格尔、马克思与后形而上学》，载《中国社会科学》2008 年第 3 期。
③ 《马克思恩格斯文集》第 1 卷，北京：人民出版社 2009 年版，第 525 页。
④ 《马克思恩格斯文集》第 2 卷，北京：人民出版社 1957 年版，第 118 页。
⑤ 《马克思恩格斯文集》第 1 卷，北京：人民出版社 2009 年版，第 295 页。

思"。依照丹尼尔·贝尔（Daniel Bell）的描述，我们的生活状况是"生产资料不再决定对社会的控制、权力或特权。经济关系或财产关系虽然仍然产生其自身的矛盾，却不再继续或普遍成为社会矛盾的主要中心"①，接着这种话语衍生出来后现代主义的政治理解，它以接受文化和对话的多元性为前提，世俗化的宏大叙事的衰落已经被大量的经验证据和"生存权利"的各种新社会运动者以及各种解放神学复兴所支持②，这是我们思考当代人生活的一个重大"政治语境"之一。正是在这些后现代的政治哲学看来，另外两个政治语境也形成了当代人生活的基本处境，这就是建立在资本生产方式基础之上的自由民主以及以苏联为例的传统社会主义均没有完成自由、民主的"有个性的人的生活"。虽然，我们深深懂得，马克思所说的政治解放还不是"普遍的人的解放的最后形式"，但是"在迄今为止的世界制度内，它是人的解放的最后形式"。在当前特别是在中国改革推进的进程中，对这三者的协调处理所彰显的"实践辩证法"将是瓦解"生活"统治三种形式的一个至关重要的"突破口"。

反观学术界，却发现这种"协调处理"还是以一种"传统马克思主义的标准优先"的方式来研究，常常争论不休。例如对待后马克思主义政治哲学的态度，基本上都是对其"一无是处"的大批判③，似乎将后马克思主义政治哲学置放到历史唯物主义之下说明两者之间的不同，理论研究的任务就算完结了。恰恰相反，我们首先得承认后马克思主义的政治理解以及其对民主的重新理解的正当性，这些都是当下人的生活的"真正体验"，它对当代中国人的政治生活依然具有强烈的吸引力。以一种建构的姿态处理政治，从某种意义上说，倒是后马克思主义墨菲所给

---

① ［美］丹尼尔·贝尔：《后工业社会的来临》，高铦等译，北京：新华出版社1997年版，第54页。
② ［匈］阿格尼丝·赫勒：《后现代政治状况》，王海洋译，哈尔滨：黑龙江大学出版社2011年版，第6—7页。
③ 孙亮：《重审后马克思主义研究的三个误区》，载《华东师范大学学报》2013年第3期。

予我们的思想教益。不过，认同后马克思主义以及自由主义政治哲学的某个方面，并不是要将政治的理解全盘托付，也必须能够认识到像后马克思主义者墨菲之类的思考以"话语链接"的方式，是完全建立在将"政治—经济"之间连字符斩断基础之上的，从而深深地陷入犬儒主义并失去了对当代人政治生活的担当意识，如同太渥（Taiwo）所说，资产阶级的政治、法律不过就是为了促进他们的阶级利益。① 审视三种政治生活的现实语境，我们理应提出以下这种建构性的政治理念：一方面，我们要"承认形式民主（自由民主——译者注）的好处，同时通过把个人与平等从资本主义中分离出来的方式，扩展形式民主在个人自由和平等方面的原则，从而否认资本主义是促进这些原则的唯一的或最好的方式"。② 另一方面，始终守护着这样一种清醒的认识，超越宰制人的"生活"的三种统治形式不可能以"权力抵抗"的自由民主方式自行解决，也不可能在资本逻辑自身框架里得以解放。在一个生活在霍布斯鲍姆所说的"极端的年代"里，以"实践辩证法"的姿态，在"张力"中拆解资本以及为资本存在所做的制度与意识的保护机制，无疑是面对生活的基本智慧。

第二节　拜物教与人之存在观念的"抽象化"

将价值概念限定在马克思最为重要的拜物教批判的语境下讨论，将有助于理解价值概念如何构成为人的存在方式的统治方式的。在拜物教

---

① Taiwo, Olufemi, *Legal Naturalism: A Marxist Theory of Law*. N. Y.: Cornell University Press, 1996, p. 4.
② ［加拿大］艾伦·伍德：《民主反对资本主义》，吕薇洲等译，重庆：重庆出版社2007年版，第244页。

批判之中，内含着事物化与物化界划所构境出的存在论与认识论的两个向度，以此，可将价值分属于不同领域的概念加以区分，这样一来，有助于我们理解马克思价值概念的内在张力，以便抓住现实社会中的价值冲突的真实根基正是这两个向度碰撞的"历史本质"。

一、"个人受抽象统治"的建构原则

以往学术界讨论价值之于马克思主义哲学的意义时，会认为改革开放需要不断提升人的主体性，价值哲学当然是个重要的理论资源。但是，当我们努力论证"马克思是一种价值哲学"的时候，却忽略了一个更为重要的问题，那就是，"马克思为何提出价值概念"？或者说马克思在讲价值概念的时候是否是为了提升人的主体性这一问题的？抑或如苏联学者图林加诺夫那样认为马克思主义的价值理论就是"揭示并论证共产主义和共产主义生活方式的价值"吗？① 显然，这窄化甚至忽视了马克思着意讨论价值的初衷，价值概念在马克思那里是为了阐释在资本建构的社会中，"个人受抽象统治"何以可能的问题，而只有对这一问题的透视之后，才能够提出图林加诺夫的问题。

按照马克思的思想意图，生活世界已经呈现为资本所构成的资本逻辑、形而上学构成的意识形态以及权利为核心构成的现代法政制度，三者均是一种"抽象"，其中后两者不过是为资本逻辑这一抽象保驾护航而已。所以，马克思整个思想逻辑的构图可以被概括为以瓦解资本逻辑为主轴洞穿整个"伪具体的世界"，这是一个"操持和操控的世界，亦即人的拜物教化实践的世界"。② 世界由"伪"掩盖了真正生发"伪"的真实根基，"伪"用汤普森的话来讲成为了"潜在的意识形态"，诚如

---

① [苏]图林加诺夫：《马克思主义中的价值论》，安启念等译，北京：中国人民大学出版社1989年版，第150—151页。
② [捷克]莱尔·科西克：《具体的辩证法》，傅小平译，北京：社会科学文献出版社1989年版，第2页。

马尔库塞所说,"抽象是资本主义自己的杰作,而马克思的方法则追随着这一过程……在这种抽象的关系中,个体的劳动是依据它所代表的社会必要劳动时间而计算的,并且存在于人们之间的这些关系是作为物(商品)的关系而出现的。商品世界是一个'虚伪'和'神秘'的世界,对它的批判分析必须首先遵循构成世界的抽象"。[1] 在现实中,抽象所构成的观念世界在统治阶级那里更是"千方百计地来加强、扶植和灌输",以使得这种"抽象"在人们内心中达成"永恒性的信念"。那么,这种抽象的统治是如何形成的?单纯地从形而上学的路径揭示与批判的"精神现象学"套路在马克思看来是无效的,马克思所做的正是扭转了哲学的传统思维,使抽象的思考介入到经济学语境中,将其牢牢焊接在"价值"概念上,于是,"价值"所主导的整个"无人统治"的世界才完全确立起来。

在"交换社会"中,各种不同的对象物之间交换需要一种"共同东西",但这"不可能是商品的几何的、物理的、化学的或其他的天然属性",商品交换的时候明显的特点在于"抽去商品的使用价值",所以,"作为交换价值,商品只能有量的差别"。缺乏抽象力则不好理解使用价值去除之后还剩下什么,都作为劳动产品的商品之间借助抽象力,全部都化为同一的人类劳动,"同一的幽灵般的对象性,只是无差别的人类劳动的单纯凝结"[2],对于单个的劳动者来讲,他一开始就不是什么特殊劳动,而是作为一般劳动而存在的,这样一来,那个支撑起交换社会的"第三方"的"等价"沟通机制才终得实现。

依照马克思的看法,价值具有超自然的属性,它的对象性中"连一个自然物质原子也没有"[3],它的完成是一种在历史中形成的社会关系投

---

[1] [美] 马尔库塞:《理性和革命》,程志民译,上海:上海人民出版社2007年版,第265—266页。
[2] 《马克思恩格斯文集》,第5卷,北京:人民出版社2009年版,第50—51页。
[3] 《马克思恩格斯文集》,第5卷,北京:人民出版社2009年版,第61页。

放的"关系的抽象",当作交换价值的产品,也就被看作和它的自然的质不同的东西,"它被看作是一种关系,而且这种关系是普遍的关系":"对一切商品的关系",因此,"它反映一种普遍的关系:这种产品把自己看作是一定量的一般劳动即社会劳动时间的实现,从这个意义来说,它在它的交换价值所表现的比例上,是一切其他产品的等价物",而借助于某种"实体"是不可能完成整个世界的普遍交换的,这种交换价值是和"产品的自然性质完全无关"的①,一个商品无论你如何颠来复去地看,作为价值物都是难以理解,但是,它又是带有感性的东西,这种价值绝不是马克思自己的虚构和编造,商品只有作为这种劳动的一般,才能够具有价值对象性,它已经具备了"社会规定性"。马克思在《资本论》中又通过价值形式的四种类型,已经"历史地"展示了"货币现在是一般形式上的独立化的交换价值",它一方面具有一种实体,另一方面又表现为其他商品的交换价值,从而,"货币从它表现为单纯流通手段这样一种奴仆形象,一跃而成为商品世界中的统治者和上帝。货币代表商品的天上的存在"。② 并且,整个货币构成了自身的共同体,它不能容忍任何其他共同体凌驾于它之上。但是,这要以交换价值的充分发展以及相应的社会组织充分发展为前提。③ 显然,作为"价值"形式的货币成为了整个社会的基本建构原则,"价值"也获得了人们的认同,这样一来,整个抽象统治在"价值"搭建的平台上牢固竖立起来。

换个角度看,上述价值生发的逻辑也是《资本论》方法论核心的商品拜物教生发的"秘密"。在以往的拜物教批判的研究中,人们更多地揭示出拜物教的"认识论"意义上的"颠倒"或者说是"错认",即"商品形式在人们面前把人们本身劳动的社会性质反映成劳动产品本身

---

① 《马克思恩格斯全集》第 46 卷上册,北京:人民出版社 1979 年版,第 154 页。
② 《马克思恩格斯全集》第 30 卷,北京:人民出版社 1995 年版,第 173 页。
③ 《马克思恩格斯全集》第 30 卷,北京:人民出版社 1995 年版,第 175 页。

的物的性质,反映成这些物的天然的社会属性"。① 但是,问人们如何将事物看作物的"观念错认"的存在论根源,必须要理解人格与人格的关系是怎么变成事物与事物的关系,这就是物象化过程。我们知道,在商品世界中,商品的共同体之所以能够独立于人,并具有宰制人的能力,是以人们被彼此分离又以"价值"链接加以确立的。每个人自身生产的"使用价值"意图成为他人的"使用价值",而不是为了自己,这仿佛成为了一个"人人为他人"的生产机制。商品世界是使用价值与交换价值的对立、具体劳动与抽象劳动的对立,最后展现为人与人之间的对立。就商品经济生活而言进行推演,在现代法治生活中,则需要以"权利"(等同于"价值")为抽象原则的法的形而上学,需要交换的"契约",这是"一种反映着经济关系的意志关系"。②"抽象对个人的统治"获得了完成的形式。

二、重构人之存在观念是否可能

在物象化的过程中,"价值"乃至"拟价值"的各种通货例如"权利""自由"都在各自领域构建起自身的"抽象统治",以推进"资本逻辑"的发展,从而获得了历史的正当性。即使人们一再批判的"价值满足论"所认为,人不能以主体的满足来评价物的价值,在物象化的过程中也具备一定的合理性。必须承认理解当下社会的前提是,人们已经进入了当下的事物的依赖性为基础的人的独立性社会。正是在这样一个对事物的依赖性为基础的社会中,彼此独立的"私人"(Person)与"私人"(Person)的关系通过"事物"(Sache)与"事物"(Sache)才能够得以相互实现,于是,整个社会的性格完全呈现为劳动产物的价值性格,所以,在事物的依赖性社会中,人们对于"效用"的诉求本身构

---

① 《马克思恩格斯文集》第5卷,北京:人民出版社2009年版,第89页。
② [德] 马克思:《资本论》第1卷,北京:人民出版社2004年版,第103页。

成了商品生活观念性的"拥趸"。

不过，这只是就物象化建构所作的"历史正当性"评价，而一旦将视野拉入到物化，自然会看到价值的不同质性。诚如前文所说的物化是一种错认，那么，"价值"是否会是一种错认？我们知道马克思分析了人格与人格的关系在商品社会中成为事物与事物之间关系的物象化建构机制。但是，人们如何看待这个事物？马克思在《1857—1958年经济学手稿》批判经济学家们的时候，对这个问题作了回答。他说，"经济学家们把人们的社会生产关系和受这些关系支配的物（Sache）所获得规定性看作物的自然属性（Ding 即物、东西）"，这"甚至是一种拜物教，它把社会关系作为物的内在规定归之于物，从而使物神秘化"。① 商品本身的"价值"被看作为商品本身的固有的自然属性，以及人们还会将建立在物象化基础上的各种价值观念本身由于历史境遇而获得的各种规定性，理解为永恒的价值观念。回到商品交换社会中，这是人们将"特定的"商品社会的社会交换属性看作事物内在的属性所造成的"观念错认"。按照马克思的看法，也同样是因为此种错认导致了那些"古典的经济学家把利息归结为利润的一部分，把地租归结为超过平均利润的余额"，从而这些经济学家们根据假象和错觉，"把这种物的人格化和生产关系的物化"。② 也就是说，人们总是将"历史"（交换社会特定的社会属性）看作"自然"（物的"内在属性"），这种错认直接影响了人们对于作为"规范维度"的形而上学思考。③

让我们以在现代法权制度中充当"价值"的"正义"为例来看。我们知道，在马克思视野中，资本主义交易的正义性仅仅在于其在本质上不过是资本主义的，在于资本主义占有与分配符合为资本主义制度本身

---

① 《马克思恩格斯全集》第31卷，北京：人民出版社1998年版，第85页。
② ［德］马克思：《资本论》第3卷，北京：人民出版社2004年版，第940页。
③ 孙亮：《马克思拜物教批判语境中的"正义"概念》，载《华东师范大学学报》2014年第5期。

服务的正义标准。① 无疑，伍德是基于物象化来理解正义的，从而立足于马克思拜物教批判的存在论维度分析可以看出，他对基于商品交易的正义观念给予了解构，认为物质生产方式制约着正义的思辨原则，只有前者才是社会发展的真正动力。一旦正义的存在条件消失，正义自身将成为"历史"。如果，以一种物化的方式来看待正义，那么，本来是基于资本主义生产关系之上的法权正义，被"错认"为人类一切生产方式存在状态，从而获得了"正义拜物教"，今天，各种"民主拜物教""法律拜物教""权利拜物教"以及"观念拜物教"等都是"价值"在物化意识中"错认"的结果。不过，在对这些拜物教进行批判的同时，应该看到，现实社会并不具有完全消解正义存在的条件，我同意金里卡（kymlicka）在《当代政治哲学》中的看法，"许多马克思主义者相信，正义远非社会制度的首要品质，相反，真正优良的共同体根本就不需要正义，正义有其意义仅仅因为我们处于'正义的条件'之中，正是这样的条件产生着只有通过正义原则来加以解决的冲突"。② 也就是说，各种基于物象化生成出来的"价值观念"，诸如正义等来调节各种冲突，一方面要注意"价值"概念的限度，另一方面更应该注意在"资本逻辑"运行的社会存在的各种"价值"问题。套用戴维·米勒的说法，谈论各种社会物象化产生的价值就是站到了资产阶级意识形态的立场，这在当下还应该有原则的警示，否则，可能完全为资本逻辑及其相应制度做无批判的辩护。

因而，借助"物化"理解的"价值"又呈现为以下四个层面。一是生活在"物象化"世界的人们容易产生"非批判实证主义"的眼界。人们普遍对现实存在"感到很自在"，原因很简单，"他们每天都要和这些

---

① Allen Wood, "The Marxian Critique of justice", *Philosophy and Public Affairs*, Hoboken: Blackwell Publishing Ltd. 1972, No. 3.

② ［加］威尔·金里卡：《当代政治哲学》，刘莘译，上海：上海三联书店2004年版，第311页。

形态打交道",每天都"在这些假象的形态中活动"。① 而这种活动的前提条件恰恰是资产阶级通过"价值"支撑起来的"市场化"的交换社会。正是将历史的价值规定理解为一切人类社会共同具有的自然属性,从而也就彻底失去了对当下"社会现实"批判的能力。二是价值评判的"实体化"。依据马克思对价值的分析,"抽象的人类劳动",并不是什么独立自存的东西,它只是"生产者把他们的产品当做商品,从而当做价值来对待,而且通过这种物象的形式,把他们的私人劳动当做等同的人类劳动来互相发生关系"。② 这种抽象的人类劳动是作为社会关系反思规定,"当忽略这一点,就会陷入不管人的劳动与历史、社会的关系如何,总之带有具体的有用劳动和抽象的人类劳动二重性"。③ 这显然是一种将"价值"实体化的错误认识,可是,在政治经济学的资产阶级意识中,这种商品经济的特殊历史范式,也同时获得了"自然必然性"。三是价值的"先验化"。从马克思对价值的"历史规定",即"交换价值是一个历史范畴"来讲,他就反对任何先验主义路向来理解价值概念,更反对什么天然正义、天然权利等天然价值形式,所有的价值观念都只能是依附于人的社会实践而存在的,"商品的'价值'只是以历史上发展的形式表现出那种在其他一切历史社会形式内也存在的、虽然是以另一种形式存在的东西,这就是作为社会劳动力的消耗而存在的劳动的社会性"。④ 四是价值来源的"非实践化"理解。在资本建构的社会中,人们已经将物象化建构所需的价值当成天然的、先于并决定劳动,从而使得作为手段的使用价值、效用价值成为了价值的唯一向度。说得再清楚一点,劳动决定价值在资本的社会被颠倒为价值决定劳动。价值的来源一定是基于"实践"本身的,那种试图在当下物象化的社会提出和建构

---

① 《马克思恩格斯文集》第7卷,北京:人民出版社2009年版,第940—941页。
② 《马克思恩格斯文集》第5卷,北京:人民出版社2009年版,第97页。
③ [日]广松涉:《资本论的哲学》,邓习议译,南京:南京大学出版社2013年版,第170页。
④ 《马克思恩格斯全集》第19卷,北京:人民出版社1963年版,第420页。

"后物象化"社会的"价值观念",即以"纠正错认"这样一种去除物化意识的方式拯救"价值"来规范社会,一方面具有一定的合理性,另一方面又必须认识到,以"想象的价值"批判"现有的价值"方式推动社会发展的想法显然是有限度的,社会发展还是最终根源于社会的内在矛盾。

于是,价值概念置放到拜物教批判之中认识论维度"物化"视域中,很多价值概念理解的误区将得到重新的认识,更为重要的是认识到了"价值"概念存在着两个向度,一个是"高位阶"的价值概念,这是要以"物化"批判来重塑"价值规范",比如当下社会主义核心价值观念的建构,就是要批判各种消费主义、虚无主义等价值观念来进一步规范人们的生活,并且不断对"物象化"过程中"价值"的限度给予批判;另一个是"低位阶"的价值概念,这是对诸如"分配正义""权利""自由"等当下价值的肯定,并且在这个意义上也是对有"价值"其资本社会的有限度的肯定,毕竟其相当于之前的社会来讲是一种进步。

三、基于"感性的实践活动"的反思

既然有一种"高位阶"的价值观念存在,那么,它是如何在马克思那里得到验证,或者说在马克思批判资本主义社会时,它有提出更高的规范性的"价值"概念吗?对这一问题的回答有如下几种看法。一是马克思的思想源头中始终具有"灵知主义"。代表人物是沃格林(Voegelin),在《没有约束的现代性》一书中,他说,"马克思是一名思想的灵知主义者,他把存在的秩序构想为一个自然在自身之中完善的过程。"① 而在卡尔·洛维特看来,"《共产党宣言》所描述的全部历史程

---

① [美]沃格林:《没有约束的现代性》,张新樟等译,上海:华东师范大学出版社2007年版,第27—28页。

序，反映了犹太教—基督教解释历史的普遍图式，即历史是朝着一个有意义的终极目标，由天意规定的救赎历史"。① 显然，这种价值观被设定为超越"历史规定"的永恒在场，基本上与马克思思想逻辑相距甚远，因而，这种答案不是我们考虑的方向。二是将"价值"与"自然法"勾连起来，代表人物有凯尔森（Kelsen）、贝尔基（Berki）、保罗·菲利普斯（Paul Philips）以及欧鲁菲米·太渥、保罗·彼得森等。诸如，凯尔森说马克思解释社会的理论是一个自然法学说，如马克思认为他的理想是隐藏在现存的现实中一样，"解决阶级冲突的手段是这样的：共产主义社会的正义的社会秩序是物质生产这个社会现实所固有的，因此，能够从研究这个现实中去发现。这是真正的自然法学说。"② 而保罗·彼得森认为，"马克思在他的经济分析（《资本论》）中，没有否定他的自然法基础，而是证实了这一点。私有制将会灭亡，因为它是不公正的，因为它奴役工人，使工人贫穷。《资本论》要表明的就是通过科学的经济分析解释和预测人类的要求——自由和人的各种需求的满足。"③ 这里，我们看到了"价值"规范通过私有制批判不断实现的路径，在这个意义上，保罗·彼得森的看法值得进一步深化。

首先，价值的再造必须摆脱"观念批判"的套路转而植入政治经济学批判，才能真正理解"高位阶"的价值概念。当人们对"事物的依赖性社会"中的各种所谓的"非价值""非道德""非正义"进行评价时，这种批判的"价值"来源不能来自某种"道德律令"。按照马克思的思考，"价值建立在这样的基础之上，即人们互相把他们的劳动看做是相同的、一般的劳动，在这个形式上就是社会的劳动"，但是，这"只有

---

① ［德］卡尔·洛维特：《世界历史与救赎历史》，李秋零等译，北京：生活·读书·新知三联书店 2002 年版，第 53 页。
② ［德］卡尔·洛维特：《世界历史与救赎历史》，李秋零等译，北京：生活·读书·新知三联书店 2002 年版，第 26—28 页。
③ G. Paul Peterson, "Karl Marx and His Vision of Salvation: The Natural Law and Private Property", *Review of Social Economy*, London: New York: verso 1994. No. 3.

第一章　商品化世界与人的存在观念

在人们思维着",并且"具有这种抽象能力的情况下"①,才可能认识到。也正是因为如此,缺乏这种能力的人会"把这些性质说成是人随意思考的产物,这是18世纪流行的启蒙方法,其目的是要在人们还不能解释人的关系的谜一般的形态的产生过程时,至少暂时把这种形态的奇异外观除掉"。② 不过,这种"人们的生活受价值观念统治"的思考路径在今天似乎依然十分流行。诸如,在自由主义法学理论家看来,法律使社会秩序建立起来成为可能,除非存在一个法律体系(价值在法治生活中的体现),否则没有任何文明的可能。哈特就表达过类似的担忧,他说没有调整财产权和禁止身体暴力的法律,社会怎么还可能继续存在?但是,这种看法忘记了,现今法律价值体系在维护现存的社会秩序方面的作用不是将来人类文明的恒定特征。而且在这样的看法下,他们会继续认为,法律这样的价值必须是"独立自在"的,完全脱离"上层建筑"意义上来理解法律,要从"法律本体论"入手加以认识。这种法律拜物教在马克思的视野中是难以成立的,"诉诸道德和法的做法,在科学上丝毫不能把我们推向前进;道义上的愤怒,无论多么入情入理,经济科学总不能把它看做证据,而只能看做象征"。③ 因为在马克思看来,诸如平等、自由、法律这些"价值"只不过是"交换社会"的形式特征而已,以"自由"来讲,现如今谈论的自由的境遇已经是"交换社会","尽管个人A需要个人B的商品,但他并不是用暴力去占有这个商品,反过来也一样,相反地他们互相承认对方是所有者,是把自己的意志渗透到商品中去的人格。因此,在这里第一次出现了人格这一法的因素以及其中包含的自由的因素。谁都不用暴力占有他人的财产。每个人都是自愿地转让财产"。④ 显而易见,必须将"价值"概念植入政治

---

① 《马克思恩格斯全集》第47卷,北京:人民出版社1979年版,第255页。
② 《马克思恩格斯文集》第5卷,北京:人民出版社2009年版,第111页。
③ 《马克思恩格斯文集》第9卷,北京:人民出版社2009年版,第156页。
④ 《马克思恩格斯全集》第30卷,北京:人民出版社1995年版,第198页。

经济学批判语境，才能懂得资本社会中的各种价值观念的现实基础只是资本主义生产体制本身所赞成的。

其次，价值再造必须在"人类感性活动"中辩证处理"低位阶"与"高位阶"的价值观念。 在论及"物象化"的时候，我们已经说过"低位阶"的价值概念往往对现存交换社会是一种必须。只有明白了这一点，才不会轻易对那些"政治解放"意义上的各种价值观念（自由、平等、正义等）完全无视。只不过马克思经常立于"高位阶"的价值认为，自由必须能够摆脱经济压力和拜物教的自由，所以，资产阶级社会中所具有的自由不过只是一种特定历史阶段的自由，并不是普遍性的自由。也正是这样，人们在批判"政治解放"的限度时候走向了另外一极，那就是完全无视"低位阶"价值概念的意义，仅仅放大其限度，这是缺乏辩证法的视野。问题的实质在于，也正是在这个意义上，马克思才会说，"生产当事人之间进行的交易的正义性（Gerechtigkeit）在于：这种交易是从生产关系中作为自然结果产生出来的。这种经济交易作为当事人的意志行为，作为他们的共同意志的表示，作为可以由国家强加给立约双方的契约，表现在法律形式上，这些法律形式作为单纯的形式，是不能决定这个内容本身的。这些形式只是表示这个内容。这个内容，只要与生产方式相适应，相一致，就是正义的；只要与生产方式相矛盾，就是非正义的"。① 以及"如果人们强迫黑人再去劳动，并为他的主人提供**正当**（Gerechte）的报酬，来报答他的主人为统治他，为使他成为一个对自己和对社会有用的人而花费的劳动和才能，这并没有剥夺他的任何权利"。② 当然，对在资本主义法权意义上来承认正义这种价值概念，并非说我们无法对之进行批判，承认了这种"低位阶"才不至于损害马克思价值概念的"整体性"。海尔布隆纳曾认为，社会主义国家在诸如"自由"这样的主要战场"打了败仗"，这一评价也正是因为以

---

① 《马克思恩格斯文集》第7卷，北京：人民出版社2009年版，第379页。
② 《马克思恩格斯文集》第7卷，北京：人民出版社2009年版，第433页。

往在"价值"概念的理解上没有"辩证地"对待所致。同样，在学科研究的意义上来讲，长期对"低位阶"价值概念忽视的结果是马克思的政治哲学在"传统政治哲学"的意义上没有得到足够多的重视，"低位阶"价值概念内容中一个最为关键的问题是实现个人作为国家公民所享有的政治权利或公民权利，个人作为市民社会成员所享有的私人权利，以及维护市民社会成员个人的基本权利，这对当下社会依然具有着重大现实意义。

第三节 价值观念与"抽象"的规训①

"价值"概念与人的存在方式的相关性，开启了"生命政治学的思考"。"价值"不仅成为人的劳动乃至人的生存的"生命政治"手段，也是"人受抽象规训"的存在论基础，而"剩余价值"揭示了现代世界"生命政治"的所有秘密。在认识论方面，"价值"的实体化"错认"构成了人的拜物教"支配方式"。在马克思看来，拆解"价值"规训必须瓦解资本主义生产的占有原则，因此，只有辩证地处理受"价值"规训与超越"价值"的生命政治，才能实践智慧地走出资本逻辑为主导的社会。

勘定当今哲学界关于"价值哲学"的研究，一方面是基于价值哲学基础理论，诸如"需要满足论""价值生存论"等展开的学术论争；另一方面，出现了价值哲学研究范式转换的吁求，即将价值哲学研究推进到当今政治哲学的话题下，实现向"规范政治哲学"的过渡。后者毋宁说事关20世纪70年代艾伦·伍德（Allen Wood）、罗伯特·塔克（Robert Tucker）以及尤金·卡门卡（Eugene Kamenka）等人发起，并一直延

---

① 本部分是由笔者与洪燕妮合作完成。

续至今关于"马克思是否是一种正义论"的核心问题。① 今天看来，将"价值"概念植入到马克思正义理论进行研究，深化了人们对于价值概念的理解。但是，由于正义研究本身只是马克思在《资本论》及其手稿中的一个"次要命题"，而"主要命题"则是想借助对"商品"（资本论起点，第一章）分析回答"现代世界"是如何建构起来的，又通过"阶级"（资本论的终点，最后一章）的形成来彰显商品生活中人们的"乍一看来"的拜物教意识是如何生成的。② 这就是说，对价值概念更为深层次的把握需要进一步思考"价值"与"现代世界"的建构是什么关系？"价值"是否也会成为人们无法抵达真实思考的障碍，即成为一种拜物教意识？对此，我们借助福柯的"规训"理论来深入对这两个问题的回答，有助于提升学术界对马克思视域中价值本质的领悟。

一、价值形式对存在观念的"同一化"

对"现代世界如何诞生"的思考实质上是理解当前人的存在方式的基本前提，而对这一问题玛丽·伊万丝（Mary Evans）侧重于从"技术"层面给予回答③，麦克法兰（Macfarlane）则除了技术之外，看到了人们对"财产权的态度"以及"对利润最大化、对积攒财富和花费财富的态度"是其中最为"核心之处"。④ 但是，现代世界建构过程中，人们怎么会成为了这一过程中"心甘情愿"的参与者？换句话说，人的存在方式、价值观念如何能够同步于这一建构？福柯的"规训政治学"

---

① ［美］麦卡锡：《马克思与亚里士多德》，郝亿春等译，上海：华东师范大学出版社2015年版，第143页。
② 《马克思恩格斯文集》第8卷，北京：人民出版社2009年版，第102页。
③ ［英］玛丽·伊万丝：《社会简史：现代世界的诞生》，曹德骏译，上海：复旦大学出版社2010年版，第8页。
④ ［英］麦克法兰：《现代世界的诞生》，清华大学国学研究院译，上海：上海人民出版社2013年版，第57—58页。

第一章　商品化世界与人的存在观念

显然有助于我们介入其中加以扩展思路。福柯曾用"酷刑到规训"来勾勒现代世界"支配人体的技术"的改变，不再是"增加人体的技能，也不是强化对人体的征服，而是要建立一种关系，要通过这种机制本身来使人体在变得更有用时也更顺从"，这是一种新型的"政治解剖学"，这一政治学的意图在于"规定了人们如何控制他人的肉体，通过所选择的技术，按照预定的速度和效果，使后者不仅在'做什么'方面，而且在'怎么做'方面都符合前者的愿望"。① 这就是说，通过"技术"使得人们成为了"听话"的人，"规训"也就达到了自我实现而不是"强迫"的效果。福柯将这种思考归功于马克思在《资本论》中的论述，他认为，"马克思在几个地方强调了劳动分工问题与军事战术问题的相似性"，"这样就出现了一种必须用纪律来满足的新需求：建造一种机制，应能通过其各基本构成因素的协调组合而达到最大效果"。② 但是，对于纪律以及商品世界中纪律以哪些形式得以铺展并未引起学术界太多的重视。

我们认为，"价值"概念在《资本论》及其手稿中正是作为现代人生活的"规训"（Discipline）的一种形式。

首先，"价值"概念成为人的劳动乃至人的生存的"生命政治"手段。在马克思看来，价值不同于商品可感觉的粗糙的对象性，在价值的对象性中，"连一个自然物质原子也没有。因此，每一个商品不管你怎样颠来倒去，它作为价值物总是不可捉摸的"。③ 价值不是一个"实体"，而是一种关系，"被设定为交换价值的产品，本质上已经不再被规定为简单的产品；它被看作和它的自然的质不同的质；它被看作是一种**关系**"。价值只有在对使用价值与交换价值双重扬弃才呈现出来的，一

---

① ［法］福柯：《规训与惩罚》，刘北成等译，北京：生活·读书·新知三联书店2007年版，第156页。
② ［法］福柯：《规训与惩罚》，刘北成等译，北京：生活·读书·新知三联书店2007年版，第184页。
③ 《马克思恩格斯文集》第5卷，北京：人民出版社2009年版，第61页。

本书即可以用来读（使用价值），也可以用来换一块面包（交换价值），但是，读和换是隔离的，不能合为一体。交换关系的完成需要"产品把自己看作是**一定量**的一般劳动即社会劳动时间的实现"。① 对此，我们不妨再以宫川彰举的例子来说明，人民辛勤地用汗水耕种，收获了具有使用价值的蔬菜，但是作为商品出场时，就存在了一个被市场、被"价值"评判的过程，如果不能满足条件，这些蔬菜只能腐烂处理，"最终元凶就是价值关系"。② 这种"价值关系"成为了衡量人的劳动的尺度便一目了然，"私人劳动的独特的社会性质也只有在这种交换中才表现出来"，每个私人劳动者自身的劳动是否有"价值"并不在于自身，而必须交由"市场"裁定，从而"价值"在商品生活中不再是一种逼迫，而成为了一种自觉的劳动取向，实现了"规训"人的劳动。进一步讲，私人劳动与私人劳动之间的关系表现为"人们之间的物的关系和物之间的社会关系"，从而也"规训"了现代人的"商品化的存在方式"，即人与人之间的真实关系被展现为物与物之间的关系，人与人"分离"了。

其次，价值概念的抽象性成为人遭受抽象统治的生命政治学的存在论基础。我们知道，依据福柯的意思，支配人的方式从一种"外在的"通过技术化处理成为一种自觉自愿的内在的"抽象力量"。马克思也正是通过"价值的四种形式"展现了现代世界是如何走向抽象的。我们知道，价值"可感又超感"的特征，这种超感性只能通过另外一种商品体表现出来，最终在货币那里完成了整个商品世界的抽象过程。抽象世界（货币）发生的第一个阶段是个别的或偶然的价值形式，20 码麻布 = 1 件上衣便是这种形式的最重要特征。第二步是把 1 件上衣置换为 10 磅茶叶，2 盎司金或其他物品等，这是扩大的价值形式。第三步则是对第二步的一种"颠倒"，各种不同质的商品体能够展现为"同一商品体"，这

---

① 《马克思恩格斯全集》第 30 卷，北京：人民出版社 1995 年版，第 156—157 页。
② ［日］宫川彰：《解读资本论》，刘锋译，北京：中央编译出版社 2011 年版，第 70 页。

一步至关重要,因为,这里对于"等同性"做了强调。马克思批评亚里士多德所认为"不可能在质上等同",因为他"缺乏价值概念",也就是"一切劳动都表现为等同的人类劳动,因而是同等意义的劳动"。① 显然,能够将各种商品世界中出现的物等同起来在第四步,即货币形式中完全借助"抽象"(货币)实现了。马克思正是价值形式的"历史性"表面上是告诉我们货币是怎么来的,实质上是告诉人们现在完全被一种"抽象"统治(规训)着。这就类似于一个人在衡量自身的价值、社会属性的时候,往往以某种"身份符号"为自己的标准一样,经济生活中的价值概念的表现本身就具有此种高度的抽象性,这也是马克思所说的人们受着资本、权利与形而上学抽象统治的基础,没有经济生活,当然为商品经济保驾护航的权利、形而上学的观念也无从谈起。

最后,价值概念维度中的"剩余价值"揭示了现代"生命政治学"的所有秘密。在人们理解剩余价值的过程中,总是简单地认为其仅是"对无酬劳动的占有",即"超过其劳动力价值的价值",这样的理解显然还无法推进到马克思剩余价值的真实内涵。恩格斯就指认,这在马克思之前的经济学家那里,"也有人已经多少明确地说过",马克思正是在这些人止步的地方进一步说明,不是要将这种"对无酬劳动的占有"作为一种"经济事实"加以描述和确认,相反,他要将"经济事实"置放到历史的语境下,追问这是从哪里来的。所以,他"第一次确定了什么样的劳动形成价值,为什么形成价值以及怎样形成价值","并且论证了商品和商品交换怎样和为什么由于商品内在的价值属性必然造成商品和货币的对立",进而又将资本分为不变资本和可变资本,"第一个详尽地阐述了剩余价值形成的实际过程,从而说明这一过程,而这是他的任何一个前人都没有做到的"。② 恩格斯的意思再清楚不过,在经济学家直接面对的事实的地方,马克思将其引入到历史中解开其秘密,通过对劳动

---

① 《马克思恩格斯文集》第5卷,北京:人民出版社2009年版,第75页。
② 《马克思恩格斯文集》第6卷,北京:人民出版社2009年版,第21—22页。

与资本的分离才能够回答剩余价值何以可能,这一点直接将现代人生活的所有规训的秘密最终引向了资本主义的私有财产权,因为这是造成剩余价值的最终根源。进而,又通过剩余价值积累展现了整个人类历史的趋势,实质上,今天所谓的空间理论不过也是对剩余价值的扩展,也正是通过这种概念的分析,马克思呈现出现代世界构造的图景。

二、"支配方式"与存在观念的颠倒

如果说"价值"构成了客观的商品世界的建构,那么,它同时也需要完成对人的观念世界的建构才能真实地阐明"现代世界的诞生"的秘密。这需要价值拜物教来完成"颠倒世界"的正当化过程,"货币作为现存的和起作用的价值概念把一切事物都混淆了、替换了,所以它是一切事物的普遍的混淆和替换,从而是颠倒的世界"。[①] 对此,马克思在《资本论》及其手稿中,正是通过拜物教批判这一资本论全卷的观点来完成的。[②] 对这种颠倒,马克思说,"商品形式在人们面前把人们本身劳动的社会性质反映成劳动本身的客观的(Gegenständliche)性质,真实地反映成这些物(Dinge)的天然属性"[③],之所以造成人们将一种历史性赋予的特征看作是自然性、永恒的,马克思曾从生产的角度给予过论证,诸如认为"生产资料的使用价值的旧形式消失了,但只是为了以新的使用价值形式出现"[④],这一点诚如詹姆逊所说,"资本擦拭了自己的前历史的痕迹(还擦拭了它之前的生产方式的存在痕迹),正如它坚决地把生产的直接痕迹从产品中擦掉一样"[⑤]。可以更为直接地推论,商品

---

① 《马克思恩格斯文集》第1卷,北京:人民出版社2009年版,第247页。
② [日]广松涉:《资本论的哲学》,邓习议译,南京:南京大学出版社2013年版,第157页。
③ 此处为作者根据德文版重新译出,中文版将 Gegenständliche 一词译为"物",Karl Marx, *Das Kapital*, *Erster Band I*, Dietz, Berlin, 2008, S. 86.
④ 《马克思恩格斯文集》第5卷,北京:人民出版社2009年版,第233页。
⑤ [美]詹姆逊:《重读〈资本论〉》,胡志国译,北京:中国人民大学出版社2013年版,第83页。

第一章　商品化世界与人的存在观念

交换社会生成过程就是不断消除历史意识的过程，于是，拜物教意识自然成为主流的意识，实质上，马克思还在"价值"概念的讨论中更进一步深化这种拜物教批判工作，这与福柯所谓的新时代"支配人的方式"有着某种隐形的相似点。

从福柯的"生命政治学"切入来看，他认为，国家必须要想尽办法去维持人们的健康、强壮、勤奋和安全，而需要两样东西作为保障，那就是知识体系和行政设备，后者主要是一些关于自由、平等、公正、进步和理性以及价值观念的集合而成的体制。① 也就是说，福柯已经完全看到一种"价值"也能够成为一种"规训"，但是这还是一种哲学层面的价值观念，我们上文讨论的是经济学生活之中的"价值"，两者有什么样的关联？在 20 世纪 80 年代开启的"价值哲学研究"中，所谓经济学价值概念与哲学价值概念之间一直争论不休。实质上，这一点，这样从经济生活中以价值概念实现对人的规训（统治），转而深入到人的意识之中，沿着如此这般的思考路向将能够明白后者正是一种"哲学上"讨论的价值概念，诸如马克思在谈到三位一体问题时认为，整个商品世界的颠倒对人的意识的影响，"把在生产中由财富的各种物质要素充当承担者的社会关系，变成这些物本身的属性（商品），并且更直截了当地把生产关系本身变成物（货币）"。② 换句话说，也正是人们的视野将外在的商品世界看作一个既定的事实承接下来，不再去从内在逻辑上思考其"从哪里来的？"。从而整个现代世界所需要的"忘记财产权的不正当来源吧，就从这里开始吧！"便获得了价值观念的支撑，这便得到了一种"价值"观念的生命政治的完成。

详而言之，在商品交换层面来看，日常生活通过"价值实体"的交换被看作是"习以为常"才能够完成上述任务。对此，马克思分析

---

① ［澳］J. 丹纳赫：《理解福柯》，刘谨译，天津：百花文艺出版社 2002 年版，第 75—76 页。
② 《马克思恩格斯文集》第 7 卷，北京：人民出版社 2009 年版，第 936 页。

认为,"1磅铁和1磅金,虽然具有不同的物理和化学属性,却代表同一重量,同样,包含同一劳动时间的商品的使用价值,也代表同一交换价值。因此,交换价值表现为使用价值的社会的自然规定性,表现为作为物的使用价值所固有的规定性,由于这种规定性,使用价值在交换过程中按一定比例相互替换,成为等价物"。① 在日常生活中,人们总是将"交换价值"看作是物本身固有属性的观念,随着种种交换的经济生活逐渐得到强化,这样一来,人们面对的与之周遭生活相关的"物"内在地也被看做是具有"交换价值"。例如,地下器官买卖、拐卖儿童之类的非法交易,在价值拜物教的视野中,竟然连身体本身也蕴含了"交换价值"。这就是真实的人们拜物教处境,"这种现象只是由于在日常生活中看惯了,才认为是平凡的、不言自明的事情"。② 当然,这已经非常接近对商品世界日常意识分析了,再集中一点讲,为了试图更准确地把握,还得回答一个根本性的问题,那就是为什么"劳动产品一旦采取商品形式就具有的谜一般的性质究竟是从哪里来的呢?显然是从这种形式本身来的"。③ 诸如形式上来看,一块面包作为商品要和一本书来交换,这种可能性使得人们觉得"神秘",也使得人们自觉地以为价值就是一种"实体",反而认为商品内在并无"价值"这一个固定属性倒是无法想象的了。

接着,我们再从劳动产品作为商品来生产的社会性质来看,马克思认为,"在一切社会状态下,劳动产品都是使用物品,但只是历史上一定的发展时代,也就是使生产一个使用物所耗费的劳动表现为该物的'对象的'属性即它的价值的时代,才使劳动产品转化为商品"④,从这里可以看到,只有在人们的劳动被"表现为"物的自身固有的价值的时

---

① 《马克思恩格斯全集》第31卷,北京:人民出版社1998年版,第426—427页。
② 《马克思恩格斯全集》第31卷,北京:人民出版社1998年版,第427页。
③ 《马克思恩格斯文集》第5卷,北京:人民出版社2009年版,第89页。
④ 《马克思恩格斯文集》第5卷,北京:人民出版社2009年版,第77页。

候,那个劳动产品才能够是商品,但这个过程的完成,还有一个前提,那就是,"使用物品成为商品,只是因为它们是彼此独立进行的私人劳动的产品",这也是财产权确立的一个基本条件,但是,私人劳动如何才能成为得以认可的社会劳动呢?那么必须要将劳动产品置于"交换"之中。这样的结果便是,私人劳动的社会关系,不是被表现为人们在自己劳动中展现的直接的社会关系,反而"表现为"人们之间的物的关系和物之间的社会关系。显然,劳动产品只有放入交换才能够具有一种"价值对象性"并与"使用对象性"分离,劳动产品自身的此种分裂"只是发生在交换已经十分广泛和十分重要的时候,那时有用物是为了交换而生产的,因而物的价值性质还在物本身的生产中就被注意到了"。① 所以,对于这些劳动者来讲,他们在生产过程中,已经作为"交换者"的形象在从事劳动了,当人们在劳动过程中,劳动所生产的产品本身的价值在生产中就已经作为存在前提的。诸如对于一个面包商人来讲,他所生产的面包从一开始就是赋予了价值于面包之中的。如果这个面包商从来不考虑"交换"中的"价值",那么他的面包可能在无法交换后成为腐烂物。

再从劳动产品的交换进一步来看,在"交换"过程中,人们首先关心的当然是自己的劳动产品能够换到别人的劳动产品的"比例",可是这些比例并不是一种"天然的事实",它也是"由于习惯而逐渐达到一定的稳固性时,它们就好像是由劳动产品的本性产生的"。实质上,劳动产品在交换中所表现的"价值"也不过是"通过劳动产品表现为价值量才确定下来。价值量不以交换者的意志、设想和活动为转移而不断地变动着。在交换者看来,他们本身的社会运动具有物的运动形式。不是他们控制这一运动,而是他们受这一运动控制"。② 而一旦完成交换之后,进入到商品世界完成的货币世界,这种价值的掩盖形式更加隐蔽,

---

① 《马克思恩格斯文集》第5卷,北京:人民出版社2009年版,第90页。
② 《马克思恩格斯文集》第5卷,北京:人民出版社2009年版,第92页。

价值也就获得了规训的最高形式。诸如在 G–G′ 中，人们仿佛真的以为货币能够生出货币，因为货币本身具有"价值"，并且连货币所获得的增值也被看作是货币本身的属性，而忘记这不过是剩余价值的转化形式。由此，"价值"所具有的自然性以拜物教的方式完成了对人的生活的"支配"。

三、走出抽象统治的可能

历史地看，在商品社会中人们是以"交换者"的姿态从事劳动，可是，在经济学中，"它甚至从来也没有提出过这样的问题：为什么这一内容（劳动—引者注）要采取这种形式（价值形式—引者注）呢？为什么劳动表现为价值，用劳动时间计算的劳动量表现为劳动产品的价值量呢？"正因为将此作为既定的事实前提，他们当然不懂得，这是"生产过程支配人而人还没有支配生产过程的社会形态"，但是，"在政治经济学的资产阶级意识中，它们竟像生产劳动本身一样，成了不言而喻的自然必然性"。① 当然，关于政治经济学家的这种思维方式的"奇怪"（拜物教）看法，在上文我们论证马克思通过"价值"呈现了整个现代世界的"建构性"正好看到了人们深陷于拜物教意识之中。那么，现在我们要追问的是，既然人们的"现代生活"整个规训机制从根本上说，来自于商品交换中的"价值"，即"价值拜物教"，那么，如何拆解这种规训，则实质上涉及马克思在资本论中运用拜物教批判对资本主义的整体性分析。

首先，拆解"价值"生命政治的宰制必须瓦解资本主义生产的占有原则，改变劳动生产的"交换性特征"，让劳动走向人的自由自觉的活动。如果就劳动过程本身来讲，它是为了人类的需要而对自然的占有，"是人和自然之间的物质变换的一般条件，是人类生活的永恒的自然条

---

① 《马克思恩格斯文集》第 5 卷，北京：人民出版社 2009 年版，第 98—99 页。

件，因此，它不以人类生活的任何形式为转移，倒不如说，它为人类生活的一切社会形式所共有"，在这个语境下，我们当然也就不再会谈论"一个劳动者与其他劳动者的关系。一边是人及其劳动，另一边是自然及其物质，这就够了"。① 但是，马克思并未从这种"生产的一般"直接宣判资本主义的劳动的交换的"非正义性"，它还需要进一步分析资本主义物质生产的特征，"我要在本书研究的，是资本主义生产方式以及和它相适应的生产关系和交换关系"。② 在马克思的视域中，"生产一般"其中当然有属于如上述的一切时代的特征，可是，现代的人们诸如现代的经济学家将现有的一切特殊的物质生产方式看作是这种"生产一般"，忘记了两者的差别，从而这样的看法也便成为拜物教深入人心，"资本，别的不说，也是生产工具，也是过去的、客体化了的劳动。可见资本是一种一般的、永存的自然关系；这样说是因为恰好抛开了正是使'生产工具'、'积累的劳动'成为资本的那个特殊"。③ 这个特殊实质上就是对生产资料"占有"的特殊性质。人们在解释生产的前提占有时，总是会像说故事那样，"在很久很久以前"，一种人"是勤劳的聪明的，而且首先是节俭的精英，另一种是懒惰的"，但是，马克思通过历史回溯的方式论证了"原始积累"是充满暴力的过程，"决不是田园诗式的东西"。这种积累使得"大量的人突然被强制地同自己的生存资料分离，被当做不受法律保护的无产者抛向劳动市场"。④ 所以，在马克思看来，资本主义这种特殊的"生产"已经以"资本积累"为"起点"，生产、分配等都依据于占有原则，所以，"国民财富"的增长不过和"人民贫穷"（相对性的理解）是一回事情。⑤

其次，超越"价值"宰制实质上来自资本逻辑的内在矛盾，一方面

---

① 《马克思恩格斯文集》第5卷，北京：人民出版社2009年版，第215页。
② 《马克思恩格斯文集》第5卷，北京：人民出版社2009年版，第8页。
③ 《马克思恩格斯全集》第30卷，北京：人民出版社1995年版，第26—27页。
④ 《马克思恩格斯文集》第5卷，北京：人民出版社2009年版，第820—823页。
⑤ 《马克思恩格斯文集》第5卷，北京：人民出版社2009年版，第833页。

资本试图将商品内在的使用价值与交换价值之间的矛盾向社会领域进行普遍化的拓展，另一方面"资本又绝没有把历史一体化"。正因为商品的生产过程已经改变了整个社会生产的性质，即生产过程不是使用价值的生产过程，而是使用价值和交换价值的统一体的生产过程，同时，这种生产还要求投入中的"增值"，这也是资本逻辑的本质。所以，对于资本来讲，"扬弃以自我消费为生产主要目的的、仅仅出售多余商品的那种生产方式"成为了商品流通的前提。从而，"一切与资本关系有关的要素本身越是成为商品，也就是说，这些要素只有通过购买才能占有，资本关系就发展得越充分"，这种生产也就"越是成为资本主义的生产"。① 今天，这种资本逻辑的延展不仅在民族国家内部完成其使命，还外推，即"全球化"的空间扩展，哈维等人如今的工作正在展现剩余价值概念的空间维度。一时间，历史完全臣服于资本逻辑，正如福山所叫嚣的"历史的终结"那样得到了认同。马克思的《资本论》难道就是告诉了一个我们被封闭在资本逻辑内部的一个生活事实吗？显然不是。马克思实质上在瓦解资本与劳动分离的基础上打开了走出这个封闭的可能，这个可能性奥斯本（Osborne）以及维拉（Villa）都已经看到了。如今所谓资本主义把历史普遍化，它不过"只是量化的抽象形式"罢了，"资本主义绝没有把历史一体化"，这恰恰是"另一种生产方式的使命"。② 这才是真正超越"价值"规训提供可能性的路径。

最后，在人的生活受"价值"宰制与超越"价值"规训的辩证处理中，实践智慧地走出资本逻辑为主导的社会。人围绕价值在转，在经济生活中可以从人受时间、理性等旋转来加以领悟。诸如，一方面看，劳动的整个过程越来越细地被分解为"一些抽象合理的局部操作，以至于工人同作为整体的产品的联系被切断，他的工作也被简化为一种机械性重复的专门职能"。这种分割、计算逐渐地进入到人们

---

① 《马克思恩格斯全集》第32卷，北京：人民出版社1998年版，第76页。
② [英]奥斯本：《时间的政治》，王志宏译，北京：商务印书馆2004年版，第58页。

的日常生活中,"一直推行到工作的'灵魂'里:甚至他的心理特性也同他的整个人格相分离,同这种人格相对立地被客观化",也就是说在人的观念层面形成了"计算""时间"的观念,价值的观念当然也是如此,它是在商品生活中价值概念在观念层面的投射,交换观念成为了人的劳动的原则,占有成为了目的本身。这一过程实质上正是日本学者平子友长所说的"事物化"的过程,这对当下有着积极的意义。在资本逻辑、价值规律依然主导着人们生活的历史阶段,事物化的过程不断地形塑人们守规矩、按照规则办事等法治观念。就是说用法治的方式将个人的各种欲望权利化,价值规范下的交换主体欲望与另外的交换主体欲望之间的关系被表述为权利与权利的关系,这正是法治的核心理念,这当然是合理之处与积极的价值。另一方面,如上文所论述的,价值规训的根本在于对物质生产劳动的扭曲,原本依靠物质生产劳动促进人的自由全面发展的可能性也被扭曲了,那么,这就需要我们能够辩证地看到"价值"概念问题。就是说,价值规训的社会只是人类文明发展的一个阶段,通过这个阶段使得物质生产本身促进人的发展的可能性更成熟了,而不是唯一的终极形式,换句话说,在价值规训的社会中,可以培养出精于算计的个人主义者,却培育不出健全的、完整的人。

第四节 资本形态的"认知化"与存在观念抽象的深化

"认知"的商品化,或者说一般智能问题,已经在西方学术界以"认知资本主义"为专题进行了阐释,这对于汉语学术界尚缺乏深入的研究,当然不利于人们对资本主义转型的深入理解,更不能准确地勘定哈特、奈格里等人的激进政治理论。从谱系学上来讲,西美尔、韦伯、哈耶克，特别是马克思在文本上均给出不同程度的预见性论述。如果从其内在特质的视角看，博当（Boutang）曾经以"十五条纲领"的方式做了概括。以此为背景，哈特、奈格里等人着重阐释了"非物质劳动""诸众"与"生命政治"。为了反思这样一种理论建构，我们将之置放到政治经济学批判语境，便可以看到：认知资本主义并未能够否定"劳动价值论"；认知资本主义并未能改变资本主义剥削关系的本质，也就是说没有改变劳资关系，以及基于认知资本主义的抵抗策略在"历史的本质性的一度中"低于历史唯物主义的革命方案。

"认知资本主义"在汉语学术界显然还缺乏深入的研究①，在西方学术界一般认为这一术语来自法国学者博当（2007年便出版了以"Le Capitalisme cognitif"为题的法文专著）。按照乔治·卡芬特齐斯（George Caffentzis）的看法，这一术语之所以会具有如此魅力，是因为近些年来似乎已经证实对资本主义危机的传统马克思主义阐释方式本身发生了"危机"。这也是诸如奈格里、韦尔奇诺（Vercellone）、博当、维尔诺（Virno）、马拉兹（Marazzi）以及拉扎拉托（Lazzarato）等人立足资本主义的后—后—福特主义（Post-Post-Fordist）的认知转型，从而试图为提供一种能够抵抗宰制的主体理论所依据的基础性言说条件。② 换句话说，如果要更进一步地理解哈特、奈格里等人的"诸众"概念等抵抗策略构想的有效性，缺乏对认知资本主义的整体性考察显然是说不通的。再细化来讲，认知资本主义的谱系的生成逻辑是什么？认知资本主义最为核心的观念是什么？认知资本主义所构想的"诸众"与阶级概念是怎样的关系等都是要深入研究的问题。为此，我们试图将其置放到《资本论》语境中加以勘定，除了思考上述问题之外，还将着重思考认知资本

---

① 就汉语文献检索来看，对这一术语简要介绍仅有让-雅克·朗班的《资本主义新论》的第16章提及，标题为"认知资本主义的诞生"。

② George Caffentzis, *In Letters of Blood and Fire: Work, Machines, and the Crisis of Capitalism*, Oakland, Calif: PM Press, 2013, p.95.

主义是否误读了马克思,建立在此种误读基础之上的激进政治理论是为马克思所设想的未来打开了通道还是将其带进了"死胡同",当然,这一工作同样也是对西方激进左翼政治哲学反思性批判的迫切任务。

一、思想源头：西美尔、哈耶克与马克思

在意大利自治主义的马克思主义文本中很少涉及对术语的谱系交代,正如哈特(Hardt)在《意大利激进理论》一书的导言中所说,"当一位作者引入了一个新术语的时候,其他人随即使用它,并且赋予了他们自己的解释,而感到没有必要交代该术语的来源,不久,这些概念本原(Original Source)便被忘记了,进而它被采用为整个群体的共有词汇"①,当然,这个缺环在我们意欲研究这些学者的理论时又是必须给予填补的。基于学术资料的追踪,毫无疑问,在意大利自治的马克思主义者们思考认知资本主义之前,特别是在19世纪与第一次世界大战之前的这一段时间内,一系列的经济学家、社会学家,诸如德国的西美尔、韦伯都已经将资本主义看作是有理性精神、计算以及抽象所浸染的生命的存在方式。②更进一步看,早在1907年,西美尔在《货币哲学》的第五章"个人价值之货币等价物"的第三节中,已经给予了"无偿脑力劳动成果"的考察,他认为以往按照"劳动价值理论首先断言,脑力不是一种'开支',因为脑力的损耗并不需要补给,因而并未提高产品的成本",不过,要计算这种脑力劳动,"必须在各式各样不同类型的劳动中找到共通性",这样一来,"人们就可以有一种普适的质量单位,以此为基础衡量人类活动的成就"。③当然,

---

① Paolo Virno, Michael Hardt eds., *Radical Thought in Italy: A Potential Politics*, Minneapolis, London: University of Minnesota Press, 2006, p. 9.
② Paolo Virno, Michael Hardt eds., *Radical Thought in Italy: A Potential Politics*, Minneapolis, London: University of Minnesota Press, 2006, p. 96.
③ [德]西美尔:《货币哲学》,陈戎女等译,北京:华夏出版社2002年版,第328—330页。

西美尔的论述不过是将现代人们已经生活在一个算计的社会中的结论提示出来,"现代人们用以对付世界,用以调整其内在的——个人的和社会的——关系的精神功能大部分可称作为算计（Calculative）功能。这些功能的认知理念是把世界设想成一个巨大的算术问题"。① 除此之外,在卡芬特齐斯看来,韦伯更是以"铁笼"来比喻资本主义布满了理性的精神,这一点在基于理性批判的西方马克思主义后继者诸如卢卡奇或者再往后的法兰克福学派那里更为显著。当然,卡芬特齐斯在追踪认知资本主义谱系时还强调了哈耶克,这是一个往往被遗漏的思想背景,例如日本学者内藤敦之的考察就没有涉及。② 实质上,哈耶克在1945年出版的《个人主义与经济秩序》一书的第四章便以"知识在社会中的运用"详细讨论了可作为后来认知资本主义源头的很多论述,诸如一个核心的论断则是:"社会经济问题毋宁是这样一个问题,即人们如何才能够确使那些为每个社会成员所知道的资源得到最佳使用的问题,也就是如何才能够以最优的方式把那些资源用以实现各种唯有这些个人才知道其相对重要性的目的的问题。简而言之,它实际上就是一个如何运用知识的问题"。③ 但是,他们只是注意到了"认知"在现代世界越来越重要,而没有将其作为"统治地位"的生产方式,以及与人的解放的可能性联系起来。

完成上述的进一步理论推进,诚如卡芬特齐斯的看法,对于自治主义的马克思主义理论来讲,更为直接的理论源头应该是马克思。④ 主要

---

① [德]西美尔:《货币哲学》,陈戎女等译,北京:华夏出版社2002年版,第358页。
② 参见内藤敦之的《認知資本主義論：ポスト・フォーディズムにおける新たな労働》, http://www.e.okayama-u.ac.jp/jafee/paper/b13.pdf,这里还要提及的是,在日文文献中,关于认知资本主义的研究已经有不少研究文献。诸如还有山本泰山的《認知資本主義の趨勢と労働変容》, http://www.jafee.org/conference/conference_files/TaizoYamamoto.pdf等。
③ [奥]哈耶克:《个人主义与经济秩序》,邓正来译,北京:生活·读书·新知三联书店2003年版,第117—118页。
④ George Caffentzis, *In Letters of Blood and Fire: Work, Machines, and the Crisis of Capitalism*, Oakland, Calif: PM Press, 2013, p.97.

的文本来自于《资本论》手稿的第 VI 笔记本第 43 页到第 VII 笔记本第 6 页的［机器体系和科学发展以及资本主义劳动过程的变化］这一部分。正是在这一部分，我们可以发现像哈特与奈格里所主张的非物质劳动的关键特质是形成交流、社会关系与合作以及最终创造社会生活本身①，而不是固定的物质形式的产品的直接理论源头，这一点当然在奈格里那本《大纲：超越马克思的马克思》一书中也能够得到相应的佐证，下面让我们直接给出相应的马克思的言说："如果我们从整体上来考察资产阶级社会，那么社会本身，即处于社会关系中的人本身，总是表现为社会生产过程的最终结果。具有固定形式的一切东西，例如产品等等，在这个运动中只是作为要素，作为转瞬即逝的要素出现。直接的生产过程本身在这里只是作为要素出现。生产过程的条件和对象化本身也同样是它的要素，而作为它的主体出现的只是个人，不过是处于相互关系中的个人，他们既再生产这种相互关系，又新生产这种相互关系"。② 这当然是马克思对机器智能时代生产的一个特性总结，要理解这一点还需要进一步从马克思对机器与固定资本以及资本逻辑的关系中来看。

马克思认为，劳动资料经历了各种形态的变化，"最后的形态是机器"，它"无论在哪一方面都不表现为单个工人的劳动资料。机器的特征决不是像［单个工人的］劳动资料那样，在工人的活动作用于［劳动］对象方面起中介作用；相反地，工人的活动表现为：它只是在机器的运转，机器作用于原材料方面起中介作用——看管机器"，也就是说，"工人把工具当做器官，通过自己的技能和活动赋予它以灵魂，因此，掌握工具的能力取决于工人的技艺。相反，机器则代替工人而具有技能和力量，它本身就是能工巧匠，它通过在自身中发生作用的力学规律而

---

① Michael Hardt, Antonio Negri, *Multitude*: *War and Democracy in the Age of Empire*, New York: Penguin books, 2005, pp. 109–113.

② 《马克思恩格斯文集》第 8 卷，北京：人民出版社 2009 年版，第 204 页。

具有自己的灵魂，它为了自身不断运转而消费煤炭，机油等等（辅助材料），就像工人消费食物一样"。① 这里的意思是，机器出现之后工人的技艺被取代了，并且越来越符合资本逻辑的本性要求了，"劳动资料作为直接的劳动资料加入资本生产过程时所具有的那种形式消失了，变成了由资本本身规定的并与资本相适应的形式"，这种变化"对资本来说并不是偶然的，而是使传统的继承下来的劳动资料适合于资本要求的历史性变革。因此，知识和技能的积累，社会智力的一般生产力的积累，就同劳动相对立而被吸收在资本当中，从而表现为资本的属性"。② 显然，当"固定资本发展的程度越高，生产过程的连续性或再生产过程的不断进行，就越成为以资本为基础的生产方式的外在的强制性条件"。也就是说，在机器体系中，资本对活劳动的占有具有了直接的现实性，"一方面，直接从科学中得出的对力学规律和化学规律的分解和应用，使机器能够完成以前工人完成的同样的劳动"，"另一方面，现有的机器体系本身已经提供大量的手段。在这种情况下，发明就将成为一种职业，而科学在直接生产上的应用本身就成为对科学具有决定性的和推动作用的着眼点"。③ 从这一点我们很容易看到马克思提醒的内容，即机器体系不过是资本发展的内在要求，通过机器体系进一步促进了"分工"，"这种分工把工人的操作逐渐变成机械的操作，而达到一定地步，机器就会代替工人"，这样一来，"工人自己的劳动能力就贬值了"，"现实财富的创造较少地取决于劳动时间和已耗费的劳动量，较多地取决于在劳动时间内所运用的作用物的力量，而这种作用物自身——它们的巨大效率——又和生产它们所花费的直接劳动时间不成比例，而是取决于科学的一般水平和技术进步"。④ 于是，马克思又认为，从固定资本的发展历

---

① 《马克思恩格斯文集》第 8 卷，北京：人民出版社 2009 年版，第 184—185 页。
② 《马克思恩格斯文集》第 8 卷，北京：人民出版社 2009 年版，第 184—187 页。
③ 《马克思恩格斯文集》第 8 卷，北京：人民出版社 2009 年版，第 195 页。
④ 《马克思恩格斯文集》第 8 卷，北京：人民出版社 2009 年版，第 195—196 页。

程中可以看出,"一般社会知识,已经在多么大的程度上变成了直接的生产力,从而社会生活过程的条件本身在多么大的程度上受到一般智力的控制并按照这种智力得到改造"。① 进而,这样的结论跃然纸上,"一旦直接形式的劳动不再是财富的巨大源泉,劳动时间就不再是,而且必然不再是财富的尺度,因而交换价值也不再是使用价值的尺度"。② 对此,马克思通过将一般智力的阐释与交换价值的消失联系在一起,从而为人类解放提供了新的可能,不过这一点被认知资本主义观念持有者根据对价值与财富来源混淆的判定,错误推论为在知识涌现时代,马克思的价值理论已经站不住脚了,从而试图改写马克思的革命理论。③

二、"一般智力"的时代效应

上述马克思对资本逻辑发展推动"一般智力"提升对未来的"大工业时代"的预想,如何被认知资本主义者进一步发展呢?其基本内涵又是什么呢?按照韦尔奇诺的看法,在资本主义的历史中,劳动分工和可以被认知的知识的作用都经历了三大主要阶段。第一阶段以重商主义的资本主义为代表,这一阶段的生产模式基于所谓的外加工制和中央集权制。第二阶段则以工业资本主义为代表。在某些方面充满了"实际吸纳"的逻辑,我们可以在福特主义的模型中发现其历史成就。这一历史阶段将导致知识经济和劳动分工的发展。最后一个阶段始于福特主义的工业资本主义的危机,这是向认知资本主义转变的关键因素,更为重要的是这种危机带来了三个重要的变化:第一个现象以对劳动组织转型所带来的挑战为代表,工人拒绝劳动,即工人对自主权的需求日益增加,体现了泰勒模式的劳动正逐步淘汰;第二个现象以知识的传播为代表,

---

① 《马克思恩格斯文集》第 8 卷,北京:人民出版社 2009 年版,第 198 页。
② 《马克思恩格斯文集》第 8 卷,北京:人民出版社 2009 年版,第 196—197 页。
③ [英]莱姆克:《马克思与福柯》,陈元等译,上海:华东师范大学出版社 2007 年版,第 162 页。

这主要归功于大众教育的普及，或者说是被命名为智能传播的发展。以劳动分工的认知为特征的交流式的合作正在取代泰勒模式所倡导的毫无发言权的重复的合作；最后一个现象是作为社会斗争的结果，社会薪酬和集体福利大幅度地增长，导致了福特主义的监管模式的危机，这也是这场社会危机爆发的主要原因。① 如果说韦尔奇诺更多地从工业资本主义与认知资本主义的对比以及产生背景上来给予界定，那么博当则在《认知资本主义》一书中分别以"认知资本主义不是什么"与"认知资本主义是什么"更清晰地帮助我们了解这一概念的内涵。为此，在这里我们需要借助他的阐释来说明，在他看来，认知资本主义一共有"十五条纲领"。

其中首要的特征是"经济的虚拟化，换句话说非物质以及相应于非物质生产的服务的角色的增长"。其次分别是：（2）非物质的权重是新的计算机技术凸显，因此也是数字化数据的后果；（3）这些无形的资产被提升为经济增长的决定性作用；（4）它遵循技术进步而不再是一个外在资源，企业能够获取货物或者服务需要网络（即时）市场；（5）亚当·斯密的劳动分工的看法被随后的泰勒主义完善化，但已经产生了诸多问题；（6）市场的日益复杂化不再是仅仅通过规模经济的工具就能够控制的，尽管这些继续为了探索经济价值的生产或者市场的原因而被寻求；（7）劳动分工及其组成部分以及生产结果都发生了革命性变化；（8）虽然商品化似乎是一个普遍法则，借助资本或者劳工的尺度测定它的可能性是被认为可疑的，理由在其不可化约的多元性特质；（9）社会与网络生产合作模式的提升；（10）脑力之间合作的上升意味着劳动力的能量与熵范式的下降，也意味着财富生产中物质商品转换方面的下降；（11）认知资本主义不能使自己满足于认为是活劳动而不是死劳动的逐渐增加，关于这一点，博当特别指出在1857—1858年的大纲中，马

---

① Carlo Vercellone, "The hypothesis of cognitive capitalism", https：//halshs. archives-ouvertes. fr/halshs - 00273641.

克思分析了这一问题;(12)这样一种转换总是与工作场所个人表现的影响下降相一致的,这基于工业资本主义期间发展的生产率的水平;(13)认知资本主义中生产的产品的非物质特质导致了信息产品或者知识产品的强烈的特殊性,诸如,认知过程、使用、贬值、改进、征用的条件等;(14)如果价值的核心被抽取是基于智力、发明与创新劳动,如果后者调动了网络中的脑力合作,那么,捕捉积极的外部性成为了价值的头等问题;(15)认知资本主义借助知识生产知识,借助生活生产生活本身。① 通过上述特征的表述,博当实质上已经指明了认知资本主义其实并不仅仅是以往"知识经济"就能够涵盖的,这一点与卡芬特齐斯的看法是一致的,它还表达了体力与脑力劳动分工的无效、合作、非物质产品以及它本身对于人的生活的再生产。对此,韦尔奇诺的看法更准确地界划了认知资本主义与知识经济的差异,"知识经济从未对资本和劳动力之间的对立加以考量,此外,在劳动分工的转换问题上,也没有考察过知识和权力之间的冲突",所以,认知资本主义的出发点是,针对知识经济的新自由主义理论对所引起的实际突变的辩护展开激烈的批判,"认知"这个词强调了劳资关系的本质变化,以及资本积累所依赖的不同的财产形式。②

下面我们将更进一步地集中在"非物质劳动""共同性"与"诸众"这三个认知资本主义核心理念来加以讨论。

让我们首先来看"非物质劳动"。之所以要重视这样一个概念,在拉扎拉托看来,认知资本主义时代工作方式的改变暗含着新的权力关系的重组,相应地,对工人阶级的技术和主体政治的建构都指向了"非物质劳动"。这一概念内涵包含两个方面,一方面是关于商品的"信息内容"(Informatinal Content),它直接提及在工业和第三产业中大公司的工

---

① Yann Moulier-Boutang, *Cognitive Capitalism*, Cambridge:Polity Press, 2012, pp. 50 – 55.
② Carlo Vercellone, "The hypothesis of cognitive capitalism", https://halshs.archives-ouvertes.fr/halshs – 00273641.

人劳动过程发生的变化，其中直接劳动所需的技能逐渐让位于神经机械学和计算机控制（与空间化与垂直的信息沟通）；另一方面是关于商品"文化内容"（Cultural Content）的生产行为，非物质劳动涉及一系列行为，并非一般所谓的"工作"——换句话说，行为活动涉及定义和确定文化和艺术的标准，时尚、趣味、消费标准以及更多策略性的公共意见。① 显然，"非物质劳动"指向的是商品的"内容"而不仅是劳动过程中是否灌注了"知识"或者"信息"，或者说它主要是对"社会关系"的再生产。不过，对于哈特与奈格里来讲，又进一步拓展了拉扎拉托的看法，第一种类型"出现在已被信息化和已经融汇了通讯技术的一种大工业生产中，这种融汇的方式改造了生产过程自身，生产被视为一种服务"；第二种则是"带有分析的创造性和象征的任务"，涉及感性的生产与控制，并要求人际交往，并且他们强调非物质劳动涉及社会互动与合作，这种合作是内生于劳动活动自身的。因而，这种非物质劳动将那种认为劳动力只受资本聚合的观念给予了否定。② 表面上看，他们采用了马克思对"资本—劳动"的分析模式，但也正是从这里他们走出了历史唯物主义的思考方式，转而借助于自己所设定的生命政治学的阐释路径，从劳动与生产的变化中去寻找新的革命主体的建构，应该说这里也显露了激进左翼的共有的思想范式，走出历史唯物主义，立足新的时代寻找新的理论入口，从而建构现有条件下的"解放主体"，很显然，这是单纯地滑向主体—极片面地解读当代资本主义及其抵抗的策略。

那么，对于认知资本主义观念者来讲，他们想建构的主体（诸众）与原先的阶级概念有着怎样的差别呢？我们知道，对于马克思来讲，阶级概念是立足于其历史唯物主义的方法论，将处于一定生产关系中的人

---

① Paolo Virno, Michael Hardt eds., *Radical Thought in Italy: A Potential Politics*, Minneapolis, London: University of Minnesota Press, 2006, p. 132.
② ［美］哈特、奈格里：《帝国——全球化的政治秩序》，杨建国、范一亭译，南京：江苏人民出版社2005年版，第340页。

第一章 商品化世界与人的存在观念

看作为"经济范畴的人格化,是一定的阶级关系和利益的承担者",它必须在劳动与资本的分离的基础上才更能够得以理解。不过,奇怪的是,在财富创造不单是依据于劳动,而是知识、信息等观念理解下的哈特与奈格里也认为自己所提出的诸众依然是一个阶级概念。① 这一看法与后现代主义对阶级的完全否定是不一致的,在他们看来,原先人们认为所有劳动形式都能够被纳入资本的对立面,即作为单一主体的无产阶级,这一看法也是对的,因为劳资分离,所有者与无产者的分离必然造成无产者生活境遇的相似性。不过他们也不是完全坚守这个概念,而是又给予了调和,与其他的后马克思主义的激进左翼理论家一致,认为,"有无数个潜在的阶层共同构成了当代社会,这些阶层不仅基于经济状况的差异,而且还基于种族、民族、地域、性别、性以及其他特质的异质性"。② 也就是说,他们既对现代对阶级概念的"解构"给予承认,又同时承认了原先的阶级概念,这里阶级概念被理解为既具有了经济学意味也具有了政治内涵,"所以,对待劳动不能仅就工资层面来认识,还要考虑人类整体的创造力量"。③ 正是在重新理解阶级概念的基础上创造了诸众这样一个概念。

诸众的概念正是基于上述的理解而呈现出两个方面,一方面,诸众不能简化为单一的经济视角的阶级概念,而是拥有着多重性的,永远不可能还原、简化为单一性,哈特与奈格里例举了原先工厂契约在后现代生活中是如何随着合同的兴起以及新形式工作的强制的流动性而遭到破坏的,还有移民对原先民族身份的冲击等,使得现代身份分裂加速,从而使得还原为某种固定的、单一性的身份似乎不太可能,但是,这种分裂并未损害共同行动这个对于革命主体建构至关重要的一面,这显然与德波那种在景观社会中人都是孤独分离的个体完全不同。另一方面,诸

---

① Michael Hardt, Antonio Negri, *Multitude*, London: Penguin books, 2005, p. 103.
② Michael Hardt, Antonio Negri, *Multitude*, London: Penguin books, 2005, p. 103.
③ Michael Hardt, Antonio Negri, *Multitude*, London: Penguin books, 2005, p. 105.

众是指所有在资本统治之下工作的人,这样就具有了与原先工人阶级那种"排他性"特质完全不同的"开放性",这意味着没有哪一个劳动形式上的人具有政治上的优秀性,"今天所有形式的劳动都是社会生产,它们共同生产,也共同具有抵制资本统治的潜力,应该把它们视为同样的抵制机会"。① 如果我们从阶级视角来看,那些虽然为诸众但是却处于传统阶级概念之外的劳动形象,为什么一直没有被纳入到革命主体的建构中,是因为传统的工业资本主义生产模式,"在19世纪和20世纪,工业劳动在全球经济中居统治地位",统治不一定是数量上的,而是因为"工业能够把其他形式裹挟进入自己所涉的漩涡之中,农业、采矿业乃至整个社会本身都被迫工业化",这种工业化生产当然逐渐变为整个社会的运作机制。随后,到了20世纪的最后几十年里,即进入到认知资本主义时代,工业劳动的"中心化"与统治地位慢慢失去,而非物质产品的劳动比如服务劳动、认知劳动等虽然构成全球劳动的少数,却被哈特、奈格里认为如今它已经处于与150年前工业劳动相同的地位,今天的劳动已经再次"中心化",即"必须信息化、成为智能的、传播的、情感的"。

于是,这样的一种新的"中心化"是人的解放还是一种对人的宰制提供了新的可能性条件?这需要结合哈特与奈格里将"非物质劳动"称为是"生命政治劳动"(Biopolitical Labor)来进一步加以说明。② 在他们看来,非物质劳动表面看来,使得人们工作条件得以改变,工作时间与休闲时间变得日趋模糊,在工业生产模式下,工人在工厂中几乎都在不停地进行生产,但是,"如果生产的目的是为了解决问题,或者说是创造出某种观念或者某种关系的话,那么,工作时间可能会扩展到整个一生。你不仅会在办公室里面产生出某种观念或想法,而且在洗澡或者

---

① Michael Hardt, Antonio Negri, *Multitude*, London: Penguin books, 2005, p.107.
② Michael Hardt, Antonio Negri, *Multitude*, London: Penguin books, 2005, p.109.

做梦的时候也在进行着生产"。① 也就是说，在"非物质劳动"形式下，生产组织从原先流水线的线性关系转变为分散的、灵活的、不稳定的网络形式，哈特与奈格里认为，此种形式下的剥削已经"不再是个人或集体劳动时间决定的一种对价值的剥夺，而是获取协同劳动生产的价值，而这种价值因为在社会网络中的流通变得越来越普遍化"②，也就是说，这种劳动形式本身便创造出共同的关系和共同的社会形式，这种生产是"人生产人的，从而生产生命形式"，在《大同世界》一书中，他们讲得更为清楚，在生命政治的语境下，资本不仅被理解为是一种社会关系，而且这种关系本身就是开放的，资本已经从原先通过有机构成对劳动进行控制，如今逐渐解体，生命政治劳动趋向于生成自己的社会协作形式。③ 那么，新的剥削形式正是以剥夺这种共同性来实现的。

三、有没有溢出政治经济学批判：一个反思

那么，上述认知资本主义及其抵抗策略的主张真实地反映了资本主义的当代转型吗，还是一种理论的错认？如果是一种理论的错认，在其语境下所谓的抵抗及其主体的构造必然不可能真正触及迈向解放的根基处，为此，在基于政治经济学批判的同时，我们借助哈里比（Harribey）对此所做的批判为基础，并给出我们自己对于此种批判的评论，在不同意或者他的批判方向错误的地方，我们将重新确立批判的路径，从而进一步对认知资本主义做出合理的学术评判。

首先，认知资本主义并未能够否定"劳动价值论"。一般来讲，在非物质的和认知资本主义者那里，始终认为创造、改变和知识被认为是价值的主要来源。与此相反，在《认知主义、新社会还是理论与政治死

---

① Michael Hardt, Antonio Negri, *Multitude*, London: Penguin books, 2005, pp. 111-112.
② Michael Hardt, Antonio Negri, *Multitude*, London: Penguin books, 2005, p. 113.
③ ［美］迈克尔·哈特：《大同世界》，王行坤译，北京：中国人民大学出版社 2015 年版，第 119 页。

胡同》一文中，哈里比则从"资本主义生产和积累的演变是否改变了价值的来源"，"资本主义生产和积累的演变是否改变了社会关系的本质"这样两个根本的提问开始批判认知资本主义。就第一个问题来看，哈里比基于马克思的财富与价值之间的区别认为，马克思已经直面了劳动并非财富的唯一来源，却是价值的唯一来源，而认知资本主义者们往往混淆两者，从而把知识也看作为价值的来源了，这是第一个错认。第二个错认主要是混淆了价值与价值的条件，哈里比认为博当所说的"价值的主要来源是被政治经济学看成是唯一值得获得报酬的劳动的上游和下游之无偿劳动"是错误的，"首先，政治经济学从来没有说过商业劳动力是需要报酬的唯一劳动力，而是说它是唯一的阐释货币价值进而产生收益的劳动力。其次，货币生产中的上下游的无偿劳动代表了凯恩斯所说的价值'范畴'"。① 这种混淆简单一点讲就是将那些促成价值创造的知识、信息、技术条件看作是资本主义价值创造的不可或缺的唯一条件，而忘记了这些条件也可以降低创造的价值。第三个错认是"价值与价值规律的混淆"。在马克思看来，价值和财富的分离是资本矛盾的核心所在，并且随着生产力的发展，活劳动慢慢被排除，越来越多的知识投入使得商品的价值在不断地降低，但是，这正说明了价值规律的有效性，与此相对的认知资本主义却否定了这一点。从这里我们很清楚地看到哈里比立足于马克思的价值概念，正确地批判了认知资本主义试图认为当非物质劳动成为主导性的范式的来临，随之价值规律必然失效的观点，因而，我们同意这样的判断，把"各种各样的统治形式看作与为资本生产剩余价值和价值一样的东西，这等于说否定了使用价值的生产和资本的价值生产的区别"。②

---

① ［英］莱姆克：《马克思与福柯》，陈元等译，上海：华东师范大学出版社2007年，第163页。

② ［英］莱姆克：《马克思与福柯》，陈元等译，上海：华东师范大学出版社2007年版，第169页。

其次，认知资本主义并未能改变资本主义剥削关系的本质，也就是说没有改变劳资关系。这里需要从三个方面来看，第一，认知资本主义所强调的"劳动与休闲时间"的难以分割，并着重认为脱离工厂劳动的"生产"越来越改变原先的剥削关系，诸如一种观点认为，"认知资本主义'自由'的劳动对价值的创造日益重要，这是因为，它与工业资本主义相比，是一个新生的得以发展的制度。这一新制度是以数字劳动为中心，以数字技术促进发展的集体和社会参与形式"。他们驳斥马克思的资本论的研究缺乏对这种自由劳动的关注，"马克思在研究资本时，并没有研究当时的英国最大的劳动人口，包括家庭佣人，而是将注意力集中在一个较小的工厂工人们身上，来预先考察工业资本主义的新兴霸权集团"。① 这是对马克思明显的误读，当哈特与奈格里认为认知资本主义范式具有中心化的时候，他们已经能够看到工业化的统治就是一种裹挟能力，马克思之所以将注意力关注于工厂工人也正是这个道理。第二，如高茨所说，非物质劳动的产品是知识的聚集而不是劳动的凝聚，此种产品的交换也不再是依据社会必要劳动时间的尺度，而是知识和信息的含量等，按照这个看法，只要通过资本对于信息、知识的占有便可以完成资本自我增值的目的，哈特与奈格里所以才会说，资本主义在 20 世纪不仅没有消失而且资本积累越来越可观了。更进一步地讲，他们强调不再是资本对劳动的控制，而是资本对其他外在要素的吸纳，一方面在劳动过程中"共同性"不断得到生产，一方面资本为了自我的增值再剥夺这种"共同性"而拥有"专有权"。第三，认知资本主义强调的劳动关系是一种排除了资本的过程，仅仅是劳动者与劳动者之间的关系，马克思原先的资本家与劳动者之间的劳动过程的剥削分析自然也就不成立了，这又是一种"表面化"的表述，正像有学者批评的那样，"像手工业资本主义时代由分工所构建的劳动者之间的交换关系，以及资本主义

---

① James Avis, The politics of cognitive capitalism-beyond workplace learning? http: //eprints. hud. ac. uk/17873/.

大工业时代由机器体系所构建的劳动者之间的协作关系，只是经验层面上的，即我们在经验现象层面能看到的社会关系，而其背后所隐藏的是特定历史阶段的劳资关系一样，哈特和奈格里所主张的自主合作关系也是特定历史阶段的劳资关系在现象层面所显现出来的形式"。①

最后，基于认知资本主义的抵抗策略在"历史的本质性的一度中"低于历史唯物主义的革命方案。在认知资本主义者看来，这种资本主义的转型所带来的"生命政治的生产"已经与原先泰勒制劳动过程的"服从权威"完全不同了，劳动者的生产是自我组织、充满自觉的，这样一来也就不需要什么"革命先锋队"的说法。显然这种看法不仅与列宁的无产阶级专政的叙事不同，这是一个"从内部推翻统治力量，而不是凌驾在诸众的运动之上"②，当然也与后马克思主义者诸如拉克劳、墨菲的"领导权"所指向的革命理念也十分不同。之所以如此是因为，他们意图接续斯宾诺莎"心物平行论"而延展出一种全新的革命平行论逻辑。按照此种革命的构想，"革命政治不只是追求工人境况在资本主义社会机构内的改善"，因为，即使得到了好的工作条件、高额的工资回报，但是工人依旧是工人，依旧保持着这个"工人身份"，革命毋宁说就是要消费这个"工人身份"。所以，"革命的阶级政治必须摧毁工人臣服的结构和制度，从而消灭工人身份"。③ 但是，也不是说革命完全就是一种"身份政治"，而是更多地认为，身份本身是"交叉性"的才使得革命必须是平行的，例如，黑人资本家或者黑人女同性恋资本家，其中暗含的不同的身份特质，对于主体来讲，其目标也会分化乃至冲突，正是这样，哈特、奈格里紧扣斯宾诺莎的"心灵不能让身体去行动，身体也不能让心灵去思考"这样一种思维准则认为，"阶级斗争也不必然会推动

---

① 唐正东：《非物质劳动与资本主义劳动范式的转型》，载《南京社会科学》2013 年第 5 期。
② ［美］迈克尔·哈特：《大同世界》，王行坤译，北京：中国人民大学出版社 2015 年版，第 270 页。
③ ［美］迈克尔·哈特：《大同世界》，王行坤译，北京：中国人民大学出版社 2015 年版，第 255—256 页。

或抑制性别压迫,种族斗争也并不必然会对抗恐同症和异性恋规范"。于是,"平行论表明,对革命最为重要的一个挑战就是,我们无法继续在一个单独的领域内进行或者思考革命行动"。① 之所以他们会将身份政治看作一个类似"心理"维度来作为一极加以强调,是因为内在身份已经被处理为一种脱离"社会关系"的独立存在。比如在女性、黑人、同性恋等身份政治的诉求中,如果基于历史唯物主义的看法,显然,作为社会问题而存在的"女性、黑人、同性恋"都是基于一定的社会关系才能够成立的,诚如马克思说,"黑人就是黑人。只有在一定的关系下,他才成为奴隶"②,而这些社会关系在商品交换的社会已经沾染上了"经济范畴人格化"的痕迹,这种平行论的表面看来似乎更为合理,但是社会关系的"事物化"才是当下社会关系再生产的关键之处,任何不以瓦解这种"事物化"过程为基础的革命策略都将最终与历史唯物主义分道扬镳。

---

① [美]迈克尔·哈特:《大同世界》,王行坤译,北京:中国人民大学出版社2015年版,第264页。
② 《马克思恩格斯文集》第1卷,北京:人民出版社2009年版,第723页。

第二章 政治经济学批判与"正义"观念反思

马克思对于正义到底是如何看待的,已经构成马克思政治哲学的基础理论中最热的关注点,正反双方各执一端。从文本的互证层面来看,双方其实并未能够说服对方,使得这一问题最终成为一种立场的争议。为了能够更深入地讨论这一问题,我们可以采用拜物教这一方法论,而非以"公式的马克思主义"那种文本直接指认的方式。从方法论的层面有助于我们理解马克思到底如何去思考作为西方传统政治哲学的核心概念"正义",也有助于我们从这一方法论如何理解马克思的正义是何种意义上的,它又能对当代中国社会发展起到何种价值。

第一节 "正义"概念的厘定:事物化与物化

借助对《资本论》德文版中正义概念的词频考证可知,马克思在否定的意义上论及正义所使用的是"Gerechtigkeit"等,而在使用"Gerecht"等词表述正义时,着意强调与特定资本主义生产方式相适应便是"正义",这是有原则限度的肯定。这一"矛盾"需通过事物化与

第二章 政治经济学批判与"正义"观念反思

物化界划来深入理解。在马克思看来,正义只能在事物化限度内来谈论,但是事物化在瓦解之后,正义便失去了谈论的根基。现在谈论正义是因为作为正义的条件,即事物化在当下依然具备历史给予的暂时正当性。物化所造成"正义拜物教"一旦嵌入到事物化中就不攻自破,事物化正是界划马克思与自由主义正义概念的标志。

对于"正义与马克思是否相适"的问题讨论势头强劲。在20世纪70年代的西方学术界由艾伦·伍德发表《马克思对正义的批判》一文挑起一场学术论战,参与者塔克、克洛西、胡萨米、科亨、杰拉斯、罗尔斯、布坎南等均发表了自己对此问题的论述。① 时过近半个世纪的汉语学术界基于社会现实转型,大量引入了这些论述并偏重于认为,正义在马克思的文本阐释中是一种价值判断而不是事实判断,故而资本主义剥削与社会主义的按劳分配均是不正义的。② 不过,与自由主义等当地西方政治哲学的低位阶的正义不同,马克思具有一套"高位阶"的正义概念,这是从"人类社会或社会化的人类"出发,以对国民经济学批判来完成对各类先前正义原则的扬弃。③ 从而,在辩证法的意义上处理"高位阶"与"低位阶"正义,并依此在马克思文本的基础上,为马克思构建出一套正义的观念,从而为马克思拥有"正义"维度的思考做理论辩护一时间成为了学术界几乎一致的看法。这些讨论触及马克思思想的真实内涵抑或是研究者将自己对正义理解投放到马克思正义观念建构

---

① 在这一讨论中,**正方的代表性文献**请参见诸如 [美] 罗伯特·查尔斯·塔克:《马克思主义革命观》,高岸起译,北京:人民出版社2012年版;Crocher, "Marx's Concept of Exploitation", *Social Theory and Practice*, Fall 1972, pp. 201 – 215; Allen Wood, "The Marxian Critique of Justice", *Philosophy and Public Affairs*, 1972, NO.3;具体的详述记录,还可参见, Norman Geras, "The Controversy About Marx and Justice", *New Left Review* 1985, NO.150. **反方的代表性文献**除了提及的胡萨米,还有科亨、杰拉斯以及罗尔斯等,"我同意科亨、杰拉斯的观点,马克思确实把资本主义谴责为不正义"。见 [美] 罗尔斯:《政治哲学史》,杨通进等译,北京:中国社会科学出版社2011年版,第349页。

② 段忠桥:《马克思正义观的三个根本性问题》,载《马克思主义与现实》2013年第5期。

③ 王新生:《马克思正义理论的四重辩护》,载《中国社会科学》2014年第1期。此外还可参见唐正东、张文喜、李佃来、林进平、臧峰宇学者等在这方面所做的研究工作。

之中，依然值得深思。撇开讨论的纷争，我们试图进入马克思的《资本论》，借助词频统计确认正义在文本中的含义类型，并以其中最为重要的 Versachlichung 与 Verdinglichung 的界划所开启的历史现象学来重审"正义"到底对于马克思意味着什么？相信依据这一路径的进入会有助于我们摆脱将马克思植入西方政治哲学语境讨论的尴尬，更有助于认识马克思思想本身的历史原像。

一、词频统计

按照学术界的一些学者看法，正义在马克思和恩格斯的德文原著中用 Gerechtigkeit 一词①，这种说法显然不够准确。根据我的词频统计，在德文版的《资本论》中，如果使用以"Gerecht"（正义）来检索分别出现"Ungerecht""Gerechten""Gerechtigkeit""Ungerechtigkeit""Gerechtfertigt""Ungerechtfertigt"这样一些词汇，一共 27 次。当然，我们再将前缀"Un"的排除掉，再统计可知，《资本论》中出现 Gerechtigkeit 9 次，Gerechten 2 次，Gerecht 1 次, Gerechtfertigt 2 次，Gerechte 2 次。

现在，需要我们再深入到这些词出现的文本语境中来理解正义。出现"Gerechtigkeit"一共是 9 次，其文本依次为：第 1、2 次的文本为"蒲鲁东先从与商品生产相适应的法的关系中提取他的公平（Gerechtigkeit）的理想，永恒公平的理想。顺便说一下，这就给一切庸人提供了一个使他们感到宽慰的论据，即商品生产形式像公平（Gerechtigkeit）一样是永恒的"。② 第 3 次是马克思批判加尼耳愚蒙时摘录的话，"人类沿着这个方向正在升入天才创造的至高领域，进入宗教的最深奥的境界，建立救世的道德〈那就是'占有全部利益'等等〉准则，制定保护自由〈'注定要

---

① 段忠桥：《马克思正义观的三个根本性问题》，载《马克思主义与现实》2013 年第 5 期脚注 1。
② 《马克思恩格斯文集》第 5 卷，北京：人民出版社 2009 年版，第 103 页。Karl Marx, Friedrich Engels, *Marx Engels Werke*, *Band 23*. Berlin：Dietz Verlag, S. 99.

第二章 政治经济学批判与"正义"观念反思

从事生产的阶级'的自由吗?〉和权力、顺从和正义(Gerechtigkeit)、义务和人道的法律"。① 第 4 次出现在恩格斯于 1888 年在马克思的生日时为第二册资本论写的序言中,严格意义上这一次不能算是马克思论正义。② 学术界最为关注的是第 5、6 次,而且根本没有注意到就在这段著名的文本中,正义使用的德文词也并非如中文一样毫无差别。这段文本是"同吉尔巴特一起说什么天然正义(Gerechtigkeit),这是毫无意义的。生产当事人之间进行的交易的正义性(Gerechtigkeit)在于:这种交易是从生产关系中作为自然结果产生出来的。这种经济交易作为当事人的意志行为,作为他们的共同意志的表示,作为可以由国家强加给立约双方的契约,表现在法律形式上,这些法律形式作为单纯的形式,是不能决定这个内容本身的。这些形式只是表示这个内容。这个内容,只要与生产方式相适应,相一致,就是正义的(Gerecht);只要与生产方式相矛盾,就是非正义的(Ungerecht)"。③ 第 7 次,基本上不在讨论马克思正义观念学者的文本选择之中,那就是马克思讲述一位维护美国奴隶制度的奥康瑙尔在 1859 年 12 月 19 日纽约集会上打着"为南方说几句公道(Gerechtigkeit)话"发表言论。④ 第 8 次是摘引马丁·路德《论商业和高利贷》的话,"商人对贵族或盗匪非常埋怨,因为他们经商必须冒巨大的危险,他们会遭到绑架、殴打、敲诈和抢劫。如果商人是为了正义(Gerechtigkeit)而甘冒这种风险,那么他们当然就成了圣人了"。⑤ 第 9 次是马克思在讲到 100 磅如何执行资本家职能

---

① 《马克思恩格斯文集》第 5 卷,北京:人民出版社 2009 年版,第 515 页。Karl Marx, Friedrich Engels, *Marx Engels Werke*, *Band 23*. Berlin:Dietz Verlag, 1962. S. 99.
② 《马克思恩格斯文集》第 6 卷,北京:人民出版社 2009 年版,第 21 页。
③ 《马克思恩格斯文集》第 7 卷,北京:人民出版社 2009 年版,第 379 页。Karl Marx, Friedrich Engels, *Marx Engels Werke*, *Band 25*. Berlin:Dietz Verlag, 1964. SS. 351 – 352.
④ 《马克思恩格斯文集》第 7 卷,北京:人民出版社 2009 年版,第 433 页。Karl Marx, Friedrich Engels, *Marx Engels Werke*, *Band 25*. Berlin:Dietz Verlag, 1964. S. 399.
⑤ 《马克思恩格斯文集》第 7 卷,北京:人民出版社 2009 年版,第 369 页。Karl Marx, Friedrich Engels, *Marx Engels Werke*, *Band 25*. Berlin:Dietz Verlag, 1964. S. 343.

时摘引吉尔巴特的话,"一个用借款来牟取利润的人,应该把一部分利润付给贷放人,这是不言而喻的天然正义的原则"。①

而另外一个跟正义相关的词则是"Gerechten",一共出现2次。第一次是马克思说如果工人B是用工人A所生产的剩余价值来雇用的,随后A提供这种剩余价值时,资本家对他的商品支付了全部合理价格(Gerechten Preis)②,这是对无酬劳动的占有,这种合理实质上是不合理。另一次出现是在马克思论述田园诗般的温和政治经济学的笔下,正义(Gerechten)和劳动成为了从古至今唯一的致富手段,因而这种政治经济学没能看到原始积累的真实秘密③,显然,自由主义经济学所说的正义作为唯一致富手段是一种天大的谎言,"暴力"才构成了真正的资本主义掠夺的历史叙事。

就上述文本来看,马克思上述德文词"正义"的出现语境,概而言之主要是在"商品生产相适应的法的关系中提取他的公平"以及"商品生产形式像公平一样也是永恒的"④、依靠观念的宗教世界来制定正义的法律,"天然正义"、交易的正义性以及"公道话"(主要也是基于劳动生产方式)、"天然正义原则"这些语境中。显然,马克思是对现实社会中人们由于受到拜物教的影响,对资本主义生产方式思考前提不可能彻底批判的基础上,反而将这种制度本身看作是"天然正义"的直接否定与嘲讽。这些正义的表现形式并非什么"天然的",不过是依附于商品生产的一种"假象"罢了。但是,这种假象在这个特定的商品时代又呈现为"拟真"的镜像。总而言之,当马克思使用上述正义概念的时候,从篇幅角度的比例来讲,主要是**在否定的意义上来讲**,这一点毋庸置疑。

那么,马克思有没有在正面的意义上使用过正义?我们再看看马克

---

① 《马克思恩格斯文集》第7卷,北京:人民出版社2009年版,第379页。Karl Marx, Friedrich Engels, *Marx Engels Werke, Band 25.* Berlin: Dietz Verlag, 1964. S. 343.
② 《马克思恩格斯文集》第5卷,北京:人民出版社2009年版,第676页。
③ 《马克思恩格斯文集》第5卷,北京:人民出版社2009年版,第821页。
④ 《马克思恩格斯文集》第5卷,北京:人民出版社2009年版,第103页。

第二章 政治经济学批判与"正义"观念反思

思使用的其他正义的词汇。Gerecht 出现 1 次，即"只要与生产方式相适应，相一致，就是正义的"①。Gerechte 出现 2 次，"如果人们强迫黑人再去劳动，并为他的主人提供正当的（Gerechte）报酬，来报答他的主人为统治他，为使他成为一个对自己和对社会有用的人而花费的劳动和才能，这并没有剥夺他的任何权利"，马克思认为，既然这种统治和奴役关系成为前提，那么，"提供正当的报酬"依据于既生产自己的劳动工资又生产监督者的工资便是"理所当然的"。② 最后一个接近的词汇是 Gerechtfertigt，通常在《资本论》的德文文献中的两次分别被中文翻译为道理、合理的③，与上面"Gerechtigkeit""Gerechten"的否定意义上对待正义不同，这里的肯定都是有限定语境的，一定在在某种现有的生产方式的框架内才能够成立的。以此，马克思试图揭示其具有的"历史过渡性"特质，这里的"Gerecht""Gerechte"对于"正义"的肯定显然并不是无原则的，它仅仅**在肯定的意义上**，承认"正义"依附于某一种特定的条件下，离开这种条件，"正义"不在马克思的谈论范围之中。

通过《资本论》德文版的正义词语使用的文本考察，我们面临一个悖论，即一方面，马克思在否定的意义上使用的正义，另一方面，又对正义在一定的原则下做了肯定性的回答。那么，他又是在什么样的原则限度下接受正义观念的，这是一种与自由主义正义观念同质的认同？在目前学术界的讨论中，为了论证马克思有正义的观念，一些学者指认马克思的正义的用词是"Gerechtigkeit"，正如上文词频考证，这是一个否定性的词汇，将难以达到学术界论证的目的，反而对自己的论证达到"釜底抽薪"的效果。既然知道了马克思的正义观念有着如此内在的悖

---

① 《马克思恩格斯文集》第 7 卷，北京：人民出版社 2009 年版，第 379 页。
② 《马克思恩格斯文集》第 7 卷，北京：人民出版社 2009 年版，第 433—434 页。
③ 分别出现在《马克思恩格斯文集》第 7 卷，北京：人民出版社 2009 年版，第 88 页，"这种估计是有理由的"，以及第 690 页的"反高利贷的法律是理所当然的"。

论，如何切中认识与辩证处理这种悖论？需要进一步奠定在马克思资本论中所努力开启全新的历史现象学批判的方法。

二、思入正义的方法论

与以往从政治经济学批判入手揭示历史现象学的方法论意义不同的是，另一个具有"解蔽"意义的文本事件是，"事物化"与"物化"概念的界划，这一工作已经借助广松涉《物象化论的构图》一书中"从异化论到物象化论"以及平子友长的《"物象化"与"物化"同黑格尔辩证法的联系》的相关工作得以在学术界推进，对其仔细梳辩以及领悟深层的方法论内涵有助于我们揭开上述马克思面对正义时使用不同词性的"悖论"之谜。

马克思在《资本论》中要说明的"交换社会何以可能"以及是否能够走出这种交换的社会，其总体性的逻辑结构前提是人从一种人的依赖性进入了当下的事物的依赖性为基础的人的独立性社会。正是在这样一个对事物的依赖性为基础的社会中，彼此独立的"私人"与"私人"的关系通过"事物"与"事物"才能够得以相互实现，这种社会的性格完全采取了劳动产物的价值性格来呈现。私人的劳动也必须转换为社会劳动才能确立自身劳动的意义，能否被"交换"成为了劳动真正的目的。经过交换中介之后的人与人的真实关系被颠倒并事物化，这一点在《1857—1858年经济学手稿》的笔记本 I 中点明得更为直接："这种互相依赖，表现在不断的交换的必要性上和作为全面中介的交换价值上"，"活动的社会性质，正如产品的社会形式和个人对生产的参与，在这里表现为对于个人是异己的东西，物的东西"，即表现为个人从属于这种"事物"的关系[①]，进一步在《资本论》中马克思又指认了这种表现与从属于"事物"（Sache）的深层逻辑，"商品内在的使用价值和价值的

[①] 《马克思恩格斯文集》第 8 卷，北京：人民出版社 2009 年版，第 50—51 页。

第二章 政治经济学批判与"正义"观念反思

对立,私人劳动同时必须表现为直接社会劳动的对立,特殊的具体的劳动同时只是当做抽象的一般的劳动的对立,"事物"的人格化和人格的事物化的对立。"① 这里有一个重要的理论质点需要提及的是,交换表面上弥补了分工导向的人的劳动的片面性,交换中所展现出来的必须由于分工来完成的"假象"具有了"正义"(Gerechtigkeit)的特征。但是,这种彼此类似"活雷锋式的人人为他人"的分工实质上造成了人的劳动的二重化:一方面,具体劳动创造着使用价值;另一方面,被抽象为一般的无差别的人类劳动通达交换价值。人的劳动借助交换价值从而通过市场的中介实现"事物"之间的交换。而这种实现过程就是一种真实世界不断被抽象化的过程,"个人现在受抽象统治",此种事物化了的社会结构宰制了人们生活本身,这就是历史唯物主义真实的客体向度的存在论逻辑的真实发生。当在这种抽象化的社会结构生发的过程中,所建构的法权、意识、制度统统在事物化的意义上,具备了具有历史性、有限度的"正义"(Gerechtigkeit)。

但是,对局限于商品生产关系的人来讲,事物化的过程被"永恒化""天然化",永不退场,这为资本逻辑辩护的意识形态建构由此获得不可撼动的神话根基。马克思将这种由于将特定社会形态的事物化看作是人类永恒、普遍之物的认识称作拜物教。这也是平子友长所指认的这一认识维度可以被另外一个文本的考证所揭示出来,那就是物化,即一种"错认"。现在这种物化是奠定在事物化基础之上并以之为前提的,也就是说要真正实现克服此种"错认"必须完成克服事物化的任务,否则,"让眼睛成为人的眼睛"将沦落为重申批判性视域的"旷野呼告"。

物化在《资本论》中的出场与申明主要是两个方面,这恰好验证了

---

① 《马克思恩格斯文集》第5卷,北京:人民出版社2009年版,第135页。据词频学的考证,在德文版中 Versachlichung 出现四次,第1卷中仅此处出现一次。

上述的说明，即这是一个将"表现为"认作事实本身的过程。① 这种思维到了《资本论》时借助了物化来叙述，其中就第一次物化来讲，充分地展示了其"历史现象学"的思考方式。"在资本—利润，土地—地租，劳动—工资中，在这个表示价值和财富一般的各个组成部分同其各种源泉的联系的经济三位一体中，资本主义生产方式的神秘化、社会关系的物化，物质的生产关系和它们的历史社会规定性的直接融合已经完成"，整个社会的"错认"的主要症状就是这个"三位一体"在事物化之后的成功建构。于是，社会成为了"一个着了魔的、颠倒的、倒立着的世界"。而且，"实际的生产当事人"对"三位一体"这样异化的不合理形式，"感到很自在"，原因很简单，"他们每天都要和这些形态打交道"，"在这些假象的形态中活动"。② 而这是一种什么样的活动呢？恰恰是一个资产阶级通过"公正"支持起来的"市场化"的交换社会，包括资本家自身必须支付的工资、租金或地租都是由"公正"的市场决定的，因为，资本家没有能力强迫为其提供服务的卖家或者产品的买家。此种"公正"的假象背后是人们忘记了资本与土地是资本主义这一特定社会关系的人格化，"资本不是物而是一种关系"，利润和地租不能被看作为是作为"Ding"的物的投资的回报，而是"Sache"（事物）的关系背后的剥削与剩余价值的表现。只有看到马克思在这里对资本主义社会形态所做的现实构镜才能穿透资本主义所塑造的"公正"的意识形态幻象。这是物化的第一个层面。

另一方面，商品生产社会的"正义"与物化一道保证了剩余价值的合法性出场。在物化的第二次出场时，马克思认为，"在商品中，特别是在作为资本产品的商品中，已经包含着作为整个资本主义生产方式的

---

① "表现为"德文为"Ersheinen"，在资本论出现了112次，对于《资本论》中的"表现批判学"的讨论，另文论述。
② 《马克思恩格斯文集》第7卷，北京：人民出版社2009年版，第940—941页。

特征的社会生产规定的物化和生产的物质基础的主体化"。① 也就是说，这种商品已经是特定社会关系注入其内成为一种事物了，却被看作为物本身（Ding），而这"甚至商品生产的最简单的范畴时"已经出现②，此种"物化"与商品生产是"共在"的。随着商品生产的复杂化，这种物化的构造也就不断地更新"着魔世界"的版本，而构造机制必须以公正为基础，因为这是一个"市场""理性经济人假设"以及"现代法权意识"的社会基础上建构出来的。例如，在"G—G′"的关系式中，可以看到"生产关系的最高度的颠倒和物化"，"资本的神秘化取得了最显眼的形式"。③但是，"G—G′"获得了一种天然的"正义"，投入一定数量的钱到金融产品中去，然后取得了带有利息分红加上本金的全部钱数，这难道不看似一种"正义"？不过，在马克思看来，资产阶级的意识形态正是在这种"正义"的拜物教中被认为是永恒的，特定的依附于商品生产的"正义"被普遍化为人类一切社会的永恒的状态。

三、勘定正义的真实处境

由上可知，在商品生产过程，也即是在事物化（Versachlichung）的过程中，马克思使用与此相应的生产方式时相适合的一套制度的评判用的就是"Gerecht""Gerechte"，这表示"事物化"过程在一定限度内是"正义"的。一旦马克思站在"解构"事物化（Versachlichung）的位阶上，即"一旦我们逃到其他的生产形式中去，商品世界的全部神秘性，在商品生产的基础上笼罩着劳动产品的一切魔法妖术，就立刻消失了"。④ 就是说，当事物化消除，再谈及"正义"之类的问题已经失去了根基。借助事物化与物化对于"马克思与正义"论题来讲，主要有三

---

① 《马克思恩格斯文集》第7卷，北京：人民出版社2009年版，第996—997页。
② 《马克思恩格斯文集》第7卷，北京：人民出版社2009年版，第936页。
③ 《马克思恩格斯文集》第7卷，北京：人民出版社2009年版，第442页。
④ 《马克思恩格斯文集》第5卷，北京：人民出版社2009年版，第93页。

种理论价值。

　　第一，待解构的事物化具备历史暂时的正当性，因而在事物化过程中呈现出来的正义观念必然具备历史的合理性。物象化作为人的社会关系被展现为事物与事物之间的关系，马克思正是通过发现了"人—事物—物"的三重建构才真正通达资本主义生产方式本质，即"劳资分离"的私有制度。在私有制的统治下，"生产力只能获得了片面的发展，对大多数人来说成了破坏的力量，而许多这样的生产力在私有制下根本得不到利用"①。这是马克思深入生产关系内在矛盾避免从经验层面的"人与人的公正、平等"假象来谈论问题得到的结果。这样一来，马克思不会再局限于从"分配正义"的角度来思考正义内涵，而一定是将正义与商品生产联系起来，通过剩余价值概念、剥削概念来完成对资本主义运行的机制给予彻底的瓦解，"事物化"显然被马克思放置在解构的平台上。关键在于，事物化的解构也是需要事物化建构才能加以完成的，这是社会现实发展的需要。这种事物化的贡献在于，"它榨取这种剩余劳动的方式和条件，同以前的奴隶制、农奴制等形式相比，都更有利于生产力的发展，有利于社会关系的发展，有利于更高级的新形态的各种要素的创造"②。尽管资本逻辑的事物化过程有着致命的问题，但是也应该看到，"资产阶级在它的不到一百年的阶级统治中所创造的生产力，比过去一切世代创造的全部生产力还要多"③，同样，事物化的过程，在创造了剩余价值增加社会财富的基础之上，也创造了剩余时间，为人的自由解放创造现实的条件，因为，"资本只有推动必要劳动即同工人进行交换，才能做到这一点"④。由此，作为事物化过程中建构起来的正义原则，具备了历史的暂时性，也应该在资本主义的法权界限内加

---

　　① 《马克思恩格斯文集》第1卷，北京：人民出版社2009年版，第566页。
　　② 《马克思恩格斯文集》第7卷，北京：人民出版社2009年版，第927—928页。
　　③ 《马克思恩格斯文集》第2卷，北京：人民出版社2009年版，第36页。
　　④ 《马克思恩格斯文集》第8卷，北京：人民出版社2009年版，第83页。

第二章 政治经济学批判与"正义"观念反思

以肯定与确认,这一点要能够在"建构"与"解构"事物化的辩证法中才能得以理解。但是,绝不能像有学者所说的那样,只要马克思站在更高正义原则,就可以对这种暂时的正义的虚伪性与局限性给予批判。从上述来看,马克思绝不会构建什么更高的正义原则,只要懂得事物化是正义观念的生发平台,马克思拆解事物化之后,正义便失去谈论的语境,今天还能够在谈论正义以及与马克思之间的关系,那是因为我们依旧处于"对事物的依赖性为基础的社会中"。

第二,物化是对"事物化"这一社会的"抽象化"(假象)的再次"错认",依照物化的看法,"正义"正是在物化的错认视野中,才被认定为是"普世、永恒的",转而成为"抽象的正义拜物教"。如果依照流行看法,认为马克思构建了一种更高的正义观念,那么将会抹杀了马克思与西方政治哲学的异质性。现代资产阶级所阐释的道德观念,正是不断地讲述着此种正义永恒化的神话,他们宣传"正义和劳动"是"自古以来唯一的致富手段"就是最好的例子。但是,这些资产者们自身"对待自己制度的规章就像犹太人对待律法一样:他们在每一个别场合只要有可能就违反这些规章,但他们却要所有其他的人遵守它们"①,这些确立起来的所谓的"正义制度"不过是为他们的利益所创设的。而在历史唯物主义的视野中,"共产主义者不向人们提出道德上的要求,例如你们应该彼此互爱呀,不要做利己主义者呀等等;相反,他们清楚地知道,无论利己主义还是自我牺牲,都是一定条件下个人自我实现的一种必要形式。"②马克思所强调的是,道德、正义并无自身的独立性,正义"没有历史",也没有什么"发展",所以更无须操劳按照现有的商品生产为马克思构建出什么"发展了的正义",因为"发展着自己的物质生

---

① 《马克思恩格斯全集》第3卷,北京:人民出版社1960年版,第195页。
② 《马克思恩格斯全集》第3卷,北京:人民出版社1960年版,第275页。整个马克思思想的"道德性"或者说价值性与马克思是不是从道德、价值来运思是两个不同的问题,我们讨论正义的问题显然是切中后者来说的,否则没有谈论的必要性。

— 69 —

产和物质交往的人们，在改变自己的这个现实的同时也改变着自己的思维和思维的产物"。① 显然，克服"正义拜物教"在马克思那里的方案是，不会再以另一种假象的普遍性来置换现实存在的"此种假象的特殊性"（商品生产正义观念），马克思的未来向度并不需要借助思辨原则来加以确立，"只是希望在批判旧世界中发现新世界"，他将瓦解这种"正义拜物教"错认的方式确立为，深刻理解"正义"仅仅是商品交换社会的产物，即资本逻辑运行机制的产物，只有彻底在存在论上瓦解"资本逻辑"才能真正颠覆理论的错认。正义是从人的生活状况中异化出来的人的存在的投射物，我们可以仿效马克思对宗教的批判，将对正义表述为"正义本身是没有内容的，它的根源不在天上，而是在人间，随着以正义为理论的被歪曲了的现实的消灭，正义也将自行消灭"。

第三，事物化是界划马克思与自由主义正义概念的标志。马克思在文本中触及正义的地方，基本上都是在责难自由主义正义观念。众所周知，"权利"是自由主义正义理论的"理论硬核"。它正是通过"机会平等的权利"与"政治平等的权利"完成对资本主义经济与政治制度正义性的辩护，而马克思对自由主义核心原则权利给予了批判，"这个**平等的权利**总还是被限制在一个资产阶级的框框里。生产者的权利是同他们提供的劳动成比例的"，这种平等不过就是在"同一尺度"的劳动层面来讲的而已，所以，"这种平等的权利，对不同等的劳动来说是不平等的权利。它不承认任何阶级差别，因为每个人都像其他人一样只是劳动者；但是它默认，劳动者的不同等的个人天赋，从而不同等的工作能力，是天然特权"。② 例如一个劳动者家庭经济十分困难，另一个劳动者则经济条件不错，从而由社会消费基金分得相同份额，在事实上造成了另外一种不平等，这样一来，权利应当是不平等的。马克思之所以批判"平等的权利"，是想论证借助权利为资本主义辩护是必然无法阐释资本

---

① 《马克思恩格斯文集》第1卷，北京：人民出版社2009年版，第525页。
② 《马克思恩格斯文集》第3卷，北京：人民出版社2009年版，第435页。

来源的"平等的权利"问题,这就造成了一种悖论。而自由主义为了得到说明,引入"劳动—懒惰"来说明资本来源的正义性,马克思则将暴力引入以告诫原始积累的方法绝对不是什么"田园诗式的东西"。这样一来,资本逻辑运行的正义也即事物化过程的正义性即使可以通过"正义""平等的权利"加以"掩盖",但是资本的出身就已经是"血迹斑斑",资本正是"无酬劳动的支配","一切剩余价值,不论它后来在利润、利息、地租等等哪种特殊形态上结晶起来,实质上都是无酬劳动时间的化身"。① 无疑,马克思立足于对"事物化"过程的分析,从而通过在交换社会中剩余价值的生产过程的说明,直接对自由主义认定的资本主义制度本身做了"颠覆性的解构",而自由主义却将事物化过程当作了必须为之辩护的理论前提。

第二节 正义的价值观念与政治经济学批判的认知

目前勘定正义之于马克思显然不能纠缠于"词句之争",而要深入到政治经济学批判语境中试图化解这一问题,这一方法则在于理解马克思的"拜物教批判"。依据我们的分析,"拜物教批判"包含"物化"(认识论)与"事务化"(存在论)的两个向度能够成为勘定"正义"的基本原则。依据西方政治哲学的"正义"观念,人们将基于资本主义这一特定社会形态的"契约"的正义形式看作是一切社会的"自然属性",从而为交换正义做"辩护",即"正义拜物教"。而马克思立足于事务化(存在论)的"正义"观念认定正义是基于商品交易的社会,从而站在共产主义的角度对其进行"解构"。在当代中国特色社会主义市

---

① 《马克思恩格斯文集》第5卷,北京:人民出版社2009年版,第611页。

场经济发展过程中，应该辩证地走向一种"过渡时期"的"建构"正义观念，从而真正通达"人的自我实现"。

20世纪70年代，艾伦·伍德在《哲学与公务事物》上发表《马克思对正义的批判》一文①，引发了一场关于"历史唯物主义与正义是否相适"的学术讨论，这一讨论在西方延续至今。国内由于社会转型促成政治哲学的兴起，重新"激活"对这一主题的思考。争论的正方认为马克思没有把资本主义谴责为不正义，而以胡萨米为代表的反方以"是否用分配标准来衡量资本主义的财产分配和收入问题"为中心，论证马克思或明或暗地使用了"正义"尺度②，从而认为，马克思以正义谴责了资本主义。无论是反对还是赞同，各自采用的文献均来自于马克思本身，表面相异的结论实质上都承认马克思是谴责资本主义的。诚如罗尔斯所看到的，"问题在于马克思谴责资本主义时所依据的特定的价值观：那些价值观是否包括了一种正当与正义的观念"。③ 对此，我们可以试图将问题进一步细化为三个问题：第一，在马克思文本中的"正义"一词仅仅是基于私有产权的"交易"还是马克思自身已经拥有一套"正义"的标准？第二，如果正义只是特定社会的产物，但人们却将这种特定的社会属性看作是一切社会的本身固有性质时，它与马克思发生了怎样的偏离？第三，在当下中国特色社会主义市场经济建设中是否需要正义来调节现有社会的各种矛盾？它又需要建构一种什么意义上的正义理论？明乎此，正义之于马克思就不再是一个"词句之争"，而是对历史唯物主义内在建构原则的领悟以及重建的前提性追问，本文试图将其置放到"拜物教批判"这一马克思最为重要的思考原则下进行分析，以此澄清讨论过程中的"假问题"与"不良路径"，从而深化这一论题的展开。

---

① Allen Wood, "The Marxian Critique of justice", *Philosophy and Public Affairs*, Hoboken：Blackwell Publishing Ltd. 1972, NO. 3.
② Zi Husami, "Marx on Distributive Justice", *Philosophy and Public Affairs*, Hoboken：Blackwell Publishing Ltd. 1978, NO. 1.
③ [美]罗尔斯：《政治哲学史》，杨通进译，北京：中国社会科学出版社2011年版，第349页。

第二章 政治经济学批判与"正义"观念反思

一、"物化"与"事务化"

依据马克思的文本,早在马克思"波恩笔记"中已经摘抄了德布洛斯的德文词"Fetishismus"(拜物教)。不过,对拜物教批判思想集中成熟的表达应该在《资本论》及其手稿之中。我们知道"拜物教批判"是最应该"特别注意"的《资本论》的部分①,可是一直以来"固然在马克思经济学家当中,也存在认为这一拜物教论是'闲谈'的倾向"。②从学术史来看,虽然早在1923年,卢卡奇在《历史与阶级意识》中以"物化"概念首次触及拜物教批判,但他没有能够认识到这一批判的实质意义。在"物化与无产阶级意识"一文中,他对"物化"的界定是,"人自己的活动,人自己的劳动作为某种客观的东西,某种不依赖于人的东西,某种通过异于人的自律性来控制人的东西,同人相对立"。③ 其实这不过是"异化"的另一种表达,卢卡奇自己也坦诚地承认,"在《历史与阶级意识》中,这两个词确实在一个意义上使用的"。④ 当1932年首次出版《1844年经济学哲学手稿》之后,卢卡奇的这种物化的概念虽然依然受到推崇,也仅仅是因为人们过于重视"异化"(Entfremdung)概念的结果。从这种视角是无法真正透视马克思拜物教批判的真实内涵,对此改变发生在广松涉的《唯物史观的原像》一书的出版。其中,广松涉认为,"我们可以把从'早期马克思'到'后期马克思'的

---

① 在1927年随着戴季陶介绍考茨基的《资本论解说》在上海民智书局出版,这一论点就首次出现了,可惜的是,拜物教批判仅仅作为马克思的一个次生性方法论对待,从而失去了最为重要的方法论意义。参见[德]考茨基:《资本论解说》,戴季陶、胡汉民译,北京:九州出版社2012年版,第12页。

② [日]广松涉:《资本论的哲学》,邓习议译,南京:南京大学出版社2013年版,第331页。

③ [匈]卢卡奇:《历史与阶级意识》,杜章智等译,北京:商务印书馆2009年版,第150页。

④ [匈]卢卡奇:《历史与阶级意识》,杜章智等译,北京:商务印书馆2009年版,第20页。

世界观的结构的飞跃用'从异化论的逻辑到物象化论的逻辑'这一术语作为象征性的表达"。① 这里已经看到，"事务化"与"异化"（卢卡奇意义上的"物化"）概念有了一种质性的区分，"晚期马克思的所谓'物象化'，不是立足于主体的东西直截了当地转成物的客体存在这样的'主体—客体'图式的想法"，"是对人与人之间的主体际关系被错误地理解为'物的性质'以及人与人之间的主体际社会关系被错误地理解为'物与物之间的关系'之类现象等的称呼"。② 显然，"物化"的概念被广松涉"弱化"处理，而平子友长以重新处理"物化"来达成与"事务化"的"辩证"。他认为，"物象化是这样的一个过程：人（或主体）的社会关系被表现为事物（Sache），进而个体社会关系的人格（Person）方面被翻转为事物的方面"，"物化是这样一个过程：被物象化了的社会关系被表现为对象自身固有的自然特征（Ding），而物化的社会关系方面转变为物的内在特征的外在社会关系，借此所有关系规定的痕迹都被抹去了"。③ 这样一来，拜物教理论的内涵被推上了一个崭新的理解层次。

下面，我们集中阐释拜物教批判的存在论与认识论两个维度。第一，认识论维度。接着平子友长的说法，我们知道马克思分析了人格（Person）与人格（Person）的关系在商品社会中成为事物（Sache）与事物（Sache）之间的关系。但是，人们如何看待这个事物（Sache）？马克思在《1857—1858年经济学手稿》中批判经济学家们的时候，对这个问题做了回答。"经济学家们把人们的社会生产关系和受这些关系支配的物所获得的规定性看作物的自然属性"，这"甚至是一种拜物教，

---

① ［日］广松涉：《唯物史观的原像》，邓习议译，南京：南京大学出版社2009年版，第35页。
② ［日］广松涉：《物象化论的构图》，彭曦、庄倩译，南京：南京大学出版社2009年版，第60页。
③ ［日］平子友长：《黑格尔〈精神现象学〉中的 Versachlichung 与 Verdinglichung》，载《社会批判理论纪事》，南京：江苏人民出版社2013年版，第230页。

第二章　政治经济学批判与"正义"观念反思

它把社会关系作为物的内在规定归之于物,从而使物神秘化"。① 显然,这是处于商品交换社会中的人们将"特定的"商品社会的社会交换属性看作为事物内在的属性所造成的"观念错认"。正是这种错认导致了那些"古典的经济学家把利息归结为利润的一部分,把地租归结为超过平均利润的余额",从而这些经济学家们根据假象和错觉,"把这种物的人格化和生产关系的物化。"② 也就是说,人们总是将"历史"(交换社会特定的社会属性)看作"自然"(物的"内在属性"),这种错认直接影响了人们对于作为"规范维度"的形而上学思考。在马克思看来,在宗教的幻境中,"人脑的产物表现为赋有生命的、彼此发生关系并同人发生关系的独立存在的东西。"③ 应该看到,这种宗教不过也是一种"历史"的产物,却被错认为是一种自然的、永恒的内在于人的属性。那么,瓦解这种错认,或者说告知人们纠正错认,人们就可以走向一种"好的生活世界"?这一点,在"旧哲学家们"的解释世界那里一直是如此运思的。不过这忽视了认识论的存在论根据,从而造成观念批判的虚幻性。这也是对于人的感性的扭曲,所以马克思说,"对私有财产的扬弃,是人的一切感觉和特性的彻底**解放**",让"眼睛成为**人的**眼睛"。④ 不过,还处于《1844 年经济学哲学手稿》中的马克思,他没有能够给予这种错认进行详细而有力的阐述。

第二,存在论根基。那么,上述错认之所以发生的根源是什么?在《资本论》中,依据马克思的看法是,这一切源于"商品社会"。也就是说,人格与人格的关系是怎么变成事物(Sache)与事物(Sache)的关系,这才是追问人们如何将事物看作物(Ding)的"观念错认"的存在论根源,由此需要引入平子友长所说的"物象化"概念。回顾马克思的

---

① 《马克思恩格斯全集》第 31 卷,北京:人民出版社 1998 年版,第 85 页。
② [德]马克思:《资本论》第 3 卷,北京:人民出版社 2004 年版,第 940 页。
③ [德]马克思:《资本论》第 1 卷,北京:人民出版社 2004 年版,第 90 页。
④ 《马克思恩格斯文集》第 1 卷,北京:人民出版社 2009 年版,第 190 页。

思想历程，我们知道对于观念错认的存在论探索，早在1843年《克罗茨纳赫笔记》中已经借助于费尔巴哈表达了对黑格尔"颠倒的世界观"的不满，应该说青年马克思已经意识到将"理念变成了独立的主体，而家庭和市民社会对国家的现实关系变成了理念所具有的想像的内部活动。实际上，家庭和市民社会是国家的前提，它们才是真正的活动者；而思辨的思维却把这一切头足倒置"。① 不过，真正懂得市民社会内部人成为了人手产物的主宰物，以及人的观念与人的生活存在本身需要有其"对象物"，即经济关系来进行说明的历史唯物主义方法论的建构那是后来的事情。这一核心的建构成熟表达，在笔者看来，就是通过拜物教的存在论维度的"物象化"概念来勾勒的。在商品世界中，商品的事物能够独立于人，具有宰制人的能力，是以人们被彼此分离开来加以确立的。每个人自身是生产的"使用价值"意图要成为他人的"使用价值"，而不是为了自己，这仿佛成为了一个"人人为他人"的生产机制。商品内在使用价值与人的对立以及具体劳动与抽象劳动的对立，展现为人与人之间的对立。所以，商品世界形如一面镜子，成了理解人类社会自身的"对象化"的表现者（Erscheinende）。这样一来，在马克思的语境中，物与物之间的运行逻辑便是人与人运行逻辑的根本原则，不过这也仅仅是处于交换社会才成立的说法。所以《资本论》正是用商品世界的商品语言来叙述资本主义社会人的生活及其建构机制。显然，商品的运行需要一系列形而上学为其保驾护航，至少需要以"权利"为抽象原则的法的形而上学。商品交换，必须确立商品占有者的法权，需要交换的"契约"，这是"一种反映着经济关系的意志关系"。② 以各种错认的意识形态展现的观念的形而上学，构成了"抽象对个人的统治"。

通过对马克思的拜物教概念内在的存在论维度（物象化过程）与认识论维度（物化过程）的理解，我们可以确立这样的思想原则：任何脱

---

① 《马克思恩格斯全集》第1卷，北京：人民出版社1956年版，第250—251页。
② ［德］马克思：《资本论》第1卷，北京：人民出版社2004年版，第103页。

离"资本逻辑"的批判都不可能真正领悟为这一逻辑保驾护航的各种错认的"观念形而上学"的意识形态特质,只有懂得"在现代,物的关系对个人的统治、偶然性对个性的压抑,已具有最尖锐最普遍的形式"①,成为了这个世界的建构机制,才能懂得马克思是如何思考"正义"及其他"议题"。

二、错认意义上的"正义拜物教"

拒斥与承认马克思的正义概念,实质追问的是按照一种规范性的思辨原则还是回到历史唯物主义的社会生产方式的存在论原则来思考人类生活的问题。具体以"正义争论"中的反方胡萨米为例,他认为,马克思在《哥达纲领批判》中提出了分配正义的两个原则:"按劳分配和按需分配"。马克思正是用这一或明或暗的正义原则去评价资本主义的。依此推论,胡萨米说,马克思认为,"资本主义不正义的原因在于,它不能在自身生产的可能范围满足人们的需要,因而资本主义违背了按需分配原则",这样一来,"资本主义的剥削及其相应的收入分配情况,不仅侵犯了社会主义的正义原则,而且由于它没有给予工人足够的收入以满足其需要而违背了共产主义的正义原则"。② 很显然,承认马克思正义观念的学者意图以一种"规范性的思辨原则"作为批判资本主义的根据,这一点在杰拉斯(Geras)的《把马克思带入正义》一文中更为明确,"我所捍卫的结论是:马克思的著作——无论它可能是其他什么,甚或他的否认——依据超历史的正义原则对资本主义社会的一种控诉",就是说,"他必须依据其他标准,外在于或优于资本主义的标准,因此

---

① 《马克思恩格斯全集》第3卷,北京:人民出版社1960年版,第515页。
② Zi Husami, "Marx on Distributive Justice", *Philosophy and Public Affairs*, Hoboken: Blackwell Publishing Ltd. 1978, NO. 1.

依据合法或正当权利的超验标准"。① 而佩弗（Peffer）在《马克思主义、道德与社会正义》一书中，也明确认为自己的任务就是揭示，"马克思主义与社会正义和人权观念理论是相容的"，而阐释马克思与正义概念的相容性重要的理由在于，"一个完备的马克思主义道德理论必须能够揭示社会主义在道德上优于资本主义"。②

显然，在这些学者看来，马克思立足于一种更高的道德标准（正义）对资本主义进行批判。但当我们回到《资本论》便可看到，其中马克思分析了生产当事人之间进行的交易的正义性，就是说，这种正义的产生源自生产关系的"结果"。此时，借助各种契约的表现呈现出来，一切都是为了交易和交换社会的可能。这些"当事人的意志行为"以写进法律的形式得以确立。③ 用马克思拜物教批判来看，一旦人们将基于资本主义交易这一特定社会形态的"契约"的正义形式看作是一切社会属性，这便陷入了"正义拜物教"，这是一种严重的观念错认，即以"特殊置换普遍"。这里"正义拜物教"有两个含义：(1) 正义对良善的社会秩序来讲是一个必要的前提，即认为必须存在一个正义体系，否则任何文明的社会秩序都是不可能实现的，没有正义体系标准，人类将永恒争斗与堕落乃至消失。(2) 正义是独立自存的，或者模仿后马克思主义者墨菲的说法是"正义本体论"，它已经摆脱了存在论的限制，具有了自身发展的历史。"正义拜物教"就是意图将历史的、社会属性的正义转变为自然、永恒的，不受特定社会生产关系制约的，这一点为自由主义政治哲学所接受。当胡萨米、佩弗、杰拉斯认为马克思拥有一个"超历史的标准"时，实质上已经陷入了观念错认意义上的"正义拜物教"。他们失误的地方在于，没有认识到正义的存在论基础。对于这种错误，马

---

① Norman Geras, "Bringing Marx to Justice: An Addendum and Rejoinder", London: *New Left Review*, No. 195, 1992.

② ［美］佩弗：《马克思主义、道德与社会正义》，吕梁山译，北京：高等教育出版社2010年版，第377—378页。

③ 《马克思恩格斯文集》第7卷，北京：人民出版社2009年版，第379页。

第二章 政治经济学批判与"正义"观念反思

克思曾反问:"难道它事实上不是在现今的生产方式基础上唯一'公平的'分配吗?难道经济关系是由法的概念来调节,而不是相反,从经济关系中产生出法的关系吗?"① 这一点伍德倒是更为接近历史唯物主义的方法论,捕捉到马克思拜物教双重向度之间的"不可分离性":"正义不是人类理性抽象地衡量人类的行为、制度或其他社会事实的标准。它其实不过是每种生产方式测度自身的标准。它只是在特定的生产方式下呈现在人的思维中的标准",所以,"马克思谴责资本主义的理由,包含在他关于资本主义生产方式的历史起源、组织功能和未来趋势的综合理论中"。②

那么,我们如何克服这种"错认"意义上的观念"正义拜物教"?克服的路径显然存在着这样两种情况:③ 一种是要以观念的思辨原则来完成,意图在思维中完成对拜物教(特殊置换普遍)的颠倒,即用"普遍来置换特殊",从而要设想一种更高、更普遍的正义观念,来置换当下的正义观念。这样我们便可以理解那些将正义观念、救赎观念塞入马克思思想之中的更为重要的思想背景,诸如卡尔·洛维特就认为,"《共产党宣言》所描述的全部历史程序,反映了犹太教—基督教解释历史的普遍图式,即历史是朝着一个有意义的终极目标、由天意规定的救赎历史"。④ 不过,马克思的未来向度并不需要借助思辨原则来加以确立,"新思潮的优点又恰恰在于我们不想教条地预期未来,而只是想通过批判旧世界发现新世界"。⑤ 另一种瓦解的"正义拜物教"错认的方式就在于,深刻理解"正义"仅仅是商品交换社会的产物,即资本

---

① 《马克思恩格斯文集》第3卷,北京:人民出版社2009年版,第432页。
② Allen Wood, "The Marxian Critique of Justice", *Philosophy and Public Affairs*, Hoboken: Blackwell Publishing Ltd. 1972, NO. 3.
③ 这也对应于"副本批判"与"原本批判",参见孙亮:《从尊重差异走向学术共识——平权地解读马克思研究导向批判与马克思主义哲学研究模式建构》,载《马克思主义研究》2010年第9期。
④ [德]卡尔·洛维特:《世界历史与救赎历史》,李秋零等译,北京:生活·读书·新知三联书店2002年版,第53页。
⑤ 《马克思恩格斯文集》第10卷,北京:人民出版社2009年版,第7页。

逻辑运行机制的产物，只有彻底在存在论上瓦解"资本逻辑"才能真正颠覆理论的错认。正义是从人的生活状况中异化出来的人的存在的投射物，我们可以仿效马克思对宗教的批判，将对正义表述为"正义本身是没有内容的，它的根源不是在天上，而是在人间，随着以正义为**理论**的被歪曲了的现实的消灭，正义也将自行消灭"。① 所以，一旦懂得了人格与人格的关系不再是借助商品逻辑的方式展现为事物与事物关系的时候，正义将自行退场。

三、"正义"观念之建构性与限度

从上述马克思拜物教批判的存在论维度分析可以看出，马克思对基于商品交易的正义观念给予了解构，认为物质生产方式制约着正义的思辨原则，只有前者才是社会发展的真正动力。一旦正义的存在条件消失，正义自身将成为"历史"。不过，这绝不等于现实社会已经消解了正义存在的条件，诚如金里卡在其颇具影响的《当代政治哲学》中所说的那样，"许多马克思主义者相信，正义远非社会制度的首要品质，相反，真正优良的共同体根本就不需要正义，正义有其意义仅仅因为我们处于'正义的条件'之中，正是这样的条件产生着只有通过正义原则来加以解决的冲突"。② 那么，在当代中国发展社会主义市场经济的转型中，必然需要正义来调节各种冲突，一方面要注意"正义"概念的限度，另一方面更应该注意在一定领域内"资本逻辑"运行中的正义问题。但是，这种正义的观念既不是西方正义观念讨论中对"私有财产权"的遮蔽，从而为资本逻辑及其相应制度的无批判的辩护，即如戴维·米勒（David Miller）说的那样，在马克思看来，"谈论社会正义就

---

① 此处，我将马克思的"宗教"替换为"正义"，原文参见《马克思恩格斯文集》第10卷，北京：人民出版社2009年版，第4页。

② [加拿大]金里卡：《当代政治哲学》，刘莘译，上海：上海三联书店2004年版，第311页。

第二章 政治经济学批判与"正义"观念反思

是站到了资产阶级意识形态的立场上"①,不是站在人类解放维度对正义观念的"彻底解构",而是试图在两者之间寻求某种"有原则"的平衡,并达到对市场经济这一"过渡性社会属性"的冲突的调节,当然这是一个理论建构的过程。由于在马克思的时代,与自由主义语境"正义"概念的决裂是其对于"革命"的情势判断的使然,从而马克思没有对"资本逻辑"运行,即商品交易社会,特别是后资本主义社会的"过渡阶段"的"正义"问题做过更多的描述。如今,这一建构必须有效处理两个难题:(1)一种对"商品社会"持否定态度的历史唯物主义能够与现有"商品社会"的种种"正义"理论相兼容吗?(2)这种"过渡时期"的正义观与西方政治哲学中的"规范性"的正义最大的异质性在什么地方?或者我们应该以什么样的原则、理念来建构当下的"正义"观念。

首先,马克思拜物教批判绽露的"历史主义"特质,显现了"交易正义"的"历史的正当性"。 在对商品的奥秘做指认时,马克思说"商品形式在人们面前把人们本身劳动的社会性质反映成劳动产品本身的物的性质,反映成这些物的天然的社会属性"。② 这里通过"社会性质"(历史)与"本身的物的性质"(自然)的"错认"指明了拜物教批判的"历史主义"思维方式。同样,在《资本论》的"商品与货币章"中也展示了拜物教批判的存在论的"形成史",论证了人与人展现为"物与物"的"物象化"本身也是"历史"的。按照这个方法论,我们便可以这样理解,虽然马克思对基于私有制基础上的正义观给予了彻底的"解构",并非等于马克思完全彻底地否认在"过渡时期"需要利用资本主义法权来寻求"正义"的正当性。例如马克思说,"劳动力使用一天所创造的价值比劳动力自身一天的价值大一倍。这种情况对买者是

---

① [英] 戴维·米勒:《社会正义原则》,应奇译,南京:江苏人民出版社2001年版,第3页。
② 《马克思恩格斯文集》第5卷,北京:人民出版社2009年版,第89页。

一种特别的幸运，对卖者也决不是不公平"。① 但是，这种对于资本主义法权制度下的正义观念绝对不能理解为如"自由主义的正义观念"那样成为一种对私有财权的无批判的"辩护"。否则，马克思与自由主义之间的区别将被"抹平"。所以，恩格斯这样一个说法颇值得玩味，"在道德上是公平的甚至在法律上是公平的，从社会上来看可能远不是公平的"。② 不过，按照马克思瓦解资本逻辑在于发展资本逻辑的意图，建立符合资本逻辑与解决其发展的冲突的"正义"与"法权"显然是"正当"的，诚如韦恩·莫里森（Wayne Morrison）认为马克思的法律在当下应该激活其"建构性方式"，因为商品社会的主体性是由资本主义法权所构造的③，由此，"正义"既是资本逻辑的反映，也造就消灭资本逻辑的可能。

其次，马克思拜物教批判蕴含了"对象性"的思维方式，表明在建构"过渡时期"的正义观时应当注意处理与西方"分配正义"的关系。 在《哥达纲领批判》的"德国工人党纲领批注"中，马克思站在政治解放的限度上批判了分配正义。他说："虽然有这种进步，但这个平等的权利总还是被限制在一个资产阶级的框框里。"而且接着这句话之后，马克思还表示"这种平等的权利，对不同等的劳动来说是不平等的权利。它不承认任何阶级差别，因为每个人都像其他人一样只是劳动者；但是它默认，劳动者的不同等的个人天赋，从而不同等的工作能力，是天然特权"。④ 这一文本强烈地支持了马克思对正义的"解构"，不过，马克思随后说，"但是这些弊病，在经过长久阵痛刚刚从资本主义社会产生出来的共产主义社会第一阶段，是不可避免的。"⑤ 由此，在现阶段

---

① 《马克思恩格斯文集》第5卷，北京：人民出版社2009年版，第226页。
② 《马克思恩格斯全集》第25卷，北京：人民出版社2001年版，第488页。
③ [英] 韦恩·莫里森：《法理学：从古希腊到后现代》，李桂林等译，武汉：武汉大学出版社2003年版，第282页。
④ 《马克思恩格斯文集》第3卷，北京：人民出版社2009年版，第435页。
⑤ 《马克思恩格斯文集》第3卷，北京：人民出版社2009年版，第435页。

第二章 政治经济学批判与"正义"观念反思

的当代中国，不可能不去建构一种马克思的分配正义，换句话说，今天还不是放弃对"正义"迷恋的时候，建构"权利""自由""公正"等依然是必要的，"工人丧失所有权，而对象化劳动拥有对活劳动的所有权，或者说资本占有他人劳动——两者只是在对立的两极上表现了同一关系——这是资产阶级生产方式的基本条件，而决不是同这种生产方式毫不相干的偶然现象。这种分配方式就是生产关系本身，不过是从分配角度来看罢了"。① 显然，马克思此处对于特定历史阶段的"分配正义"给予了承认。当然，将这种分配正义置放在马克思拜物教批判的"对象性"思维方式中，两者的异质性也很明确。在《资本论》的第一篇中马克思大量使用德文词"Darstellen"（表现），例如在论及拜物教批判时说，"只有不同种商品的等价表现才使形成价值的劳动的这种特殊性质显示出来"②，"商品只有作为同一的社会单位即人类劳动的表现才具有价值对象性，因而它们的价值对象性纯粹是社会的，那么不言而喻，价值对象性只能在商品同商品的社会关系中表现出来。"③ 虽然，马克思讲述的是商品的价值，但实质上是一切"事物"的通行法则，诸如政治、正义之类的应该置放在"社会关系"之中，这成为建构马克思正义观念的应当与西方分配正义区分的一个基本原则，否则将会使得一种革命的理论最终沦为"改良"的学说。

最后，"人的自我实现"应该始终成为建构马克思"过渡时期"正义观念的核心理念，不过，这一实现不是一种道德律令的推导，而是基于人的存在的现实根基以及人的自我实现程度的现实性。这种"人的自我实现"依据的是政治经济学批判，而不再借助于"应当"的道德命令，"诉诸道德和法的做法，在科学上丝毫不能把我们推向前进：道义

---

① 《马克思恩格斯文集》第8卷，北京：人民出版社2009年版，第208页。
② 《马克思恩格斯文集》第5卷，北京：人民出版社2009年版，第65页。
③ 《马克思恩格斯文集》第5卷，北京：人民出版社2009年版，第61页。

上的愤怒，无论多么入情入理，经济科学总不能把它看做证据"。① 也正是依此，在马克思的理解中"对私有财产的扬弃"成为了"人的自我异化的积极的扬弃"的条件。不过，在"私有财产的扬弃"依旧"在路上"的时候，必须能够看到资产阶级从自身的"社会现实"出发建构的"权利""平等""公正"之类的现代法权制度的合理性，这在针对"人的依赖性社会"的意义上促成了"人的自我实现"的迈进。这里涉及了"辩证地"看到"政治解放"层面上的正义观念，诸如从当今中国的社会现实出发，完全忽视分配正义，就是对这种"辩证法"的忽视，从而没有能够看到分配正义是此一阶段"人的自我实现"的重要条件。在这个马克思认定的商品交换社会中，按照这种辩证法，一方面，当然要看到市场上交换正义建构的实践意义，"尽管它不是普遍的人的解放的最后形式，但在迄今为止的世界制度内，它是人的解放的最后形式"。② 另一方面，又要与西方正义理论对这一阶段交换正义利用理性的思辨原则，将其永恒化为"正义拜物教"，从而成为纯粹为交换正义辩护的意识形态的做法相割裂。在此辩证法视域中，正义通过"实践智慧"而不是"道德律令"，才能真正通达"人的自我实现"。

第三节 "后正义"存在观念的道路选择

肇始于艾伦·伍德与胡萨米③，并一直延续至今的关于"马克思与正义关系"的讨论虽然观点纷呈，但是这些争论往往纠缠于正义似乎是

---

① 《马克思恩格斯文集》第9卷，北京：人民出版社2009年版，第156页。
② 《马克思恩格斯文集》第1卷，北京：人民出版社2009年版，第32页。
③ 关于这一讨论参见，Allen Wood, "The Marxian Critique of Justice", *Philosophy and Public Affairs*, Hoboken：Blackwell Publishing Ltd. 1972, NO. 3.；Zi Husami, "Marx on Distributive Justice", *Philosophy and Public Affairs*, Hoboken：Blackwell Publishing Ltd. 1978, NO. 1.

一个自明性的"价值",而遗忘了对正义本身进行历史地考察。如有江大介(Daisuke Arie)所说,正义的含义是复杂的,正义一方面是法的公正、平等的应用,另一方面,正义又常常代表着物品、利益、收入,有时候甚至是一些政治参与机会的恰当分配。① 毫无疑问,在这场讨论中,最为重要的就是关于分配正义之于马克思的"关系"问题,如果人们忽视了对分配正义内涵的准确把握,也必然无法抵达马克思思想的根基处。那么,马克思到底如何看待此种"分配正义"?限定在私有产权制度范围内的分配正义是否本身就是一个形容词悖论?回顾人类探索社会正义的发展道路,重新界定与推进马克思的正义观念作为当下中国特色社会主义道路的思想资源,又与现代西方社会探索的正义道路存在着怎样的不同?基于此,通过对"历史地"思考分配正义的嬗变,重返社会现实吁求一种马克思的"后正义"观念将有助于挖掘与激活马克思的正义理论的当代意义。

一、"正义"观念争论的分歧、实质与出路

引起学术界对"马克思与正义"研究无限争论的首要原因在于,马克思自身没有将正义作为一个"概念"加以思考。按照罗尔斯的推测,对此至少有这样几种原因可以说明:(1)马克思反对乌托邦社会主义;(2)马克思反对改良主义以及那种狭义的分配正义的倾向;(3)马克思反对建立在某种观念上的社会科学;(4)乌托邦社会主义的蓝图拟定忽视了资本主义的运行规律,这是彻底消灭阶级所必需的条件;(5)通过道德规劝而认为阶级斗争不必要的看法是错误的;(6)即使从这些理想的角度来批判资本主义也可能是非历史的,诸如谈论正义会

---

① Hiroshi Uchida ed., *Marx for the 21st Century*, London, New York, NY: Routledge, 2006, p. 65.

误解推进社会主义的事业的经济基础。① 无疑，罗尔斯是站在艾伦·伍德、克罗希尔、塔克等人的一方，认为马克思不会拥有正义的观念，这种正义不过是一种意识形态，所以马克思不会去阐释什么"正义"观念。

当然，另一方面，认为马克思缺乏正义观念的原因是来自现实的维度，柏林墙的坍塌与欧洲共产主义滑坡相继加速了马克思学术研究界的混乱状况②，这样一来，重塑马克思理论的"正义"维度显得十分必要。况且在常识性的正义观念理解中，正义概念有着自然法的根据，即合乎人的本性的、自然的理念，那么一切对人的本性宰制的社会，或者说阻碍人的本性自由发展的制度都是非正义的。按照这样的看法，资本主义社会的非人性与人类解放的人性化，显然都是可以用"正义"来标注的。但是，如果置放到正义的思想史语境，这个判断恰恰就是"拜物教"观念，一种将"个别"看作"普遍""一般"的思维方式③，在进入思想史考察正义理念之前，我们先来看以往关于这一问题讨论所彰显的各自理论观念和问题。

目前为止，按照卢克斯（Lukes）的分析关于"马克思与正义是否相适"的论争大致有四种观点④，下面，我将试图通过借助卢克斯归类性总结给予的提示来讨论各自观点的缺陷，并最后认定卢克斯自己所论的第五种"多视角"的看法也是存在致命的错误。⑤

第一，"塔克—伍德命题"。他们持有的观点是马克思认为资本家与

---

① Rawls, John, *Lectures on the History of Political Philosophy*, Cambridge, Mass: Belknap Press of Harvard University Press, 2007, pp. 356－359.
② Hiroshi Uchida ed., *Marx for the 21st Century*, London, New York, NY: Routledge, 2006, p. 65.
③ 孙亮：《马克思拜物教批判语境中的"正义"概念》，载《华东师范大学学报》2014年第5期
④ [英] 史蒂文·卢克斯：《马克思主义与道德》，袁聚录译，北京：高等教育出版社2009年版，第58—72页。
⑤ [英] 史蒂文·卢克斯：《马克思主义与道德》，袁聚录译，北京：高等教育出版社2009年版，第58—72页。

第二章 政治经济学批判与"正义"观念反思

工人之间的关系是正义的。这就是说，只要与资本主义生产方式相适应、相一致，就是正义的（Gerecht）。显然，伍德与塔克将资本主义的批判看作是一种"事实判断"，理解"正义"不能依据独立于现行生产方式之外，象征社会现实可以与之相适应的某种理想的、抽象的或形式上的原则。[1] 按照他们的理解，剥削是资本逻辑的内在要求，剥削劳动不仅不是非正义的，反而是正义的。这一观点在我看来，其缺陷在于彻底地否认了马克思的规范性维度，容易陷入非批判的实证主义视野中，将资本主义的一切"社会非正义"当作一种"自然而然"的存在。**第二**，胡萨米与柯亨的观点。他们认为马克思对资本家与工人之间的关系做了不正义的理解。按照这种看法，"马克思有效地运用了社会主义的正义原则来评价资本主义制度，而资本家和工人之间的交易就是资本主义违背分配正义的一个证明"。[2] 柯亨也是抓住了资本家对工人占有的"盗窃"性质认为，"盗窃"基础上建立起来的资本主义一定是非正义的。胡萨米与柯亨认为马克思会依据一种"价值"批判的方式批判资本主义而使用"盗窃""剥削""掠夺""诈欺"这样的语词，而且剥削这样的词语实质上就是对"无酬劳动时间占有"。在笔者看来，持有这样的观点是对事实性否定的忽视，而过于强调了价值判断。**第三**，戈瑞·杨的看法。这一观点认为，应该将交换或者流通领域与生产领域划分开来，也就是说，马克思在交换和流通领域看到资本家与工人之间的关系是正义的，而一旦进入到生产领域，掠夺与榨取剩余价值的非正义便产生了，正如卢克斯在梳理这个观点时指出的，"看到了工人不是自由的，而是'被迫'将自己出卖给（某个）资本家的"[3]，但是，依照笔者的

---

[1] ［英］史蒂文·卢克斯：《马克思主义与道德》，袁聚录译，北京：高等教育出版社 2009 年版，第 58—72 页。

[2] Zi Husami, "Marx on Distributive Justice", *Philosophy and Public Affairs*, Hoboken：Blackwell Publishing Ltd. 1978, NO.1.

[3] ［英］史蒂文·卢克斯：《马克思主义与道德》，袁聚录译，北京：高等教育出版社 2009 年版，第 71 页。

理解，这种区分，在事实的层面判断了生产领域的非正义性，这是合理的地方，又同时将交换或流通领域认定为正义，没有对交换或者流通领域的正义限度有足够的认识。**第四**，米勒的观点。他认为资本家与工人既不是正义，又不是不正义。因为，正义是一个陈旧的、在科学上毫不相干的范畴，类似于中世纪的神学概念。依照卢克斯的看法，这种米勒的判断正确性在于陈述了正义是一个阶级社会的特征，史前社会的一个标志。不过，与卢克斯不同的是，笔者以为，这一判断看不到正义的存在条件及合理性，完全将正义取消。在这个意义上，我同意金里卡的看法，"正义有其意义仅仅是因为我们处于'正义的条件'（circumstances of justice）之中，正是这样的条件产生着只有通过正义原则来加以解决的冲突"。① **第五**，卢克斯本人梳理之后得出的观点。他认为，马克思坚持所有这些观点，而且每一种看法在视角相对主义的意义上都是正确的。② 这个看法最致命的问题在于，他认为历史唯物主义在对待资本主义的批判进路上是缺乏连贯性的，甚至是前后矛盾的。

与卢克斯指明各自观点的"真实"之处不同，笔者已经一一指出了上述五种观点的"缺陷"，究其根本，其实他们争论的核心问题在于，正义与资本主义到底是一种什么关系，正义是与资本主义一致的观念（如第一种或第三种中对于交易与流通领域的看法），还是不一致的（如第二种或者第三种对生产领域的看法），如果是不一致，是否有一个高于资本主义的"正义"观念（按照第四种，这个概念已过时）。那么，如何对待这个问题？出路又在哪里？显然这不可能是一个依据文本便能解决的问题，因为双方都能够找到文本支撑。那么，问题一定是出在以什么样的视野来对待散落在马克思文本之中的"正义"概念。对此，我们需要在此将正义放置到"思想史"视域，考量正义通常都在什么意义

---

① ［加］金里卡：《当代政治哲学》，刘莘译，上海：上海三联书店2004年版，第311页。
② ［英］史蒂文·卢克斯：《马克思主义与道德》，袁聚录译，北京：高等教育出版社2009年版，第72页。

上被谈论的,才能更进一步确定马克思在谈论正义时基本的思想史语境是什么,从而有助于消解上述争论中的一些假问题。

二、历史地思考正义观念

在西方政治思想史上,亚里士多德的正义是最初以"体系化"的方式加以讨论的,按照他的看法,正义一方面是"矫正正义",包括"不自由的交换",诸如抢劫、偷盗、拉皮条、作伪证等;也包括"自由的交易",诸如出售、放贷、抵押、出租等,即在"交换"中按照算数比例消减不公正获得的一方以弥补受损的另一方的方式进行的"拉平正义"。另一方面是"分配正义","表现在荣誉、财物以及合法公民人人有份的东西分配中"。当然,不同人对于分配什么还是存在差异的,"民主派说,自由才是价值;寡头派说,财富才是价值,出身高贵就是德性"。① 亚里士多德认为,分配正义调整的是"公共物品"对体制内所有人分配问题。不过,我们知道,在亚里士多德生活的时代,奴隶虽然是劳动的一方,但是,并不属于这"所有人",也就是说,此时的分配正义并不是一种"按劳分配"。

经过托马斯·阿奎那认为分配正义不过是维持社会和谐的一种均衡的原则,并随之将分配正义引向了自然法,这一点在 17 世纪得到了进一步强化。基于罗马法的大陆自然法传统认为,不是分配正义,而是交易正义逐渐成为市民法的关键概念之一。格劳休斯与普芬道夫就设想过合同法的原则作为实证法系统的基础,而分配正义逐渐被移入到法律范围之外的道德领域。② 到了 18 世纪,苏格兰哲学家如哈奇森在受到理查德·坎伯兰与舍夫茨别两人的影响后,认为个人的判断和行为将会有益

---

① [古希腊] 亚里士多德:《尼各马可伦理学》,苗力田译,北京:中国社会科学出版社 1990 年版,第 92、94 页。
② Hiroshi Uchida ed., *Marx for the 21st Century*, London, New York, NY: Routledge, 2006, p. 65.

于社会和人类的总体幸福，正义就是一种自然的德性。休谟则认为，正义是一种态度，事物的本身已经蕴含了正义性。也就是说，正义的对象是一种人为的非故意的创造物，非故意的意思是想说明正义并非是借助理性的谋划，它就是人类本性中的一种特性而已。而对斯密来讲，正义的惯例来自于人们的一种习惯性的倾向，正义的精确性则需要借助个人判断。①

同样在17、18世纪，正当这些启蒙思想家将分配正义归为一种"自然法"观念时，他们另一方面却在极力证成私有财产权问题，而论证的一个关键点，就是劳动是财富的源泉。诸如，洛克以劳动来为私有财产论证，这是一种依靠自然法的论证方式，在他的意图中，私有财产的存在才是正义的。他的论述思路大致如其在《政府论》中的阐释，每个人都有自己的身体，这种身体是我的，而身体的运动又是一种劳动，这种劳动也是我的。从而，任何物，只要是他对其注入劳动，包括移动，该物都是他的财产。显而易见，按照这些启蒙思想家的"劳动—所有权"的论证，恰好改变了亚里士多德分配正义的内涵，那就是财富的分配标准此时已经需要"劳动"这一假象来加以确立了。这样就能够理解为什么17、18世纪的思想家们纷纷论证分配正义的自然性，不过是想以论争"按劳分配"的天然合理性方式来为资产阶级的私有财产权做辩护罢了。

"财产权就是盗窃！"，这是蒲鲁东在《什么是所有权》的核心命题，蒲鲁东通过对"谁先占归谁所有""劳动致富"和"谁出资谁收益"批判了财产权，这无疑为马克思批判"按劳分配"（贡献原则）奠定了深厚的基础。应该看到，马克思将批判视角集中在"按劳分配"上是想说明两个问题：第一，劳动并非是财富的真实来源，瓦解这一点有助于我们认识到资产阶级私有财产权来源的"肮脏性"。在《共产党宣言》中，

---

① ［英］亚历山大·布罗迪：《苏格兰启蒙运动》，贾宁译，杭州：浙江大学出版社2010年版，第197—201页。

第二章 政治经济学批判与"正义"观念反思

马克思就已经对此嘲讽说,"好一个劳动得来的、自己挣得的、自己赚来的财产!"① 在《资本论》的"原始积累的秘密"中,马克思嘲笑上述启蒙思想家说,"人们在解释这种原始积累的起源的时候,就像在谈过去的奇闻逸事。在很久很久以前有两种人,一种是勤劳的,聪明的,而且首先是节俭的精英,另一种是懒惰的,耗尽了自己的一切,甚至耗费过了头的无赖汉"。所以,"第一种人积累财富,而第二种人最后除了自己的皮以外没有可以出卖的东西",事实却不是这样,"在真正的历史上,征服、奴役、劫掠、杀戮,总之,暴力起着巨大的作用。"马克思通过历史的方式展现了"原始积累的方法决不是田园诗式的东西",是充满着"血与火"的暴力,资本主义生产关系正是"以劳动者和劳动实现条件的所有权之间的分离为前提"。② 也就是说,在启蒙思想家谈论分配正义的时候,他们暗自以"按劳分配"的假象完成了对自身私有财产权的论证。马克思的分析有力地说明了私有财产权不是资本主义生产方式的结果,而是它的起点。第二,"按劳分配"以劳动这样一个同一尺度按比例分配,结果只能是忽视了人的自然或者社会的乐透,造成结果的不公正。"这种平等的权利,对不同等的劳动来说是不平等的权利。它不承认任何阶级差别,因为每个人都像其他人一样只是劳动者"。我们知道,资本主义在社会现实层面论证私有财产,它也会反映到人们的观念中,与此资本主义自身还会创造一套"解毒"的策略,使得人们深陷于拜物教之中,而被深深的"物化","按劳分配"显然就是这样一套策略。实质上,劳动者毕竟是千差万别的,"一个劳动者已经结婚,另一个则没有;一个劳动者的子女较多,另一个的子女较少,如此等等。"所以,要避免这些差异带来的弊病,"权利就不应当是平等的,而应当是不平等的"。③ 如果,我们将"按劳分配"与亚里士多德所讲的分配

---

① 《马克思恩格斯文集》第 2 卷,北京:人民出版社 2009 年版,第 45 页。
② 《马克思恩格斯文集》第 5 卷,北京:人民出版社 2009 年版,第 820—821 页。
③ 《马克思恩格斯文集》第 3 卷,北京:人民出版社 2009 年版,第 435 页。

正义所持的"几何比例"相对照也是十分不同的，因为在亚里士多德那里分配正义恰是基于人们的差异性而讲的。

通过历史地思考正义观念，可以知道，马克思所批判的"分配正义"并不是亚里士多德意义上的，而是建立在欧洲启蒙运动话语下为私有财产权论证的"按劳分配"（贡献原则）。这样一来，可以肯定地讲，马克思的思想其实还是在追求一种"分配正义"的正义，不过要重新加以界定。这也是我们研究马克思哲学的人常常颇为踌躇的，在欧洲启蒙叙述话语下的那些概念，到了马克思这里基本上都发生了改变，诸如哲学、国家等概念。对于未来社会的分配应该是什么样的呢？马克思认为，在分工消失之后，劳动不再是谋生的手段，而成为生活的第一需要时，随着个人的全面发展，他们的生产力极大增长，集体财富的一切源泉都充分涌流之后，社会会在自己的旗帜上写上"各尽所能、按需分配"。① 当然，"需要"能够成为分配的标准并又是正义的原因在于，这是超越了"物的需要"的以人的全面发展为需要的，这一点金里卡精准地捕捉到了："社会主义政府如果只满足人民的最基本的物质需求，就很难说得上是对西方某些民主福利国家的发展"，因此，"人的需要包括'在生产和消费上全面展现自己的丰富的个性'"。② 这是马克思持有的真正的"分配正义"。

按照罗尔斯的意思，在生产者自由联合体的社会中，意识形态的意识都消失了，正义作为虚假的价值观念自然随之消失③，这也是伍德等人的观点。现在我们可以肯定地回答，因为他们没有看到他们所讲的正义仅仅是指"按劳分配"，这的确随着私有财产权的瓦解之后也随之消失。但是，也要认识到，"按劳分配"具有历史的合理性，虽然它还存

---

① 《马克思恩格斯文集》第 3 卷，北京：人民出版社 2009 年版，第 435—436 页。

② ［加拿大］金里卡：《当代政治哲学》，刘莘译，上海：上海三联书店 2003 年版，第 342 页。

③ Rawls, John, *Lectures on the History of Political Philosophy*, Cambridge, Mass: Belknap Press of Harvard University Press, 2007, p. 360.

在着诸多弊病，但是作为"共产主义社会第一阶段，是不可避免的"。[①]诸如，在商品交换的生活中，人们必须要借助"按劳分配"来调节现有的经济生活，而对于未来人类社会也绝不是借助"按需分配"的标准来批判便可达成的，如果这样想，那就远远溢出了历史唯物主义的思维方式，毋宁说，"按需分配"是人们在借助资本逻辑发展的自我否定过程中，以及阶级主体对私有财产权的瓦解而最终走出"物的依赖性社会"的必然结果。那么，为了与基于财产权框架之内的正义观念（按劳分配）相区分，我们将以"后正义"来标注马克思正义观念对"按劳分配"的事实维度的容忍与基于规范性维度的"按需分配"之间张力的整体性把握。

三、吁求正义观念的张力与以往存在方式的反思

"正义"特别是分配正义是今天所有国家面临的基础问题之一。回顾西方学术界对未来道路探索的整个讨论，"正义"又始终与一个社会对待资本逻辑相关。从资本逻辑视角看，欧洲启蒙运动以来大致存在这样三种情况：一是完全认同资本逻辑的道路。在这一条道路上，理性、技术、现代政治法治制度为其保驾护航，从而使得资本实现其自身的增值逻辑。但是，随着资本衍生到金融资本这一阶段，造成了美国这样资本发达国家的次贷危机波及全球，使得人们看到了资本发展本身的问题，同时辅之以各种学术讨论所提示出来的"现代性批判"正是针对这样一条道路。二是瓦解资本的道路。这样一条道路理论依据来自于经典传统马克思主义，即在推翻资本主义必然要消除一切私有产权，从而才能彻底瓦解资本并消灭剥削，这样一条道路如今使得人们开始重新思考资本本身的"价值"。三是人们经常听到的"第三条道路"，即在资本主义与社会主义中间的折中路线，在"公正"与"效率"之间寻求结合的

[①] 《马克思恩格斯文集》第3卷，北京：人民出版社2009年版，第435页。

道路。显然，就人类已经走过的道路而言，中国探索的"中国特色社会主义道路"正在彰显按照"低位阶"的贡献原则（劳动）与"高位阶"按需分配之间的张力的合理解决，从而无法归纳为上述道路中的任何一种。那么，它又与当今西方社会探索正义的道路有着怎样的区分？我们试图通过当前西方社会主要的三种模式，试图挖掘出能够为人类文明新形态的"另一种生存方式"提供一些思想启示。

首先，"另一种生存方式"是与"自由主义与社会主义相结合寻求正义"不同的道路。在私有财产权框架之内消除相应的社会不平等，这是自由主义正义的基本理念。如果说原先仅需要指明自由主义的正义观念只是讲政治权利、机会的平等，而无视人的真实的经济生活，便可以有效地达到批判效果的话，那么，这样的方式对于今天诸如德沃金、托马斯·内格尔、托马斯·伯格（Thomas Pogge）以及罗尔斯等人的理论便不再那么奏效。社会主义与自由主义在他们的理论中，那种显著的差异慢慢被融合了，罗尔斯倡导物质不平等与权利不平等的相容，德沃金的自由主义的资源平等与社会主义的各种补偿正义之间似乎都不再有什么深刻的差异[①]，而像约翰·罗默、科恩这样也都尝试着将自由主义与马克思主义融合在一起。在约翰·罗默看来，"社会主义者已经形成了对公有制的崇拜"，实质上，他们应该关心的是，"生产资料中什么类型的财产权会带来不平等"以及"这些财产权能造成一个最能促进每个人机会平等的社会"。[②] 后者则认为，"马克思主义者对资本主义的批判"已经"不自觉地运用了自我所有权"[③]，很明显在科恩看来，马克思主义理论所讲述的正义观念，解决社会不平等也只能是基于私有财产权论证

---

① ［加拿大］金里卡：《当代政治哲学》，刘莘译，上海：上海三联书店2003年版，第301—302页。

② ［美］约翰·罗默：《社会主义的未来》，余文烈等译，重庆：重庆出版社1997年版，第18页。

③ ［英］科恩：《自我所有、自由和平等》，李朝晖译，北京：东方出版社2008年版，第179页。

最为核心的基础"自我所有权",与自由主义共享着同一的原则。这样的理论出现与西方学者误判马克思主义以及社会主义道路有关,他们认为,马克思所设想的人类对私有财产权的瓦解已经完全失效了,现在要做的就只能是恢复社会主义的实质,即一个私有财产权框架之内的"正义"社会,在这个意义上,正像卡洛·罗塞利(Carlo Rosselli)认为的那样,"社会主义运动是自由主义的真实继承人",当然,他们之间也绝不是"彼此对立"的,"而是内在地联系在一起,自由主义是理想的鼓舞力量,社会主义是实践的实现力量"。① 这样的道路选择只是看到马克思"后正义观"中的"低位阶"的按照贡献原则(劳动),遗忘了私有财产权瓦解能够达至的"高位阶"的"按需分配",从而遮蔽了两条道路之间的界线。

其次,"另一种生存方式"是与"市场正义"所论的"放弃公有制才能使社会主义获得成功"不同的道路。就理论形态来讲,哈耶克无疑是这种"市场正义"的代表人物。在《致命的自负》一书中他认为,今天"除了让产品在竞争性市场中进行分配之外,尚不知有什么其他方法能够告诉个人,他们该为各自的努力确定什么方向,才能为总产量做出最大限度的贡献",哈耶克坚持认为,"通过遵守决定着竞争性市场秩序的、自发产生的道德传统(大多数社会主义者所服膺的理性主义教条或规范不相符的传统),我们所生产并积累起来的知识与财富,要大于那些自称严格遵守'理性'办事的人所鼓吹的中央指令经济所能得到或利用的数量"。② 也正是因为他赞成从自发秩序出发来理解社会,在其中人们的行为因其自由选择,当然后果应当自负。这样一来,"对于一个由自由人组成的社会来说,'社会正义'这个说法实是毫无意义可言的"。③

---

① [意]卡洛·罗塞利:《自由社会主义》,陈高华译,长春:吉林出版集团有限责任公司2008年版,第201页。
② [英]哈耶克:《致命的自负》,冯克利、胡晋华译,北京:中国社会科学出版社2000年版,第2页。
③ 邓正来:《哈耶克读本》,北京:北京大学出版社2010年版,第403页。

"正义是人之行为的一种属性"。① 人们总是意图谈论分配正义那是因为他们怀有一种"拟人化方式"将社会看作是人为的缘故。② 在哈耶克看来，试图用政府的强制性的权力去实现"社会正义"只能摧毁个人的自由而已或者说是对利益集团的一种保护或者产生出一种新的特权，俨然已经构成对人类文明的阻碍。但是，哈耶克认为，"决不应该构成我们把'正义'这个婴儿与那些洗澡水一起倒掉"③，这里的洗澡水就是"社会正义""分配正义"等。这里显然与马克思对待正义的看法相悖，在马克思看来，分配正义（按照贡献、劳动原则分配）与私有财产权确实存在着矛盾的方面，譬如进行分配的"公共物品"在一个私有财产权的社会是如何可能的，始终是困扰着人们的一个难题，也就是说，除非是对优越者的侵犯。另一方面，按照马克思正义观念的张力理解，按照贡献原则（劳动）进行分配本身又是与私有财产权是一致的，并且成为私有财产权的一个根据，从而马克思并不像哈耶克那样认为分配正义是商品经济的敌人，而认为商品经济恰好"不可避免"地需要分配正义来进行补救。④

最后，"另一种生存方式"是与吉登斯所论的"第三条道路"寻求正义社会不同的道路。按照托尼·布莱尔对"第三条道路"的界定认为，这是一条"通向现代社会民主主义的复兴和成功之路"，面临的严峻现实是"全球市场、持续的贫穷和社会排斥、上升的犯罪率、家庭的崩溃"等诸多问题，"第三条道路"选择的是"超越沉迷于国家控制、高税收和生产者利益的老左派，又超越倡导狭隘的个人主义的新自由放任以及笃信自由市场万能良药的信念的新右派"。⑤ 按照吉登斯的看法，

---

① 邓正来：《哈耶克读本》，北京：北京大学出版社2010年版，第306页。
② 邓正来：《哈耶克读本》，北京：北京大学出版社2010年版，第356页。
③ 邓正来：《哈耶克读本》，北京：北京大学出版社2010年版，第393页。
④ 《马克思恩格斯文集》第3卷，北京：人民出版社2009年版，第435页。
⑤ 杨雪冬，薛晓源：《"第三条道路"与新的理论》，北京：社会科学文献出版社2000年版，第25页。

第二章 政治经济学批判与"正义"观念反思

"第三条道路"是今天追求社会正义和团结的唯一有效的手段,因为,在他看来,"市场并不总是加剧不平等,有时也可以是克服不平等的手段",对于政府而言,"积极的政府需要促进平等主义的政策时",在这种情况下,"国家也能制造不平等"。这在所难免,即使最发达的福利国家也制造道德公害、官僚主义、利益集团化等。① 对于吉登斯来讲,他认为,之所以"第三条道路"中有左派的因素,也是因为"左派确实主要是一个价值问题,从对市场的敌意来界定左派将不再有效",所以,"第三条道路"应付的只是"有关生活政治(Life Politics)的,而不是左派的'解放政治'"。② 虽然这条道路从福利改革方面做了很多修正,并积极倡导用福利社会来取代福利国家,但是,由于他们将全球化与资本主义私有财产权当作一个既定的叙事背景,也就不可能再对收入、财富、权力的不平等做出更为实质的改变。也就是说,"再分配,这个左派一直以来的主要目标之一好像被抛弃了",另一方面,它又试图超越国家控制之后,"没有国家来矫正市场造就的不平等,追求更大的平等决非可能"。③ 从马克思的正义观念来讲,在共产主义社会的第一阶段依据贡献原则的"分配正义"虽然必要,但是也要时刻注意界划其基础与资本主义生产关系的不同,这与"第三条道路"明显相异。基于"人的全面发展"的"自我实现"作为马克思的"高位阶"的分配正义显然也是超越了"第三条道路"念念不忘的"贡献原则"的分配正义,即一种"应得正义"。

---

① [英]安东尼·吉登斯:《第三条道路及其批评》,孙相东译,北京:中央党校出版社2002年版,第29、33页。
② [英]安东尼·吉登斯:《第三条道路及其批评》,孙相东译,北京:中央党校出版社2002年版,第39—41页。
③ [英]安东尼·吉登斯:《第三条道路及其批评》,孙相东译,北京:中央党校出版社2002年版,第24—25页。

第三章 政治经济学批判与"法"的观念重构

重新审读马克思的基本概念,无疑是激活马克思测度当下"资本世界"的根本路径。然而,在马克思哲学研究界,人们普遍感受到存在一个"专门的领域",虽然对其已经做过一些粗线条的勾勒,但却有逃逸思想史背景进行"理论独白"的危险,这个领域就是"思想史视域中马克思的法律阐释"。① 因而,我们需要立足于一种全新的方法论视域,即从思想史与马克思的拜物教批判的方法进入到马克思的法律观念中。

第一节 马克思与"法"的观念的双重超越

针对马克思与法律的阐释问题,在东西方已是十分久远的话题,然

---

① 在国内关于马克思主义法理学的著作中,主要是采用马克思文本自身的逻辑进程来理解法本身。参见公丕祥:《马克思的法哲学革命》,杭州:浙江人民出版社1987年版。张文显:《马克思主义法理学》,北京:高等教育出版社2003年版,付子堂:《马克思主义法律思想研究》,北京:高等教育出版社2008年版。我们依然缺乏马克思与传统法哲学"传承关系"的研究,目前笔者正在梳理这一内在逻辑关联。另外,法和法律在马克思那里使用上有一些差异,但是本文为了和法哲学传统勾连在一起,而将两者作为"一般的法"含义来使用。

而，这一问题依然需要不断地重新回到马克思，当我们重返文本来关照此一论域时，则需要反驳这样一种流俗之见，即"马克思主义者的分析主要是朝向经济基础和一个社会中的权力组织……这样一来，法律不是马克思主义者关注的焦点。"[1] 对此回应的困难在于，一方面正如韦恩·莫里森所认为的，"马克思没有建立有关法律的特殊著作体系"，另一方面来自于认定马克思的法律概念的阐释莫过于深受"朴素唯物主义与阶级工具主义"的影响，从而被死死地锚定在这样一些教条中："（1）法律是经济力量发展的产物；（2）法律是统治阶级用以维护其政权的工具；（3）在未来的共产主义社会，作为社会控制的法律将会逐渐消亡并最终消失"。[2] 那么，到底该如何理解马克思对法律的阐释？是诸如一些学者那样将马克思对法律概念的阐释置放到"法律与命令"为主旨的法律实证主义阵营中，还是像凯尔森那样一再强调马克思是一位自然法学家？马克思与西方法哲学传统到底存在怎样的关系？"法律的消亡"在马克思那里是终结一般意义上的法律还是资本主义特定的法律形态？重返马克思文本，并切入法哲学传统中"自然法与法律实证主义"之争，将会澄清并纠正上述主导马克思法律思想论辩的方向。

一、自然法学派的要旨及"三个困境"

诚如人们所熟知，马克思在《政治经济学批判》序言中指认过，"法的关系正像国家的形式一样，既不能从它们本身来理解，也不能从所谓人类精神的一般发展来理解，相反，它们根源于物质的生活关系"。[3] 但是，人们往往对此解读的着重点放在法的"根源于物质的生活关系"这一维度上，对前面的"两个不能"则重视不够。但是，"两个

---

[1] Collins, Hugh, *Marxism and Law*, New York: Oxford University Press, 1982, p. 9.

[2] ［美］埃德加·博登海默：《法理学——法哲学及其方法》，邓正来等译，北京：华夏出版社1987年版，第92页。

[3] 《马克思恩格斯文集》第2卷，北京：人民出版社2009年版，第591页。

不能"明确标明对自然法学派与法律实证主义的评判。"不能从它们本身来理解"指向的是法律实证主义,而"从所谓人类精神的一般发展来理解"法则是自然法学派的理论主旨。在"追问法律本质是什么"的西方法哲学传统中,法的本质是"ius quia iustum(法律本质为正义)or ius quia iussum(法律的本质为命令)"一直争论不休。① 诚如凯尔森的看法,"法律本质为正义"是自然法学派理解法律本质的核心理念,自然法学的特征是依靠一种"自然秩序"来治理人的行为,因为这些秩序是"来之于上帝、自然或理性并因而也就是善的、正确的和正义的规则"。这就是说,自然法所依凭的根源是基于人类精神自我的构造。自然法与马克思之间的思想关联时常被一些学者提及,诸如凯尔森就在《共产主义的法律》一书中指认了"马克思解释社会的理论是一个自然法学说"。② 理由在于,"自然法学说事先假定正义——或者是它的同一物理性——是作为'自然',即事物的本性,或人的天性而出现的现实的内在东西,正如马克思认为他的理想是隐藏在现存的现实中一样","解决阶级冲突的手段是这样的:共产主义社会的正义的社会秩序是物质生产这个社会现实所固有的,因此,能够从研究这个现实中去发现,这是真正的自然法学说"。③ 表面看来,凯尔森的说法是有道理的,但是,关键在于共产主义与自然法学派伸张法的正义所实现的方式是一致的吗?如果是一致的,为什么马克思又要说,"不能从所谓人类精神的一般发展来理解"?回答这一疑问,需要对自然法学进行"理论思维的前提批判"。按照恩格斯的说法,"衡量什么算自然法和什么不算自然法的尺度,则是法本身的最抽象的表现,即公平"。④ 那么,在自然法传统

---

① [英]登特列夫:《自然法:法哲学导论》,李日章等译,北京:新星出版社2008年版,第73—74页。

② [奥]凯尔森:《共产主义的法律理论》,王名扬译,北京:中国法制出版社2004年版,第26页。

③ [奥]凯尔森:《共产主义的法律理论》,王名扬译,北京:中国法制出版社2004年版,第26—28页。

④ 《马克思恩格斯选集》第3卷,北京:人民出版社1995年版,第211页。

第三章 政治经济学批判与"法"的观念重构

中是如何处理这种抽象的公平观念呢？

马克思与自然法学家的不同之处在于，他对自然法理论的既定前提，即抽象的公正观念给予了进一步批判。自然法的内涵正如奥特弗里德·赫费（Otfried Hoffe）的说法，"自然"标示的是一种"前实证的律条，它要求超越于实证的律条之优先地位，而且一般不是从技术的或实用主义的意义上，而是从道德意义上予以理解"。① 自然在这个意义上便表现为源自于人内在的形而上学冲动，即对于一种不变的价值、标准与尺度的诉求。"'自然'一词，正好非常适合用来表示这准则或模型之终极性与必然性"。② 就是说，自然法理解的法律概念是一种"理念的普遍性构造"，依照近代学者对自然法的理解，诸如私有财产便成为了无需反思的那个终极存在，特定历史条件下的特定产物比如资产阶级的法权也被看作为"永恒的定在"。实质上，法作为一种天赋自由的"存在表现"在早期马克思文本中也明确表达过，"新闻出版法就是对新闻出版自由在法律上的认可。它是法，因为他是自由的肯定存在"。③ 这可能是将马克思纳入自然法学的一个文本依据。不过，如果从马克思整个运思逻辑的进展来看，法应当成为自由的体现仅仅是一种道德意义上的承认，在他看来，如何真正实现才是最为要紧的理论任务。马克思在《神圣家族》一书中指责"批判的普鲁东"时，就已经揭露了"批判的普鲁东"只懂得这种自然法的理念来阐释法，因为"批判的普鲁东"认为，"如果我们关于公平的事物和合法的事物的观念不够明确、不完全或者甚至是虚妄的，那末显而易见，这种观念在我们的立法上的一切运用也不是不好的"，"在罗马存在着'被千年来的公平所神圣化了的法'"。④

---

① ［德］奥特弗里德·赫费：《政治的正义性——法和国家的批判哲学基础》，庞学铨等译，上海：上海译文出版社1998年版，第76页。
② ［英］登特列夫：《自然法：法哲学导论》，李日章等译，北京：新星出版社2008年版，第6页。
③ 《马克思恩格斯全集》第1卷，北京：人民出版社1995年版，第176页。
④ 《马克思恩格斯全集》第2卷，北京：人民出版社1957年版，第35页。

实质上，如果我们按照马克思在后来的文本可以清楚地看到，自然法作为根据的正义、公平本身并非自足的。诸如在《哥达纲领批判》中，马克思对资产者们断言在法律上体现分配的公平进行了明确的批判。"什么是'公平的'分配呢？……难道经济关系是由法的概念来调节？而不是相反，从经济关系中产生出法的关系吗？"① 而在《资本论》中，马克思则强调了，"说什么天然正义，这是毫无意义的。生产当事人之间进行的交易的正义性在于：这种交易是从生产关系中作为自然结果产生出来的。……只要与生产方式相适应，相一致，就是正义的；只要与生产方式相矛盾，就是非正义的"。②

明确了正义的"物质根源"，还应该进一步追问的是，自然法所标榜的"自然"即抽象的观念往往具备一种"普世性"、非历史的特质是否合理，这一理解与马克思对待正义原则（自然法的前提）的看法相违背。在《哲学的贫困》一书中，马克思认为，"人们按照自己的物质生产率建立相应的社会关系，正是这些人又按照自己的社会关系创造了相应的原理、观念和范畴。所以，这些观念、范畴也同它们所表现的关系一样，不是永恒的。它们是**历史的、暂时的产物**。"③ 这显然告诉我们，像自然法将法的阐释根基奠定在正义之上，而正义本身不过是社会关系的反应罢了，它注定是历史的。诚如马克思自己一再强调的，"无论是政治的立法或市民的立法，都只是表明和记载经济关系的要求而已"。④ 自然法对于正义原则的普世性引起了法律实证主义者奥斯丁、哈特的反叛。随着语境论的兴起，即使做了修正的程序性的自然法者罗尔斯也无法摆脱这种"普世性"的言说困境。在《正义论》中，他主要的意图就在于为社会基本结构确立一套合理的价值、标准和尺度，即正义原则。

---

① 《马克思恩格斯全集》第25卷，北京：人民出版社2001年版，第16页。
② 《马克思恩格斯全集》第46卷，北京：人民出版社2003年版，第379页。
③ 《马克思恩格斯文集》第1卷，北京：人民出版社2009年版，第603页。
④ 《马克思恩格斯全集》第4卷，北京：人民出版社1958年版，第121—122页。

为了获得这种原则,罗尔斯通过原初状态(Original Position)来进行设计,"从原初状态的观点来看,我们在社会中的地位,也就是从永恒的观点来看待殊相"。这种永恒的观点是"在世界之内的有理性的人们能够接受的某种思想和感情形式"。① 在当代政治哲学中,那些为语境主义摇旗呐喊的诸如沃尔泽、罗蒂以及格雷、拉兹等,他们一致反对这种"普世性"的立法原则。他们认为,"不存在有任何可以置身于特定文化实践与制度之外,而能够做出普遍'独立于语境之外'的判断的观点"。② 约翰·格雷也认为,"如果人的生活方式乃是他实践之产物,这些生活方式之形态都受到人的性情以及传统延续下来的环境所塑造与限制,那么,对于任何良好生活的概念,都不能够以这生活是深深植入人性为理由来说明,并自称比其他生活方式更具有优先地位"。③

二、以事实命名的法律实证主义的神话

马克思在《德意志意识形态》中认为,"在现实的历史中,那些认为权力是法的基础的理论家和那些认为意志是法的基础的理论家是直接对立的"。显然以"意志是法的基础的理论家"就是上文所述的自然法学派,而"权力是法的基础"则是我们这里要交代的"法律实证主义"。④ 对此,马克思紧接着说道,"承认权力是法的基础,那么法、法律等只不过是作为国家权力基础的其他关系的一种标志,一种表现。"⑤ 显然,马克思并不认为法的真正基础就是权力本身,而是"国家权力基础的其他关系"的一种表现而已。但是,在法哲学研究领域中,一些学

---

① [美]罗尔斯:《正义论》,何怀宏等译,北京:中国社会科学出版社1988年版,第574—575页。
② Chantal Mouffe, *The Democratic Paradox*, London: Verso, 2009, p. 63.
③ John Gray, *Liberalisms*, New York: Routledge, 1989, p. 35.
④ 实证主义法学在不同时期,不同代表人物那里的命名缺乏统一性,诸如凯尔森的"纯粹法理学"、哈特的"新分析法学"、奥斯丁的"分析法学"等。
⑤ [德]马克思、恩格斯:《德意志意识形态》(节选本),北京:人民出版社2003年版,第108页。

者并未注意到这句话的提示,依然会将马克思看作是法律实证主义者①,理由在于,传统马克思主义者认为"法律是统治阶级斗争的工具",而这一命题被偏颇的解读为法是一种权力的表现,从而与法律实证主义主张的"法的本质是一种命令"相吻合。应该说,这是一种直观的经验主义的视角,没有将权力理解为人们物质生活中内在矛盾的体现。更进一步讲,当马克思指认法的关系"不能从所谓人类精神的一般发展来理解",他的另一句话也需要给予足够的关注,那就是法的关系也"不能从它们本身来理解"。②

对于"不能从法本身来理解法"的告诫,并未在马克思与法律实证主义之间"传承关系"上展开实质性的讨论,而抹平两者的异质性却导致人们认为马克思抛弃对法的"合乎道德性"的诉求,仅仅关注法的事实性存在本身,即现存的法。因为,"法律的本质为命令"这一法律实证主义的表达与我们日常所感受到的法的概念是一致的,"由一个特定的人类权威所'人为地'制定的",在缺乏自身自明追问的情势下,直接展示出一个"强制秩序"。③猛地一看,这不是教科书上所讨论的法的概念吗?对此,需要我们将视角切入到法律实证主义深处才能理解。法律实证主义一般被描述为是一个由奥斯丁、边沁开启,经由哈特以及转向"后哈特"这样三个阶段。在奥斯丁、边沁看来,应当坚持将法律看作是主权者的制定,其研究对象只能是一种实在法,反对自然法主张法律的根源在于"自然本性"。正如博登海默的评判,"实证主义作为一种科学的态度,它反对先验的推测,并试图将其本身限于经验材料的范围之内。它反对提倡玄虚的精神高度,并把学术工作限制在分析'既定事实'的范围之内。它拒绝越出认知现象的范围,否认理解自然'本质'

---

① 周力:《法律实证主义的基本命题》,载《华东政法大学学报》2008年第2期;季涛:《法律之思》,杭州:浙江大学出版社2008年版,第138页。
② 《马克思恩格斯文集》第2卷,北京:人民出版社2009年版,第591页。
③ [奥]凯尔森:《法与国家的一般理论》,沈宗灵译,北京:中国大百科全书出版社1996年版,第427页。

的可能性"。① 这就是说，法律实证主义将法律与道德（价值）之间做了严格的界划，"这种分离能够使得人们沉着地看待那些恰恰因道德上恶的法律的存在而提出的论题，从而去理解法律秩序之权威的具体品性"。②

第二次世界大战以后，将法律与道德严格区分的看法遭到了质疑，此时便转向了哈特对奥斯丁的批判并修正法律实证主义，提出最低限度的自然法。在他看来，法律实证主义大致具有这样一些特点：（1）法律是命令；（2）法律与道德并无必然的联结；（3）对法律概念的分析性研究是值得进行的；（4）法律体系是以逻辑封闭的体系；（5）对于价值（道德）的问题是无法透过理性论证加以讨论决定的，也就是价值不可知论。③ 哈特的理论往下延伸还存在着各种法律实证主义形态，正如整个法律实证主义名称的复杂性一样，把握其内在特质也只能是一种"家族相似"。

第一，法律实证主义在思维方式上坚守一种"描述性"的旁观者姿态来审视法律概念。诸如奥斯丁、凯尔森主张将一种自然科学方法引入到法律概念的理解上，通过对法律术语、法律命题的分析来促成"法律科学"的诞生。奥斯丁就认为，"如果试图将法理学变成一种科学，也即自然科学意义上的科学，我们只有观察在现实中人们通常是如何使用'法'一词的，以及观察该词指称的对象是怎样存在的。这是经久不衰的实证理念"。④ 显然，如果说，自然法追问的是"法律是什么"，那么法律实证主义追问则是"法律概念是什么"，从技术的角度对法的"事实"关系的描述，成为了法律实证主义对法律概念阐释最为根本的路

---

① ［美］埃德加·博登海默：《法理学——法哲学及其方法》，邓正来等译，北京：华夏出版社1987年版，第107—108页。
② ［英］哈特：《法理学与哲学论文集》，支振锋译，北京：法律出版社2005年版，第60页。
③ 颜厥安：《法与实践理性》，北京：中国政法大学出版社2003年版，第52页。
④ ［英］奥斯丁：《法理学的范围》，刘星译，北京：中国法制出版社2002年版，第9页。

径。哈特更是在《法律概念》一书中将自己的理论称为"描述性社会学"。法律实证主义意图剔除自然法学中对于法律概念判断的"价值维度",凯尔森的话再明确不过地表达了上述意思,"在众多的自然法学说中,迄今为止还没有一个理论能够为较为正确和客观的内容界定正义秩序,就像自然科学决定自然律内容一样,迄今所说的自然法,大多是一些空洞的公式"。① 实质上,法律实证主义坚持法律与道德之间的分离易于导致其陷入经验主义的误区。一旦我们抛弃从道德维度对法律的审视,那么,法律实证主义研究对象的"法的事实"仅是一种抽离了内在矛盾的"事实",这种"法的事实"不可能被理解为私有制为基本建制的社会关系矛盾运动所生产出来的,法反而成为了一种理所应当的"实在"。也就是说,法律在实证主义那里是作为一个"非历史性"的对象,而我们知道,马克思将经验意义上的"对象"给予"历史化",按照这种理解,法律实证主义不可能真正地懂得法的根源。

第二,由上分析,以纯粹事实性描述与道德性评价二元分离为基础的法律实证主义,在将法律概念阐释中的最高"价值"给予否定时,有消解法哲学与陷入法律价值的虚无主义的可能,这也是将马克思纳入到法律实证主义阵营的危险之处。我们知道,自然法学通过对法律的形而上学思考,诸如正义、绝对精神、理念来阐释法律概念。但是法律实证主义严格将视角调整到"法律规则"上来,否认了人们可以认知"自然本性"。奥斯丁就认为,"法律存在是一回事,其好坏是另一回事"② 所以,凯尔森更加明确地指认,"我们限制我们的知识能力,不是为了削弱我们的人性,而是为了了解我们知识的局限性,把我们从卑劣的独裁者们的狂热下拯救出来,他们总是想让我们相信他们那一边拥有历史的

---

① [奥]凯尔森:《法与国家的一般理论》,沈宗灵译,北京:中国大百科全书出版社1996年版,第9—10页。

② [英]奥斯丁:《法理学的范围》,刘星译,北京:中国法制出版社2002年版,第147页。

正义、神的正义"。① 这一点在"恶法"是否正义的讨论之后，使得法律实证主义更加坚决在法律与道德之间设立屏障。所以19世纪诞生的实证主义法学对于法律为何而生的讨论，从关注其"合正义性"这一终极性的追问转向了自由等规则的考察，从而深陷绝对技术主义和法条主义境况中，这也是人们常说的"法哲学的终结论"。虽然原初出发点是为了克服自然法学派的弊端，但是，将法律正义性的价值追问取消掉，以此来实现他们法律科学的愿望时，其实已经落入现代性论域中常令人担忧的虚无主义浪潮中，"现代性第一个浪潮的特质是将道德问题和政治问题还原为技术问题"。② 法的形而上学一直追求的那个绝对的"一"不见了，仅仅有的是抽离了矛盾性的"规则"而已，此时的法律，"只是剩下一个名义上的概念和一套形式主义的技术规则，一个由立法者绝对权力创立的实证主义法律的总称而已"。③

三、拜物教与"法的观念"

马克思恩格斯曾经在《德意志意识形态》中对自己的理论质性给予界定："我们仅仅知道一门唯一的科学，即历史科学"。④ 那么，这种包含实证精神又具有价值维度的"历史科学"⑤ 能否与西方传统法哲学产生思想关联？正如上文所述，一方面，法律实证主义对待法律存在的正当性无法给予阐释，而仅能处于对法律命题演变的逻辑描述，企图"法律科学化"，最终将导致"法哲学终结"。另一方面，自然法虽然能够从形而上学的根由上给予法律正当性，但是在现实法律运作中却始终面临

---

① [英] 韦恩·莫里森：《法理学——从古希腊到后现代》，李桂林等译，武汉：武汉大学出版社2003年版，第345页。
② 贺照田：《西方现代性的曲折与展开》，长春：吉林人民出版社2002年版，第93页。
③ 刘日明：《法律实证主义与法哲学安乐死》，载《同济大学学报（社会科学版）》2007年第5期。
④ 《马克思恩格斯文集》第1卷，北京：人民出版社2009年版，第516页。
⑤ 关于历史科学中的"事实与价值"的双重维度论证，参见孙亮：《超越规范性与事实性的历史科学向度》，载《学术研究》2012年第9期。

如何将正义落实为具体的难题。如何沟通和协调两者使得法律概念的理解既有规范性又具有事实建构性，便成为了今天法哲学研究中的一个重要难题。① 这个难题涉及如何理解马克思的法律概念，因为，要么将马克思归属于一种自然法学派；要么认定马克思的法学观念是法律实证主义的，这两种看法导致对马克思法律概念的双重误解。历史科学能够彻底瓦解贯穿于西方法哲学之中"价值与事实"这一难题吗？并转而实现对两者的"超越"？

一方面，马克思"历史科学"中蕴含着通过政治经济学批判的方法论来达成"事实性维度"，颠覆了自然法的"抽象形而上学"思维方式。"历史科学"在马克思那里是与实证主义交织相连的，那个时代绝对没有如今对"实证主义"表现出的轻蔑态度，而且马克思对此曾认为，"实证主义"是一门真正的"科学"，而"科学"是通过其政治经济学批判来达成的。在马克思看来，理解法需要对物质生活本身的批判来实现，"人们的想象、思维、精神交往在这里还是人们物质行动的直接产物。表现在某一民族的政治、法律、道德、宗教、形而上学等的语言中的精神生产也是这样"。② 所以，马克思嘲笑那些法学家们往往不懂得经济与法之间的关系，而陷入一种抽象的理解法的怪圈之中，"在法学家们以及任何法典看来，各个人相应之间的关系，例如缔结契约这类事情，一般都是偶然的；他们认为这些关系可以随意建立或不建立，它们的内容完全取决于依据双方的个人意愿"。③ 显然，与自然法将法律与正义关联起来理解不同，马克思认为，"难道经济关系是由法的概念来调节，而不是相反，从经济关系中产生出法的关系吗？"。④ 恩格斯则进一步阐明了马克思的看法："在法学家和盲目相信他们的人们眼中，法的

---

① 诸如，德沃金、吴经熊都做了一定的尝试，参见周赟：《西方法哲学主体思想史论》，北京：法律出版社2008年版，第93—102页。
② 《马克思恩格斯文集》第1卷，北京：人民出版社2009年版，第524页。
③ 《马克思恩格斯文集》第1卷，北京：人民出版社2009年版，第585—586页。
④ 《马克思恩格斯文集》第3卷，北京：人民出版社2009年版，第432页。

第三章　政治经济学批判与"法"的观念重构

发展就只不过是使获得法的表现的人类生活状态一再接近于公平理想，即接近于永恒公平。"① 正是基于以物质利益这一社会存在的客观性来说明法律原则，使得马克思能够洞穿法律的存在秘密，从而只要使得特定法律原则产生作用的那些客观条件依旧存在，那么，法便得以存在。这就是说，在马克思眼里，法不再以所谓的"正义""自然本性"为根据，而是以"特定的物质生产关系"为根据的。"只有毫无历史知识的人才不知道，君主们在任何时候都不得不服从经济条件，并且从来不能向经济条件发号施令。无论是政治的立法还是市民的立法，都只是表明和记载经济关系的要求而已。"② 这一考察法律概念的方法论意义在于确立了从物质生活出发的客观性原则，从而超越了从"自然本性"出发的抽象的形而上学来说明现实法律生活的原则，为阐释法的历史性奠定了历史唯物主义的方法论基础。

另一方面，历史科学中的"价值维度"实现了对"经验主义"的批判，从而也完成了对法律实证主义那种"描述性"维度的超越。一种流行的看法认为，在资本主义社会中，人与人之间是一种契约性的交换关系，"它本身是资产阶级社会即发达的交换价值的社会的历史**产物**"。③ 而更为深层的基于生产资料占有关系而产生的剥削则往往被遮蔽，与经验主义者认为人与人之间仅是一种简单的"法权关系"不同，历史科学的要旨在于抛弃这种经验主义。诚如雅克·比岱所说，马克思颠覆了这种"意识形态"的遮蔽现象，"《资本论》一反常理地以描述建立在个体之间自由平等的纯粹契约关系基础之上的社会为开端，即从对自然—理性法支配的世界的现代虚构开始，我将之称为'元结构'式的虚构"④。这种虚构同样弥漫在法律实证主义视野中，其研究对象仅仅是对

---

① 《马克思恩格斯文集》第 3 卷，北京：人民出版社 2009 年版，第 322—323 页。
② 《马克思恩格斯全集》第 1 卷，北京：人民出版社 1958 年版，第 121—122 页。
③ 《马克思恩格斯全集》第 46 卷，北京：人民出版社 1980 年版，第 464 页。
④ ［法］雅克·比岱：《当代马克思思想辞典》，许国艳等译，北京：社会科学文献出版社 2011 年版，第 5 页。

一种实在法进行逻辑分析，法律本身是否符合道德正义要求并不是必要的，法律就是一个规则命令所制定的而已。但是，马克思颠覆了这种看法，假设只从一种描述性的维度来看待资本主义的法权，那么，就会把这种法权推到一般意义的层面，这不过是以工人的生产资料丧失的法权为前提条件而形成的特定阶段。然而马克思已经告诫，因为资本主义"所有权在资本方面就辩证地转化为对他人的产品所拥有的权利，或者说转化为对他人劳动的所有权，转化为不支付等价物便占有他人劳动的权利"。① 所以，资产阶级的法学家正是通过这种一般意义上的抽象法权来构筑"法律拜物教"，从而实现在意识形态上的"统治权"。所以，当休·柯林斯指认马克思主义法学的贫乏在很大程度上是由于过度地强调唯物主义的时候，他也不懂得强调历史唯物主义的客观性维度并不是一种"经验主义"的描述，而是将"现实的法的事实"融入到生产关系内在矛盾运动的历史过程中观照方为可能。

基于上述分析，马克思实现了对于自然法与法律实证主义的双重"超越"。正是立足于历史科学的创建使得马克思洞察到法的存在论根基，为其真正判定法的正义性的实现提供了可能。马克思对自然法抽象形而上学思维方式的超越并不等于遗忘其对于法的"实质合理性"的正义诉求，即让法成为"事物的法理本质的普遍和真正的表达者"。② 而且，马克思将通过对表现为法权关系的生产资料所有权制度的分析，彻底将法律实证主义目光中的那个"事实规则"置放到"历史"之中，从而实现了对资本主义法权制度的"形式合理性"的颠覆。由此，"共产主义法律消亡"的说法也只能被理解为是资本主义法律形态的消亡，而不是"法律一般"的消亡。进一步应该明确的是，马克思历史科学所蕴含的"事实与价值"的双重向度也实现了对自然法与法律实证主义的"契合"，由此真正建构了一条通达"正义的生活秩序"的现实路径。

---

① 《马克思恩格斯文集》第8卷，北京：人民出版社2009年版，第106—107页。
② 《马克思恩格斯全集》第1卷，北京：人民出版社1995年版，第244页。

第二节 人的自然法观念传统

为了触及正义问题的实质以解决这场"似是而非"[①] 的论战，这个"始源"的问题便是"自然法之于马克思是否相适"。[②] 但是，依照一种流俗的看法认为，"资产阶级在其与封建社会的时代性冲突中将自然法视为革命的旗帜。但自资产阶级胜利以来，对理解现实而言，自然法变成了一种不足胜任的工具"[③]，况且，"马克思没有建立有关法律的特殊著作体系"更使得人们在意欲讨论马克思与法之间的关系时"颇为踌躇"。[④] 回顾西方学术界对于"自然法之于马克思是否相适"的讨论大致区分为"马克思反对自然法"与"马克思赞成自然法"，无论是反对还是赞同，各自采用的文献均来自于马克思本身，表面相异的结论实质上都必须建立在如何理解马克思对财产私有权的批判态度。为了引发与深入对此一"始源"问题的研究，我们试图将问题进一步细化为三个问题：第一，西方学术界对马克思与自然法关系的讨论细节、观点到底处于怎样的理论状况；第二，借助马克思对事物化（Versachlichung）与物化（Verdinglichung）界划所展现的历史现象学能否以及如何处理上述争论所面对的理论困境的？第三，在当下中国特色社会主义市场经济建设中是否需要倡导自然法来调节现有社会的一些问题？它又需要建构一种

---

① 史蒂文·卢克斯的概括。参见卢克斯：《马克思主义与道德》，袁聚录译，北京：高等教育出版社2009年版，第3页。
② 根据我对德文文献的词频统计，"naturrecht"在马克思的语境中出现次数很少，以《资本论》为例，除提及黑格尔的脚注外，正文部分出现次数为"0"。但是，"gerechtigkeit"相关的正义词汇则出现27次。
③ ［美］欧鲁菲米·太渥：《法律自然主义：一种马克思主义法律理论》，杨静哲译，北京：法律出版社2013年版，第41页。
④ ［英］韦恩·莫里森：《法理学——从古希腊到后现代》，李桂林等译，武汉：武汉大学出版社2003年版，第263、259页。

什么意义上的自然法理论？明乎此，自然法之于马克思就不再是一个"词句之争"，而是对历史唯物主义内在建构原则的领悟以及重建的前提性追问。

一、马克思与自然法关系的"似是而非"

在"追问法律本质是什么"的西方法哲学传统中，法的本质是"ius quia iustum（法律本质为正义）①还是 ius quia iussum（法律的本质为命令）"一直争论不休。② 作为自然法的前者可将其基本准则进一步理解为："行为要与你的理性本性相一致，对理性本性而言，通过自我意识或反思可以得知，它构成了人们应然状态的本体论标准。人通过自由地领悟变成为人，成为自由的理性存在者，上帝的智慧和知识以及他的意志揭示了人的本质构成"。③ 这就是说，自然法被看作是人们在道义上应该可以决断为应当要做的行为。依此衍义，自然法应该有这样几个基本的原则：（1）人作为一个道德的存在体对应该如何生活需要一套规范性原则，诸如正义、法律等；（2）这些规范性的原则是适合一切社会，具有"永恒性"的特质；（3）规范性原则本身是自主的（或者说具有本体论性质），从而构成对现存的社会、行为具有范导性、批判性的功能。自然法学的特征是依靠一种"自然秩序"来治理人的行为，因为这些秩序是"来之于上帝、自然或理性并因而也就是善的、正确的和正义的规则"。

依照上述自然法的理解，一些学者对马克思与自然法之间做了"肯

---

① 按照恩格斯的说法是，"衡量什么是自然法，什么不算自然法的尺度，则是法本身最抽象的表现，即公平"，参见《马克思恩格斯文集》第3卷，北京：人民出版社2009年版，第322页。
② ［英］登特列夫：《自然法：法哲学导论》，李日章等译，北京：新星出版社2008年版，第73—74页。
③ H. A. Rommen, *The Natural Law: A Study in Legal and Social History and Philosophy*, London: B. Herder Book Co., 1947, p. 47.

第三章 政治经济学批判与"法"的观念重构

定"的理解。凯尔森在《共产主义的法律》一书中认为,"马克思解释社会的理论是一个自然法学说"。理由在于,"自然法学说事先假定正义——或者是它的同一物,理性——是作为'自然',即事物的本性,或人的天性而出现的现实的内在东西,正如马克思认为他的理想是隐藏在现存的现实中一样","解决阶级冲突的手段是这样的:共产主义社会的正义的社会秩序是物质生产这个社会现实所固有的,因此,能够从研究这个现实中去发现。这是真正的自然法学说"。① 同样在欧鲁菲米·太渥看来,"一种适当的马克思主义法律理论必须在广阔的自然法传统的范围内寻找到适合自身的位置",而为何马克思能够入住到自然法的大厦中,是因为这是一种"生产方式的自然法",它"指的是为其构成所必需的一种法制,它显现于其运行,且在其范围内规定着潜在的实在法的外在限制"。这也是"使特定生产方式成为生产方式的东西"。② 因而,欧鲁菲米·太渥认为马克思"入住大厦的资格权"在于,"在马克思主义中,自然法规定着社会结构中为实在法所体现的本质"。③ 同样在保罗·菲利普斯看来,"在马克思为莱茵报撰写的文章当中,尤其是在关于这个出版物的审查的文章当中,马克思法律思想带有明显的自然法特质"。因为,马克思在这些文章说过法律只是在自由的无意识的自然规律变成有意识的国家法律时,才成为**真正的**法律这样的话,菲利普斯将这个作为马克思信奉自然法的"证据",因为,"它假定了一种优于人造法(实在法)的存在,显然这是自然法"。④ 另外还有菲利普·卡因(P. J. Kain),他认为马克思同意自然法是因为,"马克思持有一种判断

---

① [奥]凯尔森:《共产主义的法律理论》,王名扬译,北京:中国法制出版社2004年版,第26—28页。
② [美]欧鲁菲米·太渥:《法律自然主义:一种马克思主义法律理论》,杨静哲译,北京:法律出版社2013年版,第44—45页、70页。
③ [美]欧鲁菲米·太渥:《法律自然主义:一种马克思主义法律理论》,杨静哲译,北京:法律出版社2013年版,第82页。
④ Paul Philips, *Marx and Engels on Law and Laws*: Totowa New Jersey, Barnes & Noble Books Press, 1980, pp. 7 – 9.

民法是否正义与有效性的独立的道德基础，而且作为理性的民法的规范标准根植于自然"。① 斯拉特尔（Richard Schlatter）在《私有财产权》一书中认为，当马克思谴责资本家对工人获取无酬劳动时，"他一定继承了自然法激进的解释传统"。②

如果按照贝尔基的批判，这些不过都是基于1844年之前的文本来理解马克思的思想罢了③，那么持有自然法相适应于马克思的学者还必须以此之后特别是以资本论的文本来加以"补正"方能摆脱这种批判。这个工作由吉拉斯（N. Geras）以及达利（J. Daly）等给予"填补"。吉拉斯认为，"道德批判和论证虽然不足以推动社会历史革命以及成为革命的中介，但是，这也绝不会与那种被他看作关于革命的历史真实分析的历史唯物主义方法相违背"，成熟时的马克思并不会否认"超历史"的正义标准④，达利对此声明，"我赞成吉拉斯，马克思的看法在自然法传统中是最容易解释的"。⑤ 保罗·彼得森与上述两位一样肯定地指出，"马克思在他的经济分析（资本论）中，没有否定自然法"。⑥

另一方面，一些学者对马克思与自然法之间做了"否定"的理解。这方面的代表主要是卡尔·伦纳（K. Renner）与苏联法学家帕舒卡尼斯（E. Pashukanis）。卡尔·伦纳在《私法的制度及其社会功能》一书的"法律制度与经济结构"一章中说明他的一个目的，那就是证明，"物种存续是每个社会秩序必须的自然法则"，对此，"马克思与恩格斯称此物种存续为生活物质条件的生产与再生产"，换句话说，抓住生产方式才

---

① P. J. Kain, *Marx and Ethics*, Oxford: Clarendon Press, 1991, pp. 29 – 30.
② R. Schlatter, *Private Property*, London, UK: George Allen & Unwin, 1951, p. 274.
③ R. N. Berki, *Insight and Vision*, London: J. M. Dent & Sons, 1983, p. 28. 这个说法虽然还有些草率，但大致指出了这个文本误区。
④ Norman Geras, "The Controversy about Marx and Justice", *New Left Review* 1985, NO. 150.
⑤ J. Marx Daly, *Justice and Dialectic*, Greenwich Exchange, London: New Left Rev Ltd. 1996, p. xiii.
⑥ G. Paul Peterson, "Karl Marx and His Vision of Salvation: The Natural Law and Private Property", *Review of Social Economy*, London: New York: verso 1994. NO. 3.

第三章 政治经济学批判与"法"的观念重构

是理解社会的根本,所以,要能够对"现时代法律制度有一种洞察力,财产权仍是根本制度"。但是,如今"享有自己的财产(财产权—引者注)就变成了不断地占有他人劳动成果,它成了一种占有剩余价值的资格,把全部社会产品作为利润、挚息和租金在懒惰阶级中分配,而仅仅分给了劳动阶级一点生产与再生产的必需品",这些现象"都被马克思洞穿",所以,在马克思的思想内涵中,财产权变得反社会了。① 进一步来看,卡尔·伦纳将法律置放到经济以及社会中加以理解,这与上述认同"马克思与自然法相适应"的学者走了不同的思考路径,后者的自然法观念恰好是卡尔·伦纳的经验实证方法要加以拒斥的,由此他开启的是"马克思主义法学实证化"的道路。另一位引起学术界关注的则是苏联法学家帕舒卡尼斯。在他看来,应当将法的概念放在现实的生产实践中加以理解,因为这能够展现交换关系和相关活动的全部丰富的内涵,宁可展现法律概念与特定历史时期的相关性,也不愿意提供关于外在权威规范的空洞的陈词滥调。② 他将法律与商品交换紧密的关联在一起加以讨论,抓住法律形式植根于社会的经济组织来阐释法,所以,"推翻法律形式不仅依赖于超越资本主义社会框架,还要从它的残余中解放出来"。③ 很显然的是,无论卡尔·伦纳还是帕舒卡尼斯都会将自然法看作是与历史唯物主义的政治经济学批判相违背的"抽象观念",从而给予否定。帕舒卡尼斯的澳洲研究者迈克尔·黑德(Michael Head),明确地认为帕舒卡尼斯把法律看作是阶级利益冲突的产物,"这一观点基本上是实证主义的观点,因为法律被看作是国家的意志"。④ 从《资本论》

---

① [奥]卡尔·伦纳:《私法的制度及其社会功能》,王家国译,北京:法律出版社2013年版,第73、270—271页。
② [苏]帕舒卡尼斯:《法的一般理论与马克思主义》,杨昂译,北京:中国法制出版社2008年版,第10页。
③ [苏]帕舒卡尼斯:《法的一般理论与马克思主义》,杨昂译,北京:中国法制出版社2008年版,第17—18页。
④ [澳]迈克尔·黑德:《叶夫根尼·帕舒卡尼斯》,刘蔚铭译,北京:法律出版社2012年版,第207页。

交换理论入手更加确证了人们对于马克思法理论的实证化理解，在马克思那里文本的支撑显而易见，"法的关系是一种反映着经济关系的意志关系。这种法的关系或意志关系的内容是由这种经济关系本身决定的"。①

二、"自然法"的两个向度

通过对西方学术界关于马克思与自然法之间关系的梳理，使得我们处于一种"两难"的境域，至少第一种的合理性在于，从一种更高的自然法原则能够对现今资本社会所建构的原则给予规范性的批判，看起来可以达到对实在法变革的作用，比如，资本家本身违背了"按劳分配"，但这又仅是一种"外在批判"。第二种虽然是基于"内在批判"，它认为法律与生产方式相一致是正当的，资本建构中衍生出的"实在法"便获得了自始至终的存在条件。但是，这样一来，实在法又失去了变革的"道德"力量，作为财产私有观念框架内的自然法恰恰正当化了为资本主义社会权利结构运行保驾护航的实在法。那么，如何拆解这种理解难题？我们尝试将《资本论》中马克思最为看重的"拜物教批判"的方法论引入，以此作为理解"自然法"的基本阐释框架。

依据马克思的文本，早在马克思"波恩笔记"中已经摘抄了德布洛斯的德文词"Fetishismus"（拜物教）。不过，对拜物教批判思想集中成熟的表达应该在《资本论》的第一卷及其手稿之中。在以往的学术界研究中，人们更多地注重"错认"意义上的拜物教，即马克思在《1857—1858年经济学手稿》（手稿后半部分）的"Ⅲ.资本章"中对以往"经济学家""根据某物的自然属性来确定它是固定资本还是流动资本所遇到的困难"，马克思将他们的"错认"做了这样的概括，这些经济学家"把人们的社会生产关系和受这些关系支配的物所获得的规定性看作物

---

① 《马克思恩格斯文集》第5卷，北京：人民出版社2009年版，第103页。

第三章 政治经济学批判与"法"的观念重构

的自然属性,这种粗俗的唯物主义,是一种同样粗俗的唯心主义,甚至是一种拜物教,它把社会关系作为物的内在规定归之于物,从而使物神秘化"。① 这里面有一个明确的界划,对于那些受"社会生产关系支配"的"物",马克思用的是德文"Sache",这是一种关系支撑起来的"事物",在商品社会中,便体现为商品关系支撑起来的"物",从而"物"仿佛内在具有"商品关系"的假象(Schein)。真实的逻辑发生恰是如此,人们将这个假象(Schein)误认是"物"内在的"实体性存在"。概而言之,所谓事物(Sache)就是商品交换化了的物(Ding)。所以,马克思在《资本论》第四十八章的"三位一体的公式"总结性地指认,"资本不是物,而是一定的、社会的、属于一定历史社会形态的生产关系,后者体现在一个物上,并赋予这个物以独特的社会性质"。② 那物(Ding)又该如何理解呢?这是一个与马克思强调的社会关系之物,即"事物"(Sache)相对应的词,表示是物本身的物的自然属性。③

上述两个德文词的区分,按照笔者的理解,通向瓦解"个人现在受抽象统治"的整体逻辑,这是马克思 1845 年以后思考的元问题,其中作为主导原则的资本逻辑生成,则可以转化对"Ding"如何"Sache"的追问?只有深入分析这个过程才能够说清楚整个社会的颠倒机制。回答问题之前,先借助平子友长对事物化的概括来讨论,这是"人(或主体)的社会关系被表现为事物(Sache),进而个体社会关系的人格方面被翻转为事物的方面,而对象(或者一个客体)在此范围内被决定为事

---

① 《马克思恩格斯全集》第 31 卷,北京:人民出版社 1998 年版,第 85 页。
② 《马克思恩格斯文集》第 7 卷,北京:人民出版社 2009 年版,第 922 页。
③ 国内学术界对于"Sache"与"Ding"的界划在近几年才刚刚意识到其意义,当然这受益于日本学术界广松涉以及平子友长的研究。以往忽视这种界划的原因大概来自三个方面,第一,中文版的《马克思恩格斯全集》不加区分,一并翻译为物;第二,对黑格尔精神现象学乃至整个德国古典哲学中对两者区分没有足够重视;第三,对近代以来的日本哲学界相关成果缺乏关注,比如西田几多郎已经意识到"事"给予"物"的观念。参见[日]藤田正胜:《西田几多郎》,吴光辉译,石家庄:河北人民出版社 2011 年版,第 95—113 页。

物，被视作事物的社会关系的承载者"。① 也就是说，这里已经将上述问题中的拜物教原先仅有的"错认"意义转变为追问"Ding"如何"Sache"的存在论机制的秘密，这种转变也通向了我们对"唯物主义"本身的"物"的重新理解，将关注定位为"事物"（Sache）。那么，这个存在论机制是如何发生的呢？在马克思看来，一个商品无论你如何颠来复去地看，作为价值的物（Sache）难以理解，但是，它又是带有感性的东西，这种价值绝不是马克思自己的虚构和编造，商品只有作为这种劳动的一般，方具备了"社会规定性"。马克思在《资本论》中通过价值形式的四种类型，已经"历史地"展示了"货币现在是一般形式上的独立化的交换价值"，从而，"货币从它表现为单纯流通手段这样一种奴仆形象，一跃而成为商品世界中的统治者和上帝。货币代表商品的天上存在"。② 整个货币构成了自身的共同体，它不能容忍任何其他共同体凌驾于它之上。在商品世界中，商品的共同体之所以能够独立于人，具有宰制人的能力，是以人们被彼此分离又以"价值"链接加以确立的。每个人自身生产的"使用价值"意图要成为他人的"使用价值"，而不是为了自己，这仿佛成为了一个"人人为他人"的生产机制。商品世界是使用价值与交换价值的对立，具体劳动与抽象劳动的对立，最后展现为人与人之间的对立。显然，这就是借助了"抽象的观念"，即"价值"社会实现了异质性"Ding"到同质性"Sache"的转化，仅仅有这种"价值"还不足以完成整个过程，它还需要进一步的法治支撑，"契约这一法律制度乃是资产阶级革命的动力"。③

那么，事物化（Versachlichung）的整个过程中，实质上必然催生出为从"Ding"到"Sache"转化所需要的理性、契约、个人权利、私有

---

① ［日］平子友长：《黑格尔〈精神现象学〉中的"Versachlichung"和"Verdinglichung"》，载《社会批判理论纪事》，南京：江苏人民出版社2013年版，第203页。
② 《马克思恩格斯全集》第30卷，北京：人民出版社1995年版，第171—173页。
③ ［法］泰格：《法律与资本主义的兴起》，纪琨译，上海：学林出版社1996年版，第203页。

第三章 政治经济学批判与"法"的观念重构

财产权等一系列现代法哲学需要提倡的观念,人(Person)与人(Person)的直接关系被高度抽象化、统计化、程序化,这也意味着对个体的活动评价所依据的标准不在于自己,而是要依附于他身处的物质法则以及相关的社会要求和期望,这便形成了一种社会所定向的自动作用。① 这种"定向的自动作用"慢慢在人们的意识中将其从特定历史阶段的事物化了的社会结构中抽离出来,看作是一切人类社会的"永恒"的、"自主"的规范原则从而被"自然化"为"自然法",这样一个过程,实质上就是马克思所说的物化(Verdinglichung)的过程。所谓"物化"简单一点说就是将事物化"假象"进行再次"颠倒"的过程,即它的运作机制是从"Sache"到"Ding",即将特定事物化了的社会结构所赋予的关系看作是物本身的自然属性,即"历史自然化"的思维方式,按照平子有长的说法就是,"被物象化了的社会关系被表现为对象自身固有的自然特征","借此所有关系规定的痕迹都被抹去了"。② 自然法正是一种物化(Verdinglichung)的结果,但是,人们却将构成自然法的历史条件"抹去"以此构成了一个"自然"的前提,从而构成对现有的事物化了的社会结构的"辩护",从现代政治(法)哲学的自然法"证成"的谱系可以一目了然。洛克以劳动来为私有财产论证,如其在《政府论》中的阐释,每个人都有自己的身体,这种身体是我的,而身体的运动又是一种劳动,这种劳动也是我的。从而,任何物只要是他对其注入劳动,包括移动,该物都是他的财产。诺齐克则在《无政府、国家与乌托邦》一书中认为,我想要一种东西,需要将其表述为我有要这种东西的"权利"。那么,要"证成"私有财产,就要指明私有财产是一种我的自然的权利。柯亨在《自我所有、自由和平等》中将这个论证推进为

---

① [德]阿诺德·盖伦:《技术时代的人类心灵》,何兆武译,上海:上海世纪出版集团2008年版,第132页。
② [日]平子友长:《黑格尔〈精神现象学〉中的"Versachlichung"和"Verdinglichung"》,载《社会批判理论纪事》,南京:江苏人民出版社2013年版,第203页。

"自我所有权"的论证,这些统统都借助了自然法。这种物化了的自然法构成了对"私有财产权"辩护的基本观点,说得更直接一点,自然法不过是现代资本社会的"事物化结构"的观念"假设",并没有一个原初的自然法则。"同吉尔巴特一起说什么天然正义,这是毫无意义的",这就是说,讨论在一个事物化社会结构中的"正义""道德"等自然法原则时,"法的关系正像国家的形式一样,既不能从它们本身来理解,也不能从所谓人类精神的一般发展来理解,相反,它们根源于物质的生活关系,这种物质的生活关系的总和。"①

现在我们应当明白,卡尔·伦纳与苏联法学家帕舒卡尼斯确实抓到了问题的实质,将自然法置放到政治经济学的语境下理解,从而认为,消解掉这种经济语境,实质上就是力图摆脱私有财产权框架,即自然法的存在条件一旦消失,其自身也失去了存在的必要性,不过,他们没有注意到事物化存在的现实性力量。而汉斯·凯尔森、欧鲁菲米·太渥、保罗·菲利普斯等认为,马克思一生贯穿着自然法观念,这便是一种严重"物化"意识的"错认",遗忘了事物化的存在论根基,遮蔽了自然法的"财产权的框架"。在马克思看来,在私有财产权框架之内来谈论自然法本身就是最大的非自然,他意图突破、拆解这个框架,从而在当代西方法哲学之外谈论自然法,依此运思路径,才是当下建构马克思法哲学最为核心的方法论原则。

三、自然法的现实呼唤

上述拜物教批判内在的两个维度,即事物化的存在论维度与物化(Verdinglichung)的认识论维度,已经能够阐明自然法的观念只能是在财产私有的事物化社会结构中才可以谈论,并且人们会以物化思维将其在一切社会永恒化,这和法律拜物教、正义拜物教一样的逻辑,或许可

---

① 《马克思恩格斯文集》第 2 卷,北京:人民出版社 2009 年版,第 591 页。

以称之为自然法拜物教。所以，诚如金里卡对"正义"的看法大致指向了自然法的实质，"正义远非社会制度的首要品质，相反，真正优良的共同体根本就不需要正义，正义有其意义仅仅因为我们处于'正义的条件'之中，正是这样的条件产生着只有通过正义原则来加以解决的冲突"。①

那么，对于当下人来讲，无疑，作为自然法的条件的资本逻辑依然占主导的原则，事物化的社会结构正在形塑人们的基本生存方式。如果过于完全立足于对事物化的解构、瓦解资本逻辑的思考路径去"彻底否定自然法"，即得出"马克思没有自然法观念"，而将对"实在法"的变革寄托为对生产方式本身的革命，这样一来必然与当下的法治社会实践建构有着某种"断裂"。从另一极来讲，如果将马克思完全置放到"自然法传统"中，那么将抹杀一种在财产私有框架之内谈论的自然法观念与一个要突破财产私有框架的马克思之间的异质性，换句话说，将马克思与自由主义法学完全同质化理解，这对马克思法哲学建构来讲是致命的错误。由此，如何能够在政治经济学语境下批判自然法观念，从而明晰"实在法"确立的法理念的前提限度，又能够借助当下事物化所催生的自然法概念，为市场经济发展所需的实在法建构提供原则，总之，绝不能"去辩证法"地将马克思理解为对一切财产私有框架之内谈论的自然法观念给予统统拒斥，毋宁说，从当下中国特色社会主义法治建设来讲，建构一种马克思主义的自然法，即一种"后自然法"的观念正是"辩证法"的内在要求。

一方面，事物化要求对马克思的自然法观念以一种"后"的姿态来理解，防止陷入"非批判的实证主义"。 在市场经济生活中，资本本身不平等地获得的剩余价值本身，表明来看正是来自权利、自由，实质上这一切都是建立在工人出卖商品一样出卖自身的劳动力的基础之上。这一过程，如韦恩·莫里森所说，"它要求契约，要求一种主体性，即个

---

① ［加拿大］金里卡：《当代政治哲学》，刘莘译，上海：上海三联书店2004年版，第311页。

政治经济学批判与人的存在观念重构

人被视为单个的人而不是社会整体的一个单位。法律构成了这种主体性，并使这种经济结构成为可能。正是法学构想，提出了在其中合同得以运行的前合同规范以及全部个人主体性建构"。① 显然，事物化过程必然要求的是"对事不对人"的法制化，与先前"对人不对事"来讲，更加的"公正""客观"与"效率"。所谓**"后"的姿态**正是基于中国实践语境意图强调一种积极的姿态，即要积极倡导适合事物化过程的法治理念，特别是"法人"观念的塑造，摒弃"守法的机会主义""有钱能使鬼推磨""打官司就是打人情关系""选择性执法"等代表与法治精神相对立的一系列原则。即建立法治国家要求我们在立法、执法、司法、守法等各个领域和环节，都能够与现有的生产方式相适应，"生产当事人之间进行的交易的正义性在于：这种交易是从生产关系中作为自然结果产生出来的，这种经济交易作为当事人的意志行为，作为他们的共同意志的表示，作为可以由国家强加给立约双方的契约，表现在法律形式上，这些法律形式作为单纯的形式，是不能决定这个内容本身的。这些形式只是表示这个内容。这个内容，只要与生产方式相适应，相一致，就是正义的，只要与生产方式相矛盾，就是非正义的"。② 但是，**"后"的姿态**还应当具有另外一层含义，那就是不能完全失去了对现有正义观念的认可，必须保持一种"高位阶"的正义观念，否则，何谓良法与恶法？必须知道，此种现有的"正义"观念，始终是与市民社会的财产私有权等权利体制融贯在一起的，也就是说，权利原则是自然法理论的核心原则。从权利视野来看，马克思对于此种自然法一直保持着批判的立场，他就曾认为所谓的人权不过就是市民社会的成员的一种权利，这无非是利己的人的权利、同其他人并同共同体分离开来的人的权利。

---

① [英] 韦恩·莫里森：《法理学——从古希腊到后现代》，李桂林等译，武汉：武汉大学出版社 2003 年版，第 281 页。
② 《马克思恩格斯文集》第 7 卷，北京：人民出版社 2009 年版，第 379 页。

另一方面，陷入物化观念，将会使得人们以"道德化"方式理解自然法，但是，"后自然法"强调的是一种立足于政治经济学批判的理解方式。在资本建构的社会中，人的现实的事物化的生存方式之所以可能，除了资本逻辑之外，财产私有权观念也得到了自由主义法学的"支撑"，在这种法学观念看来，"法的发展就只不过是使得法的表现的人类生活状态一再接近于公平理想"。马克思对物化的批判分析指明，"而这个公平始终只是现存经济关系的或者反映其保守方面，或者反映其革命方面的观念化的神圣化的表现"。① 在资本为基本建制的社会中，权利与所有权是"一体"的，"所有权在资本方面就辩证地转化为对他人的产品所拥有的权利，或者说转化为对他人劳动的所有权，转化为不支付等价物便占有他人劳动的权利"。② 如上文所论，马克思对此做了拆解。物化概念揭示的正是提示人们需要将这种"权利"加以"历史化"理解，从而注重分析权利的条件，才能理解为什么马克思要消灭分工、私有财产、阶级划分等，换句话说，这些条件消失之后，人们不再需要赋予自己的思想观念"以普遍的形式，把它们描绘成唯一合理的、有普遍意义的思想"。在这个意义上，可以肯定地说，他自身有没有创造一种自身的关于"共产主义自然法"这样的观念，这注定是一个形容词悖论。因为在财产权的现有框架内，自然法不过是一种人们对"事物化"过程的"物化"意识，它掩盖了资本主义的实质，即将资本主义视为永恒的存在，原因在"经济学家"看来，"现存的关系（资本主义生产关系）是天然的……这些关系是不受时间影响的自然规律。这是应当永远支配社会的永恒规律"③，但是，一个既定的前提已经在那里，一部分人拥有生产资料，多数人却并不拥有。很显然，瓦解为资本主义体制永恒化辩护的路径不能仅仅借助一种"自然法"观念的"纠正"，而是要基于"事

---

① 《马克思恩格斯文集》第 3 卷，北京：人民出版社 2009 年版，第 322—323 页。
② 《马克思恩格斯文集》第 8 卷，北京：人民出版社 2009 年版，第 106—107 页。
③ 《马克思恩格斯文集》第 1 卷，北京：人民出版社 2009 年版，第 612 页。

物化"制度自身的内在缺陷推断出必然被瓦解的辩证逻辑。其中的一个重要原则是，自然法所吁求的法的正义、道德之实质性的达成不能局限于纯粹的"道德"领域。基于马克思的立场来看，这种"去道德化"本身就是与其对"事物化"批判勾连在一起的，"诉诸道德和法的做法，在科学上丝毫不能把我们推向前进；道义上的愤怒，无论多么入情入理，经济科学总不能把它看做证据，而只能看做象征"。① 因为，只要懂得，"现代资本家"不过是靠"占有他人无酬劳动发财致富的"，"这样一来，有产阶级胡说现代社会制度盛行公道、正义、权利平等、义务平等和利益普遍和谐这一类虚伪的空话，就失去了最后的立足之地"。② 换句话说，对于马克思来讲，真正的自然法观念实现是以消灭现有自然法存在的"事物化"这一存在论条件为前提的，不过，得记住马克思另一个告诫，"一个社会即使探索到了本身运动的自然规律"，"它还是既不能跳过也不能用法令取消自然的发展阶段。但是它能缩短和减轻分娩的痛苦"。③

第三节 政治经济学批判与"抽象"法则

与"简单的抽象"所迷恋于对交换双方内在实体之本质共同性的抽象不同，马克思以"抽象力"将社会形式赋予交换双方共同性"规定"的形式分析方法确立起来，并且将这一社会形式赋予看作是一个客观的、抽象化的过程。当人们将自己的劳动进行价值化生产的同时，便出现了"统治权力"的从属关系。由此，现代的统治转变成了一劳动便进

---

① 《马克思恩格斯文集》第9卷，北京：人民出版社2009年版，第156页。
② 《马克思恩格斯全集》第25卷，北京：人民出版社2001年版，第138页。
③ 《马克思恩格斯文集》第5卷，北京：人民出版社2009年版，第9—10页。

第三章 政治经济学批判与"法"的观念重构

入从属权力的统治关系中,使得主体与抽象社会的断裂日趋恶化。要想逃离资本主义社会赋形的统治,不能从一个否定了我们的抽象的统治力量开始思考,即不能想着一种彻底的打破"统治的一方",而是需要从"我们出发"重构劳动的生产组织形式,这一点虽然充满质疑,但依旧在规范或者"拟制"的意义上值得期待。

1872年4月8日,刚刚出版的《资本论》俄译本摆上了车尔凯索夫的书店。随后,这本被马克思赞誉为"翻译得很出色"的译本在彼得堡风行一时。在当时俄国的《祖国纪事》《欧洲通报》等报刊上爆发了围绕《资本论》的持久论争。其中,颇受马克思关注的乌克兰经济学家、基辅大学尼·季别尔(1844—1888)也参与到这场论争中,他以《李嘉图的价值和资本理论》极力论证马克思的"价值、货币和资本的理论就其要点来说是斯密—李嘉图学说的必然的发展"。此一论调在欧洲学者中颇受影响,彼时的马克思不无感慨地说,"人们对《资本论》中应用的方法理解得很差"。① 在150年之后,我们还在继续讨论《资本论》中的方法论,这是否是说,在《资本论》的理解史上从来没有人注意过方法论问题,又或者说,以往的研究依然还处于马克思的批评对象?**当然不是,恰恰相反,方法论一直作为《资本论》的"基础理论"不断得到深度精耕细作,一代又一代学人在前人基础上刮垢磨光**。从早年的先辈鲁宾、帕舒卡尼斯、罗森塔尔、伊利延科夫、索恩雷特尔,再到如今依然对汉语学术界影响较大的广松涉、约翰·阿瑟、斯密斯、史蒂芬·夏比诺,乃至霍洛威、哈特、奈格里等,都曾强调"方法论"对于解读马克思思想的重要意义。应该说,每一次对马克思《资本论》方法论的深化理解,都将牵引出一系列新的马克思的"拓片"样态。正是于此意义上讲,方法论的讨论就绝非是向壁虚构的问题,而是因其事关马克思思想整体性叙述旨趣的重大论题,需要不断地给予全方位、多层次的讨

---

① [德]马克思:《资本论》,北京:人民出版社2018年版,第19页。

论。从马克思自身的文本来看,曾经做过一定的提示,这应该就是进入其方法论的入口,即"分析经济形式,既不能用显微镜,也不能用化学试剂,两者都必须用抽象力来代替。而对资产阶级社会说来,劳动产品的商品形式,或者商品的价值形式,就是经济的细胞形式"。[①] 抽象力可以看作是理解其方法论的一个入口,从此出发深化下去才能够窥其方法论的实质。那么,何谓抽象力?这将进一步涉及何谓具象以及如何对具象进行抽象的能力,如果人们把具体仅仅理解为"个别的感受的事务、对象、现象、事件、个别的人,如此等等",必然是形而上学者一贯的理解方式,诸如,对感受的经验性的东西进行抽象,或者对某一事件、哪怕是某一物与它物的关系,以及对人与人进行"抽象"必然会浸染形而上学的特质,"通过在一个种类的概念中理想地使人都成为一样的方法来寻求人的本质,这是形而上学地理解一般与个别的关系造成的"。终其思路踪迹而论,形而上学进一步的根源则在于,"根据这个观点,一般实际上只是作为许多单个事物的相似之处而存在,只是作为具体的单个事物的一个方面而存在,如同那种仅仅是在人的头脑中思想,仅仅是以名称形式,是以术语的语义和意义形式而实现的东西一样,有别于单个事物本身"。[②] 那么,马克思的"抽象""统治""解放"又是在何种意义上关联在一起的?他的抽象力要避免上述形而上学式的抽象,又是如何深入到资本主义统治方式上的?这一种统治方式的突破如何摆脱既有的革命理念,并真正实现解放的可能性路径在哪里?对这些问题的探索,将会进一步深化学术界对马克思的《资本论》研究。

一、"抽象"转向与法则的呈现

列宁在黑格尔逻辑学的摘要和笔记中,曾认为参看《资本论》将能

[①] [德] 马克思:《资本论》,北京:人民出版社2018年版,第8页。
[②] [苏] 伊利延科夫:《马克思〈资本论〉中抽象和具体的辩证法》,郭铁民译,福州:福建人民出版社1986年版,第35页。

第三章 政治经济学批判与"法"的观念重构

够领会辩证法中最值得玩味的是与抽象普遍相对立的具体普遍。他在批注黑格尔时以赞叹的笔调说:"绝妙的公式:'不只是抽象的普遍,而且是自身体现着特殊、个体、个别东西的丰富性的这种普遍'(特殊的和个别的东西的全部丰富性!)!! 好极了!"① 列宁的精确之处在于,他看到了黑格尔以及马克思对于抽象的看法,均反对的是这样一种理解,即抽象是一种包含着经验的感性事物或者经验性的关系的全部特殊的丰富性的理解。我们可以按照列宁的这个提示回到马克思对于价值形式的认识上。我们知道,在交换发生的时候,"拿两种商品例如小麦和铁来说。不管二者的交换比例怎样,总是可以用一个等式来表示:一定量的小麦等于若干量铁,如 1 夸特小麦 = a 英担铁。这个等式说明什么呢?"② 我们知道,如果这种"="建立不起来,也就是没有一个可通约的量支撑起两边就不可能完成此种交换关系,那么,这种"="是依靠等式两边的何种属性呢?依照一种流俗的抽象方法,则是认为等式的两边必须存在一种相同的、并且是两者所内在具有的某种自然属性(natürlich)。例如,都具有某种"物质",这种物质在质上是一致的,只存在于量的大小。其中,这个"="的抽象物既存在于等式左边,也存在于等式的右边。这里面实际上蕴含着马克思抽象思维方式的变革,这种变革性广松涉早已经指明了,"为了正确理解马克思解说的'价值'的存在特性,确切地理解为什么说他开拓了超越哲学史上'唯名论 VS 唯实论'这一重大问题的对立争论的新地平"。③

回顾对于这个通约性"="等式的理解,存在着比较流行的一种看法是,将"="等式的成立奠基在一种内在尺度和实体的劳动之上,这便是我们都比较熟悉的,诸如李嘉图为代表的古典政治经济学家的看

---

① [苏]列宁:《哲学笔记》,北京:人民出版社 1974 年版,第 98 页。
② [德]马克思:《资本论》,北京:人民出版社 2018 年版,第 50 页。
③ [日]广松涉:《〈资本论〉的哲学》,邓习议译,南京:南京大学出版社 2013 年版,第 67 页。

法。他们将"＝"等式两边的"小麦"与"铁"的通约性奠基在它们各自之内在的、生产该物所耗费的劳动时间之上，将能够交换的"＝"等式可能性的那个东西嵌入到物内在的属性之中，这是李嘉图等人的抽象，而且这种抽象也是很多庸俗经济学家们同样所能够达到的抽象思维层次。关于这一"实体"性的抽象认识，在广松涉看来，误解实体是理解马克思商品价值概念中普遍出错的"抽象"方法。依据他的理解，马克思的"同一性"或"＝"等式可能性本身不是价值，而是把使用价值转化为价值的东西。所以，"实体"的抽象方法肯定是错失了思考的方向，也就是说追问"具有作为'共同原因'的客观同一性"①，这是至关重要的一个转向。诚如马克思自己所论，"要使麻布的价值表现为人类劳动的凝结，就必须使它表现为一种'对象性'，这种对象性与麻布本身的物体不同，同时又是麻布与其他商品所共有"。② 抽象并非是思考麻布或上衣内部所具有的"共同性"，而是思考使得他们拥有这种共同性的可能性的原因是什么，这便是马克思的抽象。应该说，正是这一抽象使得他与古典政治经济学的思考视角完全不同，"政治经济学曾经分析了价值和价值量（虽然不充分），揭示了这些形式所掩盖的内容。但它甚至从来也没有提过这样的问题：为什么这一内容采取这种形式呢？"③ 如果我们可以看到 1 夸特小麦 ＝ a 英担铁，"这两者都等于第三种东西，后者本身既不是第一种物，也不是第二种物"，"这种共同东西不可能是商品的几何的、物理的、化学的或其他的天然属性"。④ 那么，这种"第三种东西"既然是抽象最需要把握的东西，又不能像简单的理性抽象那样，可以直接从"＝"等式两边直接抽象出某种共同的"本质"，这样一来，抽象这个词无论如何与"纯粹思维"的抽象出来的内

---

① ［日］广松涉：《〈资本论〉的哲学》，邓习议译，南京：南京大学出版社2013年版，第75页。
② ［德］马克思：《资本论》，北京：人民出版社2018年版，第65—66页。
③ ［德］马克思：《资本论》，北京：人民出版社2018年版，第98页。
④ ［德］马克思：《资本论》，北京：人民出版社2018年版，第50页。

第三章 政治经济学批判与"法"的观念重构

在本质完全不同起来,这种共同东西的追问已经被借助于对"共同性的可能性的原因"的考察,并开始从自然属性转向了对社会关系建构出来的"共同性"方向转移。

但是,这种抽象为什么与"纯粹思维"的抽象不同,除了上述抽象出来的是"第三者",而非第一与第二之间共同的、具有自然属性的本质之外,还体现为这一抽象是客观的存在,它绝不是一种观念的存在物。表面看来,每天"要按商品所包含的劳动时间来衡量商品的交换价值,就必须把不同的劳动化为无差别的、同样的、简单的劳动",好像都是在进行一种抽象,然而,"把一切商品化为劳动时间同把一切有机体化为气体相比,并不是更大的抽象,同时也不是更不现实的抽象"。① 所以,我们可以从中看到马克思是想借助抽象,进一步去把握蕴含在资本主义生产关系中的强制性、客观性。也就是说,他要求人们在进行抽象时,特别从"每一个个别的现象获得自己的特殊规定性所在的和所借助的这个具体体系中的地位和作用出发来进行研究的"。② 虽然在表面看来,马克思研究的是一个作为特殊的具体,实质上,他是想通过具体来给人们呈现出具体为何如此这般的表现,所以,我们才能够理解为什么马克思指认具体时特别强调其所处于普遍的相互关系之中,以及这种关系所浸染的特定的社会属性。这看起来的确有些奇怪,居然研究具体不从具体开始,反而要求将具体内在本质的一切撤开,进一步从具体之外开始。正如我们上面在分析"抽象"转向时所谈到那样,这是要将等式两边的具体撤开去寻找第三者。这第三者给等式两边的物"赋予"规定性。但是,这种规定性绝不是理念的规定,而是社会关系所"赋予"的。其实,对于马克思来讲,不仅人们将价值这种社会关系的塑造赋予物,其实,它也赋予感情、认识等,"正像人的对象不是直接呈现出来

---

① 《马克思恩格斯全集》第13卷,北京:人民出版社1962年版,第18—19页。
② [苏]伊利延科夫:《马克思〈资本论〉中抽象和具体的辩证法》,郭铁民译,福州:福建人民出版社1986年版,第71页。

的自然对象一样，直接地存在着的、客观地存在着的人的感觉，也不是人的感性、人的对象性"。① 如广松涉所认为的那样，这正是马克思天才的地方，他已经完全将一切存在都以"社会的形式"表现出来作为认识的起点了，"将认知置于认识主体的历史的、社会的'被抛性存在'中来把握"。②

但是，这一点在商品社会中要能够把握住并不容易，因为，人们总是将在特定社会形式中（资本主义社会）所呈现出来的特质看作是一种自然属性，看作是物内在的固有本质。由于人们依然不明白抽象是对"社会规定"的把握，并非是对物内在的本质抽象，于是，便出现了对抽象的错误理解，导致了对资本主义做了永恒性的误认。作为后者的抽象一直贯穿在经济学家们的论证方式中，"他们认为只有两种制度：一种是人为的，一种是天然的，封建制度是人为的，资产阶级制度是天然的"。③ 马克思嘲笑这种抽象的经济学家们说，"自以为有深刻的批判力"，但却发现，"物的使用价值同它们的物质属性无关，而它们的价值倒是它们作为物所具有的"④，这就是他们所具有的抽象能力所决定的，他们总是想着从物质的内部去寻求"共同性"，也同样便轻易地将社会赋予的"共同性"内化为物内部的本质。正因为社会都是作为特定社会形式呈现出来的社会，因而赋予物的也是具有特定的具体特质，现在却被看作是物普遍、抽象的本质特质，显然这就是马克思要批判的拜物教思维。也可以认为，拜物教思维就是简单的"抽象"思维。当然，这些思维并非是主观的选择，而是资本主义社会必然要呈现出这一社会特质的"自然属性"，从而在人们的思维中也跟随如此而已。对此，索恩·雷特尔已经详细地论证了"一种源自社会存在的意识形成是以一种作为

---

① ［日］《马克思恩格斯全集》第3卷，北京：人民出版社2002年版，第326页。
② ［日］广松涉：《马克思主义的哲学》，邓习议译，南京：南京大学出版社2019年版，第232页。
③ ［德］马克思：《资本论》，北京：人民出版社2018年版，第99页。
④ ［德］马克思：《资本论》，北京：人民出版社2018年版，第101—102页。

社会存在之一部分的抽象过程为条件的",此种社会存在的抽象,即"商品抽象的本质是,它不是由思想家创造出来的,它的起源不在人的思维之中,而在人的行动之中"。① 说白了,在一个劳动已经普遍价值化了的"行动"之中,人们的思维自然会以此种"抽象"的方式呈现,而马克思在《资本论》中对 1 夸特小麦 = a 英担铁这种等式机制的分析,我们可以看出,马克思告诫人们的是,必须在抽象方式上进行转向,才能够跳出这种资本主义给予人们思维拜物教化的围城。由此,从"经济范畴人格化"的视野逃离出来首要的任务便是,进行抽象的"转向",从而坚决与认识形而上学的观点做区分。

二、主体与"抽象社会"的断裂

由上可知,马克思在《资本论》中所运用的抽象方法是对社会规定性的捕捉,那么,这种社会规定性在对物"赋予"其价值化形式的特质时,又是一个怎样的过程呢?这里先要说明的是,赋予特定社会形式的过程,也是一个"抽象"过程,马克思就曾有过个人现在受抽象统治的说法。那么,抽象作为一个客观的过程,与我们所说的经济学家们或者马克思自己所说的抽象力的转向意义上的抽象是一致的吗?后一种不是一种认识能力吗,怎么变成了客观社会的赋予形式的过程呢?确实,这是一个要交代的问题。当各种具体的劳动被抽象为人类劳动具有等同性的过程,反过来看则此种等同性成为人们对待具体劳动的支配原则。举一个例子,在现代劳动中,一个菜农对待自己的种菜劳动行为这件事情,依据的原则便是外在的劳动的"等同性",也就是我们所说的"抽象"。这种"抽象"的确如阿多诺对交换原则分析时所陈述的那样,"交换原则,将人类劳动还原为社会平均劳动的抽象的一般概念,由此,这

---

① [德] 索恩·雷特尔:《脑力劳动与体力劳动》,谢永康等译,南京:南京大学出版社 2015 年版,第 8—10 页。

是与同一化原则是一致的，在交换的时候，原则是其所依凭的社会样态，没有这个社会样态则不会产生交换。正是基于交换，非同一性的人和其产生的劳动结果变成可以通约的、同一性。这个原则的扩展将整个世界看作同一的、总体性的"。① 对于这种同一性的原则，马克思关于价值形式分析，即从"简单的、个别的或偶然的价值形式""总和的或扩大的价值形式""一般的价值形式"到"货币形式"的几个阶段分析，完全可以看作是对同一性如何建构的一种分析，而且赋予特定社会形式的抽象越来越无法认清，或者说，在客观上已经失去了对这一抽象认识的可能，"在 x 量商品 = y 量商品 B 这个最简单的价值表现中，就已经存在一种假象"，当然这种假象就是赋予特定社会形式的过程，"似乎表现另一物的价值量的物不通过这种关系就具有自己的等价形式，似乎这种形式是天然的社会属性"。② 从价值形式确实能够看到其中对于我们思维方式，特别是"物化意识"的问题，而且，只要人们"实际上还不能够使自己超过这种客体地位，他的意识就是商品的自我意识；或者换言之，就是建立在商品生产、商品交换基础上的资本主义社会的自我认识"。③ 如果再深入至价值形式来看的话，人们之所以沉陷于价值形式围城来认识我们周遭的事物，在于"当一般等价形式同一种特殊商品的自然形式结合在一起，即结晶为货币形式的时候，这种假象就完全形成了。一种商品成为货币，似乎不是因为其他商品都通过它来表现自己的价值，似乎因为这种商品是货币，其他商品才都通过它来表现自己的价值"。④ 商品的等价的价值形式不仅表现了另一个商品或其价值，还表现了这些商品和其价值之外的某种东西，即人类活动的一种形式。当说到价值形式是一种"客观的理念形式"（如伊利延科夫就持有这种观念），

---

① Theodor W. Adorno, *Negative Dialektik*, Fankfurt: Suhrkamp, 2015. S. 149.
② ［德］马克思：《资本论》第 1 卷，北京：人民出版社 2018 年版，第 112 页。
③ ［匈］卢卡奇：《历史与阶级意识》，杜章智等译，北京：商务印书馆 2018 年版，第 261 页。
④ ［德］马克思：《资本论》第 1 卷，北京：人民出版社 2018 年版，第 112 页。

是人们之间的一种确定的社会关系，这在他们看来是事物之间的关系的奇妙形式。换句话说，这里"表现"的是人们活动的形式，是人们共同实现的生命活动形式，它们完全"在意识的背后"自发形成，并且作为一种隐性原则，客观地固定在上述事物的关系形态中。① 当然社会赋予形式化并非是马克思直接批判的原因，而是这种社会本身呈现出了"同质化"的商品结构，整个社会的文化、精神状态、思维模式、政治、教育等都被裹挟同化到资本主义的生产叙事之中，所有的一切都服从于资本的增值要求和发展的逻辑。作为社会的"资本主义形式"赋予物的形式也是这些东西，而且这不是一个主观上可以任意选择是否赋予的过程，它是一种客观的强加，一个十足的"抽象的暴力"。

正如本哈比（Benhabib. S）在称赞卢卡奇时，认为其对"抽象的暴力"的看法已经说明了商品化就是抽象的过程，"所有种类的商品都可以依据商品的属性进行交换，而且人类的活动和相互关系也可以商品化，即它们也可以还原到一种抽象的对等关系中"，所谓对等就是将"="两边给予抽象，"抽象的过程就是一个社会化的过程：它不是个体主张的智力活动，而是对应于一个真实的社会过程"。② 这种抽象的过程可以集中地体现于我们的劳动行为中，诚如霍洛威所说的那样，"当我们生产一种商品时，我们生产的是在市场上出售的东西，我们在资本主义生产体系中，我们早已将这种特定社会规定熔铸在劳动行为中了"。③ 同时，这一抽象的社会化过程，还直接使得人与人之间社会性发生断裂。当我在市场上销售我的产品，并进一步购买他人的产品时，我建立了我们两个主体不同的创造活动之间的关系。但是，我们却不能直接建立社会关系。因为，这种社会关系是通过事物建立的，是事物之间的关

---

① Vesa Oittinen, *Evald Ilyenkov's Philosophy Revisited*, Helsinki: Kikimora Publications, 2000, p. 237.

② Benhabib S., *Critique, Norm, and Utopia, A Study of the Foundations of Critical Theory*, New York: Columbia University Press, 1986, p. 183.

③ John Holloway, *Crack Capitalism*, London: Pluto Press, 2010, p. 109.

系，这个事物与事物之间便是商品交换逻辑的相互表现，一物充当了另一物的价值形式。"因为生产者只有通过交换他们的劳动产品才发生社会接触，所以，他们的私人劳动的独特的社会性质也只有在这种交换中才表现出来"。① 当我看到制造我的汽车的工人建立和我的关系时，它不是一个错误或一个幻觉。我的行为和他们的行为之间的关系真的以事物之间的关系形式存在。社会关系的确以事物的形式存在。在这种情况下，汽车是汽车工人和我的活动之间的社会关系"中介"。我为汽车支付的钱也是我的行为和他们的行为之间的社会关系的"中介"。我们似乎要被限制我们的东西包围。② 可见，劳动（资本主义生产关系中的抽象劳动）建构了统治人的存在的社会关系结构。正是基于上述意义，普殊同（Moishe Postone）对统治现代人存在方式的结构做了的转换："资本主义社会统治，在其根本层面并不在于一部分对另一部分人的统治，而在于人们自己所建构的抽象社会结构对人的统治"。在此基础上，普殊同还推论出一个颇为大胆的论断："资本主义特有的社会统治形式，在根本上不是私有财产，也不是由剩余产品和生产资料资本主义所有权所导致的；相反，它建立在财富的价值形式本身上，建立在与活劳动（工人）相对立的社会财富形式上，财富的价值形式是一种结构上异己的、统治性的权力"。③ 无疑，统治从抽象视角出发，其形式便是个人与抽象的社会结构之间的对立，财富的价值形式构成了我们生活的围城。对今天来讲，这种价值形式还以一种生命政治权力的方式更深入、更全面地、也更残酷的方式，将人们的生活本身毫无死角地型塑为价值生产性的劳动。特别是在智能算法时代，自由时间越来越具有生产性，自由只是一种假象，表面上好像你在每天刷微信享受自由，但是，在这个过

---

① [德] 马克思：《资本论》第 1 卷，北京：人民出版社 2018 年版，第 90 页。
② John Holloway, *Crack Capitalism*, London: Pluto Press, 2010, pp. 109 – 110.
③ [加拿大] 普殊同：《时间、劳动与社会统治》，康凌译，北京：北京大学出版社 2019 年版，第 34 页。

程中你的主体性其实是丧失的，你刷什么不刷什么都有一种结构在支撑着你的选择。真正的自由时间是主体性诞生的可能空间。不过，如乔纳森·克拉里（Jonathan Crary）极力在《24/7：晚期资本主义与睡眠的终结》一书中所要论证的那样，现代资本主义的发展逐渐地对人的自然睡眠的时间给予挤压、缩减乃至取消，"人类生命大体上已经被裹挟进了没有间歇的持续状态，不停地运行就是其原则"。① 由此，这也给人们带来了反抗的"无目标性"，这种抽象的统治结构是"四海为家"的，它潜伏、藏匿于人们生活的各个层面，已经无法在阶级剥削或阶级统治的意义上来认识。所以，克服资本主义便是要重新整合个人与个人所造就的社会之间的断裂，"只有当社会生活过程即物质生产过程的形态，作为自由联合的人的产物，处于人的有意识有计划的控制之下的时候，它才会把自己的神秘的纱幕揭掉"。② 但这一点，由于缺乏马克思意义上的抽象力，反而因资本主义世界所显示、制造的理性不断地生产与再造出拜物教意识，从而推崇那些所谓的"简单的抽象"方式，在犬儒者们看来，人与社会的对立应当变为适应，妥协与融入将被视为成功的密码是必然的认识论结果。

三、"突破"抽象社会与守望解放

在《资本论》的分析中，马克思正是运用了抽象力（一种区别于简单的抽象）才将社会存在由于资本主义生产关系造成的"物性"特质给揭示出来。进一步地说，它也是对"物性"赋予社会存在的过程时体现出来的"抽象"进行"复盘"重叙。从而，对于抽象思维方法的分析便是对于作为统治方式的"抽象"的思考。这一点在西方马克思主义理论传统中占据着很强的理论位置。抽象的统治要描述的现象便是在资本主

---

① ［美］乔纳森·克拉里：《24/7 晚期资本主义与睡眠的终结》，许多、沈青译，北京：中信出版社 2015 年版，第 12 页。
② ［德］马克思：《资本论》第 1 卷，北京：人民出版社 2018 年版，第 97 页。

义发展进程中,"社会与自然存在的所有方面是如何被同化到一个表面仁慈但骨子里却暗含强制和均值化力量的利润动机中",这种严密的"同一性"力量不同程度地渗透进社会存在的方方面面,这样一来,如何能够从这种"抽象"的统治中撤离,便似乎毫无希望。"根据资本主义生产的那种精神麻木、虚假神圣性强加给社会的观念来思考世界的要求,将持续改变任何想在社会组织的所有层面重组和组建商业、劳动和政府这一系列结构的努力;改变任何想创造集体政治行动新形式的努力;改变任何试图解决社会的、人际间的或个人的问题的努力"。① 我们可以设想马克思面对当时的欧洲资本主义情境,他的写作难道不是从愤怒开始的吗?难道不是想改变这个世界吗?诚如约翰·霍洛威所说的那样,"当从事写作或阅读时,我们很容易忘记起点不是语词而是呐喊。面对资本主义对人类生命的残害,一声沮丧的呐喊,一声恐惧的呐喊,一声愤怒的呐喊,一声拒绝的呐喊:不!"② 今天,任何一个真诚的马克思主义研究者都不会说上述的抽象统治力量减弱了,反而是全面的加强。直白地说,我们不能否认如下事实:在这个世界,依然存在着"来自工厂直接的剥削体验、家庭中的受压抑状态、办公室的压力、饥饿或贫困的切身感受、国家暴力或歧视等直接体验。有时它是通过电视、报纸或书籍那些使我们产生愤怒的间接体验。数百万的儿童在世界各地的街头流浪。在一些城市,私人财产权的推行使得这些流浪街头的孩子成为制度的受害者。"③ 所以,我们的写作当然也包括马克思的写作都不会是针对某一个单一的事件,而是对于其背后普遍性的"机制"更感兴趣,当然后者便是上文我们努力勾画的"抽象"与统治的样态,但是,我们如何能够从这种糟糕的世界中撤离到另外一个人类存在的方式中

---

① 哈瑞·F. 达姆斯:《逃离物化的控制》,载《新马克思主义评论》第一辑,北京:中央编译出版社2012年版,第292页。
② John Holloway, *Change the World without Taking Power*, London: Pluto Press, 2010, p. 1.
③ John Holloway, *Change the World without Taking Power*, London: Pluto Press, 2010, p. 1.

第三章 政治经济学批判与"法"的观念重构

去呢？

在西方激进左翼批判理论的视域中，至少已经逐渐地放弃将危机视为革命契机的传统危机观。在他们看来，旧有的马克思主义者们有很多不同的视角去阐释这一观点，但基本上秉持这一观念。他们宣称当资本主义大危机到来，革命将有可能随之而来：经济危机将进一步激化阶级斗争，如果由有效的革命组织来领导，那么革命则有可能实现。这一方法把危机理解为经济危机，而不是将其理解为与主体斗争的事情，或者说，不是理解为阶级主体对自身的斗争，以及资本和反资本的相互排斥，从而去迫使资本重构其自身的控制力或直接失去控制力。① 在学术界的一些坚守危机崩溃的流行观念中，或者说判定是否坚守了历史唯物主义观点的判定中，也存在将资本的自否定，即将资本的内在结构固有的不可克服的矛盾作为分析当代资本主义的唯一原则，将资本与主体做了分离的认识。在资本的世界自行崩溃之外，主体能够做什么？要知道，抽象的世界不是外在于人的世界，它只是表现为在人之外统治人的力量。我们知道，对于马克思来讲，这个抽象的世界本身就是人的实践活动的"生成物"，是人自己的"杰作"，这一点在《费尔巴哈提纲》中已经讲得够清楚了。在历史唯物主义的世界观中，资本完全依赖于劳动而存在，而非劳动单一地依赖资本而存在，资本主义依赖人类劳动向价值化的生产劳动转变。由此，人们对待危机的原因也应该有所调整，"到目前为止，我们所有的争论都在告诉我们不可能是这样的。我们，只有我们，而不是资本家，是危机的原因。资本是一种从属的关系，它推动我们生活的方方面面都服从于资本的逻辑。如果它是处于危机之中，那也是因为我们的不服从所推动的，因为，我们对资本逻辑说'不，再也不'"。② 一方面我们需要将"抽象的社会"的统治中资本关系、价值关系看作并非是完全独立于自我（虽然它表现为人无法掌握）；

---

① John Holloway, *Change the World without Taking Power*, London: Pluto Press, 2010, p.204.
② John Holloway, *Crack Capitalism*, London: Pluto Press, 2010, p.250.

另一方面，当我们将资本的世界与主体看作是一个"关系性"的存在时，也应该以一种动态的方式来理解价值形式的抽象对人的存在的建构过程。价值抽象化的过程，就是我们对价值、对资本主义生产关系结构的从属过程，也就是说，当人们将自己的劳动一开始进行价值化生产的时候，这里便出现了"统治权力"的从属关系。在加速社会这一点表现得更为尖锐，人们的从属的被动性完全变成一种积极的主动，加速要求我们使自身的劳动从属于社会必要劳动时间，由于生产任何商品所需的社会必要劳动时间的减少，这也同时要求我们劳动和价值生产的节奏的更加迅速，从属关系更加急迫。

当然，我们不能完全同意西方激进左翼对于资本主义危机的理解。资本与主体应该放置在一种相互关联的视角加以理解，确实为我们思考解放提供了一种希望的方向。"要改变世界，我们就需要消除这些东西的'物性'的性质（the thing-ness of these things），把它们理解为社会关系，把它们理解为我们社会主体性、我们的行为存在的形式"。① 诚如我们上文分析的，由于抽象统治打破了原先的统治结构，那么我们抵抗的方式也随之得以改变，传统的方式总是"我们反对他们"，而现在应该是我们改变我们自己的行为。在这样一个资本化、价值化的世界之中，我们才是唯一现实的创造力量，霍洛威曾举了这样一个颇为有趣而恰当的例子："我们犹如陷入蜘蛛网的苍蝇，我们从一团糟开始，因为没有其他地方可以开始。我们不能假装从外在于自己体验到的不适感开始，因为这样做将是一个谎言。苍蝇被困在一个我们无法控制的社会关系网，我们只能尝试通过攻击禁锢我们的绳子获得自由"。② 显然，要想逃离资本主义社会赋形的统治，不能从一个否定了我们的抽象的统治力量开始思考，当然也不能想着一种彻底地打破"统治的一方"。因为统治不再是有一个聚集点，它已经分散，只要有价值化劳动存在着的地方，

---

① John Holloway, *Crack Capitalism*, London: Pluto Press, 2010, pp. 109–110.
② John Holloway, *Change the World without Taking Power*, London: Pluto Press, 2010, p. 4.

第三章 政治经济学批判与"法"的观念重构

这种抽象的统治从属关系就存在着。即使在这种从属关系中我们感受到的是一种"主人",但实质依然是"奴隶",我们要抵抗的是一个系统,而不是某个"点位"。在法国五月风暴之后,欧洲的社会运动理论家们在反思原先革命的方式基础上,一再提出这样的问题:革命之后,价值化的生产方式可以直接消除吗?如果没有,那么,我们依凭什么说我们已经打破了人的从属关系?所以今天的革命方式更迫切的任务是思考行之有效的抵抗抽象的统治体系问题,这不是降低了革命的任务,反而是将革命的任务提升了。

那么,我们从什么地方开始呢?也就是说,如果我们可以依靠自身主体的抵抗,要重新塑造自身的劳动形式,让劳动从价值化的沉重负担中走出来,那么,又如何能够有效地组织,使得生产是高效的?高效的生产在现代人的视野中,资本是唯一的动力与组织方式,它必然依靠日益精细化的劳动分工,从而主体便被切割为"标准化"的各种符合分工化的"肢体"。由此来看,除了在突破马克思在分析价值形式里面所分析的内容,即对资本主义社会结构中劳动与劳动资料的分离问题的批判之外(指向所有制的批判),还必须重新思考劳动的有效推动力问题。关于这一点,马克思给过一个构想的方向,他认为,"协作这种社会劳动生产力,表现为资本的生产力,而不是表现为劳动的生产力"[①],也就是说,协作这种劳动社会生产力已经被遮蔽了,人们只能看到所谓的资本推动生产力,并且将之看作唯一的形式,这是拜物教思维的凸显。如何重新推动生产力的发展,又不会使得劳动发生物化,这看来变成了一个建构未来社会的核心困难,乔纳森便在这个意义上认为共产主义在本质上还是一个如何组织劳动有效生产的问题。[②] 因而,这种组织生产的模型一直被西方左翼学者不断地加以构想,诸如"共享"等。其实,

---

① 《马克思恩格斯全集》第32卷,北京:人民出版社1998年版,第295页。
② [英]乔纳森·沃尔夫:《当今为什么还要研读马克思》,段忠桥译,北京:高等教育出版社2006年版,第70页。

"共享"并非是它已经坐实为我们真正能够有效解决对未来构想的方案,而是它提供了"维基百科"式制度设计所体现出来的理念:首先,它是非市场的、自愿性的,"它的各项活动仍没有直接地给予任何人一分钱的利润,购买系统硬件以及支付少数技术人员所需要的费用,也都是由维基基金委所提供的,这个组织主要是由维基团体捐献资助的";其次,它还是完全开放、平等参与的生产模式;再次,生产贡献者之间直接审议式的互动,没有所谓的对条目的控制权这样的中介存在,权力在整个维基式生产中是被消除的;最后,为了防止某些编辑者随着名声的提升而出现破坏规则的情况,也存在一个拟行政的解决争端的机构,不过是按照公开民主的过程来进行的。① 虽然看起来,在资本所有制的控制之下,劳动生产的协作模式被重组的可能性很小。但是,当生产模式重组的确带来了资本推动生产的同样效果时,一个新的社会的可能性至少呈现出来的不同的方向,这确实对处于在残酷的现代生存中解放的守望者们来讲,必然带来一些超越个人主义式的新希望。对此,我们从马克思在《资本论》的文本中,也完全可以拓展出这一方向。

---

① Erik Olin Wright, *Envisioning Real Utopias*, London: Verso, 2010, pp. 195 – 198.

第四章　政治经济学批判与当代人的文化观念

第一节　现代世界与传统价值观念重估

在学术界,今天的儒学已经不再是唐君毅先生曾说的"儒门淡薄,花果飘零"的状况,有学者说至少呈现为"十大表现":"大量儒学论文、专著、系列丛书、杂志期刊的出版""孔子铜像、儒家人物铜像遍布各地";等等。① 也正是在这种背景下,"如何在批判扬弃的基础上创造性地转化文化传统而不是全盘否定文化传统逐渐成为人们对待传统文化更为基本的态度"。在此基础上审理儒学与现代性的遭遇,有部分学者做出了客观的学术成果评价。② 但是,也存在另一个儒学研究的动向,那就是对"文化传统"的"创造性转化"重视不足,而是直接以一个未经反思与勘定的"儒学"直面全球化与现代性语境中"中国文明"发展中的种种问题。"要从中华五千年的优秀传统文化中汲取营养",而非所

---

① 吴光:《中国当代儒学复兴的形势与发展方向》,载《杭州师范大学学报》2011年第1期。
② 李翔海:《世纪之交中国大陆的现代新儒学研究:回顾与展望》,载《江海学刊》2006年第1期。

有的儒学内容被直接吸纳，也就是说，"儒学复兴"的流行本身需要加以反思，所以，我们应该切入中国社会的"古今"之变，来"批判性地反思"并审理汲取"儒学"的价值。必须承认，如今，人们的生活世界多少沾染了"资本逻辑"的影子，我们知道，资本逻辑往往会将生活世界裹挟成为一个"伪具体的世界"，即被资本所"操持与操控的世界，亦即人的拜物教化实践的世界"。① 在这样的生活世界中，人们对于事物、意义和人与人之间关系的理解往往会将其从社会属性中抽离出来加以认知，从而将某些"旧观念"视为优秀传统而认定其具有某种"永恒"的社会价值。正是基于这种社会现实，我们必须思考这样一些问题以帮助儒学优秀的价值真正走向当代，本章试图借助马克思对待传统的"幽灵"（Gespenst）与"精神"（Geist）的两者诠释方法来勘定儒学复兴，试图回答我们到底是以一种马克思幽灵的意义上的"幽灵"姿态来对待儒学还是以"精神"的方式理解传统文化，从而追问在中华民族哲学未来形态的生成中寻求何种意义上的"思想资源"，真正汲取中华民族优秀传统文化。

一、"特定思想"与普遍意义

当我们将马克思对待传统的"幽灵"面相的理解带入儒学复兴思考之前，先看儒学研究者自身如何理解"儒学幽灵说"。② 这主要源自于列文森在《儒教中国及其现代命运》中所给出的一个极其富有争议的结论，"旧有的儒家与君主制之间的紧张关系消失了。然而，正是这一消失把残存者带向了死亡，因为幽灵般的君主制与幽灵般的儒家在枯萎中

---

① ［捷克］卡莱尔·科西克：《具体的辩证法——关于人与世界问题的研究》，傅小平译，北京：社会科学文献出版社1989年版，第2页。
② "幽灵说"，依照学术界一般看法是因德里达《马克思的幽灵》一书而受到关注，其实早在马克思文本中已经有所阐述。后文会介绍这是马克思论述传统的重要方法论，即如何摆脱传统这一幽灵（Gespenst），并呼唤理论的"精神"（Geist）面向。

第四章 政治经济学批判与当代人的文化观念

最终联合了起来，它们虽然彼此不再干扰，但生活也同样不再干扰它们，它们已成了博物馆的老古董"。① 这里按照列文森的看法，儒学之所以走向"幽灵"是因"君主制"这一政治体制的丧失。对于此种看法，杜维明、张灏、林毓生等均试图对"幽灵说"进行反驳。② 不过，以杜维明为例来讲，他做出的结论在当时实际上是"悲观"的："现在大陆的年轻知识分子第一个困境就是，他们所能看到的、所知道的、所熟悉的和传统有联系的，都是他们所不要的"，而认为，"只有从西方才能找到救中国的路"。③ 然而为什么，一些年轻人乃至中国一些思想者都自愿地断定儒学成为了一种"幽灵"或者是"博物馆化的物件"？杜维明认为，这主要来源于人们的一种"怀有敌意"的描述："儒家对权威的重视已经成为一种压制："抬高过去压制现在、抬高家庭压制个人、抬高君主压制臣下、抬高男性压制女性、抬高老年人压制年轻人"。④ 换句话说，在杜维明看来，将儒学与封建主义的政治权力私有化之间捆绑太紧，是造成"儒学幽灵说"的根本。

显然，拯救儒学必须要正视的问题是，儒学与今天现代性浪潮如何能够合拍？那么，儒学复兴者的学术劳作便是思考"儒学与现代性"这一主题。大体来讲是将诸如民主、正义、女性主义、后现代主义、自由等西方现代性遭遇到的话题统统放置到儒学的文本中，以此试图摆脱"幽灵说"。这种方案在"五四"之后便已经初见端倪，孟子的"民为贵，社稷次之，君为轻"就被钱穆先生认定为"中国式的民主"，今天，这一治学与思考趋向依然有过之而无不及，但是，却不见"圣王观念"以及漠视民本背后的"君本"的存在。诸如管子说，"为人臣者，仰生

---

① ［美］列文森：《儒教中国及其现代命运》，郑大华译，北京：中国社会科学出版社2000年版，第256页。
② 杜维明：《杜维明文集》第2卷，武汉：武汉出版社2002年版，第502页。
③ 杜维明：《杜维明文集》第2卷，武汉：武汉出版社2002年版，第526—527页。
④ 杜维明：《儒教》，上海：上海古籍出版社2008年版，第138页。

于上也"。① 对此，陈独秀早已做过深刻的批判，"所谓民视民听，民贵君轻，所谓民为邦本，皆以君主之社稷——即君主祖遗之家产——为本位"。② 此种儒学的正名方案比比皆是。再如，当学者将女性主义与儒学勾连在一起解读的时候，儒学研究者们却不会提董仲舒的"阳尊阴卑"以及《白虎通·嫁娶》中的"妇者服也"。政治哲学视域中的儒学研究，比如儒家的"公"的研究就更是强行类比其具有现代性意义。

在一些学者看来儒学复兴的时代真正到来了。"儒学在当代中国的回归现象，包括在政治领域，发挥儒学德治思想在民众生活和社会治理中的积极作用；在法律领域，新修改的《刑事诉讼法》恢复儒学亲亲相隐的传统；在教育领域，各地教育部门大力推广体现儒家育人思想的《弟子规》；在企业领域，儒学受到企业家的推崇，成为现代企业文化的核心精神等。儒学回归当代中国，是历史的选择。尽管其回归之路依然曲折，但时代的趋势不可阻挡。当代中国文化的发展前景是中国传统文化、西方文化和马克思主义文化的新的合流；"作为本土文化主干的儒学，在其中如何发挥主导的作用，有待于我们的努力"。③ 这里确实彰显了儒学现代价值的出场。不过，如果认为借助"西方现代性话语"能够真正复兴儒学，将会产生两种"潜在的危险"：一是抽空的儒学，复兴的仅仅是西方现代性话语本身；二是儒学的真正要义将会被遮蔽，从而失落了对其"缺陷"与"价值"两个方面的深入探究。对于前者来说，西方现代性话语本身就是需要反思的对象，或者说西方自身所鼓噪的文明形式自身就是困难重重的，中国人自然不会完全接受西方文明的那一套，中国人会基于自身的实践、自身的道路，探索出一条不同于西方文明的社会主义文明大道。所以，面对上述"儒学复兴"尚待追问的是，复兴的是儒学的什么内容。或者说要复兴儒学，复兴传统文化，这个没

---

① 《管子·君臣（上）》。
② 陈独秀：《独秀文存》，合肥：安徽人民出版社1987年版，第220页。
③ 黎红雷：《儒学回归当代中国》，载《周易研究》2013年第3期。

有什么疑问,当然是要肯定的,关键是文明要复兴什么儒学,答案只能是复兴优秀的儒学、优秀的传统文化。

二、精神与幽灵

让儒学复兴就必须摆脱儒学中那些不能够进行创造性转化为现代思想资源的部分,如果不能认知社会本身所发生的转型,以及对两者社会特别是后者的"商品交换社会"的深刻把握,而单纯地抽离社会本身来"非历史地"对待儒学,将可能是与走向独立个人、尊重权利以及市场的社会相冲突的。

那么,要想真正摆脱列文森对儒学所作的"幽灵说",实现儒学的真正复兴除了对社会转型的认知,还需要什么样的方法论方能实现"范式转型"?对于幽灵的阐释,让我们先借助学术史的一些阐释,德里达在《马克思的幽灵》中对"幽灵"的兴趣值得关注。幽灵作为一种反"在场的本体论"的观念,它指"某种既不存在,也非不存在的东西,既非身体、也非灵魂,牵涉到人类整体的感官、想象、记忆、希望、恐惧、欲望、被压抑的伤害等,所有这些都是既存在又不存在的"。[1] 也就是说,我们不知道这种东西是否真实,但是却能实实在在地感受到它依然存在,感到自己始终被"鬼魂"缠绕着。理解幽灵必须懂得,"生与死本身不过是一些踪迹和踪迹之踪迹的踪迹,一种其可能性将提前走向分裂或打乱生命存在以及任何实在性本身的同一性的残余"。[2] 直白地讲,就是一种"在场"影响当下的种种"纠缠",这是与"幽灵"一起生活的"魂在论"(Hauntology)的本意,所以德里达认为,几乎所有事物都是介于可感知与不可感知之间的。显然,德里达是要超越一种本质

---

[1] Simon Tormey and Jules Townshend, *Key Thinkers from Critical Theory to Post-Marxism*, London, Thousand Oaks, Calif: SAGE Publications, 2006, p. 193.

[2] [法]德里达:《马克思的幽灵》,何一译,北京:中国人民大学出版社1999年版,第5—6页。

主义的幻想。那么，诚如德里达追问，"马克思本人是如何看待鬼魂、亡灵或者说幽灵或亡灵概念的？他如何确定幽灵呢？他如何在如此之多的犹豫不决之后通过如此之多的张力关系和矛盾最终把幽灵和一种本体论联系起来呢？"① 德里达的真正幽灵的言说涉及了如何对待传统，因为传统犹如幽灵具有"在场性"，而他对马克思的追问，恰好推进了我们思索马克思是如何看待传统这样一个问题。

在《共产党宣言》中，马克思说："一个幽灵，共产主义的幽灵，在欧洲游荡。为了对这个幽灵进行神圣的围剿，旧欧洲的一切势力，教皇和沙皇、梅特涅和基佐、法国的激进派和德国的警察，都联合起来了。"② 此句按照流俗的看法则认为，共产主义已经对欧洲产生巨大的震慑。但实质上，并未如此。在随后的《路易·波拿巴的雾月十八日》一文中的论述，马克思改变了对幽灵（Gespenst）一词原先的用法，开始将其与另外一个词对比使用，即"精神"（Geist）。此时的幽灵已经与《共产党宣言》中的幽灵词义有了显著的变化③，这里着重阐述的是幽灵的缺陷性，换句话说也是传统的缺陷。他说："在这些革命中，使死人复生是为了赞美新的斗争，而不是为了拙劣地模仿旧的斗争；是为了在想象中夸大某一任务，而不是为了回避在现实中解决这个任务；是为了再度找到革命的精神，而不是为了让革命的幽灵重行游荡。"④

在上文中，马克思所述是为了一种"精神"而绝不是要这种"革命的幽灵"。这不仅对于我们重新理解马克思，也对我们重新理解儒学具

---

① ［法］德里达：《马克思的幽灵》，何一译，北京：中国人民大学出版社1999年版，第125页。

② 《马克思恩格斯文集》第2卷，北京：人民出版社2009年版，第30页。德文是：Ein Gespenst geht um in Europa-das Gespenst des Kommunismus. Alle Mächte des alten Europa haben sich zu einer heiligen Hetzjagd gegen dies Gespenst verbündet, der Papst und der Zar, Metternich und Guizot, französische Radikale und deutsche Polizisten.

③ 值得注意的是，马克思的诸多词汇在其文本中有一个变迁的过程，体会这一点要在马克思的语境中，所以这种"描述"而不是"下定义"的方式常常被人们误读。

④ 《马克思恩格斯文集》第2卷，北京：人民出版社2009年版，第472页。

第四章　政治经济学批判与当代人的文化观念

有诠释方法论的意义。幽灵与精神是两种标志不同趋向的姿态，如果一厢情愿地以为相信某种亡灵是革命的推动力，为了此种亡灵而发生革命都是一种"幽灵拜物教"。毫无疑问，的确所有人在面向未来思考的同时，总是"在直接碰到的、既定的、从过去承继下来的条件下创造"。但是，当传统某些观念犹如"一切已死的先辈们的传统，像梦魔一样纠缠着活人的头脑"①，人们始终只能以"亡灵"来主导自己的方向时，马克思嘲笑道："当人们好像刚好在忙于改造自己和周围的事物并创造前所未有的事物时，……他们战战兢兢地请出亡灵来为自己效劳，借用它们的名字、战斗口号和衣服，以便穿着这种久受崇敬的服装，用这种借来的语言，演出世界历史的新的一幕"。② 到这里，我们应该能够理解"幽灵"在马克思那里的意义，这也是马克思为什么一再说要寻找的是"精神"而不是"幽灵"的原因。以一种"精神"的态度来面对"传统"，它着眼的将不再是"过去"，而是现实社会的处境本身，因为，"要求抛弃关于人民处境的幻觉，就是**要求抛弃那需要幻觉的处境**"。③ 以寻求瓦解现实并呈现"规范性维度"才是精神的固有内涵，这是一种姿态，它向往着"未来"，所以精神是一种"创造"，而幽灵仅仅是一种"缅怀"罢了。杜绝此种幽灵姿态，所以马克思才认为，"19 世纪的社会革命不能从过去，而只能从未来汲取自己的诗情。它在破除一切对过去的迷信以前，是不能开始实现自己的任务"。④

由上述马克思阐释的两种面向传统的诠释方法，我们可以如此认为，儒学要复兴必须以破除"儒学"中"幽灵"，才能面向未来以"精神"的方式真正实现自己的任务。何谓儒学的"幽灵"与"精神"？回答这个问题是避免上述将儒学复兴等同为"幽灵"复兴的关键所在。要

---

① 《马克思恩格斯文集》第 2 卷，北京：人民出版社 2009 年版，第 470—471 页。
② 《马克思恩格斯文集》第 2 卷，北京：人民出版社 2009 年版，第 471 页。
③ 《马克思恩格斯文集》第 1 卷，北京：人民出版社 2009 年版，第 4 页。
④ 《马克思恩格斯文集》第 2 卷，北京：人民出版社 2009 年版，第 473 页。

回答这个问题，需先兜一个必要的圈子，我们知道，依马克思的看法，"意识形态"没有自身独立的历史①，依赖于一定的物质生产关系才能加以理解，抽掉了这种意识形态存在的前提条件，意识形态自身已丧失了存在合法性。故而，儒学的"幽灵"是指那些依存于传统物质生产关系的"意识形态"，诸如，对"君尊臣卑""王权主义"之类的看法，包括与"物的依赖性"不适应的那些观念，这些应当在当代中国思想建构中加以"警惕"以及给予剔除的部分。而以"精神"的诠释方法来面对儒学，则要求当下学者以一种面向"未来"建构中国思想的理论姿态反思儒学的"积极价值"。这里需要指明，在当今以"资本逻辑"所衍生出的生态问题、价值危机、人生虚无化等问题中，除了西方的启蒙反思之外，儒学在何种限度内能够成为反思现代性的一种资源则是重要的思考路径，这要求当下学者应以"精神"，即以一种面向"未来"建构中国思想的理论姿态反思儒学的"积极价值"。于是，我们显然可以明白，幽灵与精神导致诠释儒学的不同路径。

以一种"精神"的面向未来姿态审视儒学，也需要回应这样一种观点，诸如西方生态危机，中国传统有天人合一；儒家和合文化可以解决西方思想困境等，即使这种儒学有补救西学之效，也与儒学是否复兴是两个问题，正如前面所说，放弃幽灵的态度，因为"作为一种意识形态的儒学早已终结，为新的意识形态所代替，这是一个不争的历史事实"。② 所以，可以讲，儒学作为现代性问题的一个反思资源，绝不等于说儒学中那些"旧观念"的复兴。

三、化"精神"为未来思想的元素

如何能够以一种"历史性的思想"进行自觉地创新"思想性的历

---

① 《马克思恩格斯文集》第 1 卷，北京：人民出版社 2009 年版，第 525 页。
② 许全兴：《关于儒家复兴的若干思考》，载《贵州社会科学》2010 年第 2 期。

第四章　政治经济学批判与当代人的文化观念

史"①，无疑这是哲学面对全球化时代的"当务之急"。由上述可知，儒学研究者必须承认儒学实践背景的"势"已经发生了变迁，"势"即是行为过程中个体无法左右和支配的外部境遇，而且势也涉及事物发展的趋向②，理解儒学与"势"之间的关联。一方面，势的意识是一种时间意识与历史意识。这就要求"精神"能够是一种摆脱意识形态性的儒学，转而直面儒学中经受住时间意识的丰富元素，这是现实社会建构所需要的精神养料。另一方面，势本身蕴含着一种"社会乐透"的机运，它要求儒学能够为中国社会发展的实践过程提供一种实践智慧，这是对一种理性化实践之外的"势"的捕捉。这就是说，当国人置身于全球化与资本逻辑坐标中，时空的逻辑较之于原先的儒学思考都发生了重大的变迁，缺乏"势"的意识是足够危险的，而能够为中华民族复兴贡献真正思想资源的一定是能够对当下实践之"势"的合理论说。

首先，"中国思想"的生成必须要能够对个体、类以及多元共同体有一个清晰的"说理"，更集中一点讲，讨论儒学复兴只能以当下人的现代生存方式为前提。显然，现代中国人的生存需要直面的便是"人的问题""良性社会秩序的合理建构"以及"全球化中的民族国家问题"，而这些均关乎的是"人的价值观"。如果罔顾儒学之限度，一味地以西方的"科学"与"民主"来比附自身，并不思考儒学能够为中华民族成就"大我"提供什么样的滋养元素，即一种作为未来的"精神"性理解，那么，将会错失儒学的真正精神。要知道，人在改造世界的实践活动中，成事最终莫非是为了成人。如果说在西学的视野中，人之为人在于理性，那么，依照儒学的看法，则人之为人在于德性。诸如孔子的"仁者爱人"、孟子的"恻隐之心"。缘此，可以讲，中国哲学"先从人，每个人自身能够感受到的经验直觉开始，然后一点一滴地把内在于

---

① 孙正聿：《"哲学就是哲学史"的涵义与意义》，载《吉林大学学报》2011 年第 1 期。
② 杨国荣：《人类行动与实践智慧》，北京：生活·读书·新知三联书店 2013 年版，第 140 页。

这种经验直觉中的德性发明、弘扬出来"。① 与理性的价值观有所异质的是，儒学的德性价值观与当下国人的生存困境能否有一个合适的处理，这也是人类社会始终需要的"德性实践"，如此方才是最为切中要害的问题。比如下述价值到可以作为儒学的"精神"，"厚德载物""和而不同""止于至善""天下为公""与时俱进"等，虽然儒学与主流意识形态马克思主义之间的矛盾是存在的，那也基本上是从儒学"救世"与"政治构架"的意识形态的意义上来说的，也就是说，儒学作为现代社会的辅助性元素，依然是必要的。对个体"成人"来讲，儒学作为"精神"当可为鉴。

其次，儒学之"精神"要真正面向中国现实生活世界。以马克思的视角来看，进入现代社会，"个人现在受抽象统治"②，更具地讲，在经济生活中受"资本逻辑"的统治，在政治生活中受"权利逻辑"的统治，在文化生活中受"符号逻辑"的统治，其中"资本逻辑"是最根本的统治形式，诚如西美尔所说，"货币给现代生活装上了一个无法停转的轮子，使生活这架机器成为一部永动机，由此就产生了现代生活常见的骚动不安和狂热不休"。③ 现代人的生存被"货币"裹挟，进行资本逻辑的批判与权力逻辑的批判，解构生活世界的宰制成为了基本的思维方法，在这个意义上，儒学中那些能够充当这一个任务的理论言说才能够成为"精神"内涵，比如能够为我们时代新的价值观念的建构提供理论资源。所以，儒学的复兴方向应该是按照"精神"诠释的要求去实现儒学的当代转化，能够在现代"抽象原则"成为人的生活普遍原则的基础上，提供一种超越规范的普遍的价值原则。

最后，儒学之"精神"的激活必须能够正确处理与西方哲学以及马

---

① 孙利天：《哲学的人性自觉及其意义》，载《长白学刊》2011 年第 1 期。
② 《马克思恩格斯全集》第 30 卷，北京：人民出版社 1995 年版，第 114 页。
③ ［德］西美尔：《金钱、性别、现代生活风格》，刘小枫译，上海：学林出版社 2000 年版，第 12 页。

第四章 政治经济学批判与当代人的文化观念

克思主义之间的思想关系。人类是"命运共同体",中华民族仅仅是处于人类"共生"中的一员,必然要思考着人类性"共在"问题。习近平总书记在谈到建构中国特色哲学社会科学时提出,要遵守"不忘本来""吸收外来""面向未来"的基本原则。这可视为指导中国优秀传统文化创造性转化、创新性发展的三个向度。深入理解这三个向度,不仅有助于对文化悲观主义、文化保守主义有更为清醒的认识,而且有助于我们更开放地对传统进行转化、更务实地对传统进行发展,进而增强文化自信、提升国家文化软实力。先来看"不忘本来"。在中国传统文化和中国特色社会主义文化建设的关系上,一些人存在一种文化悲观主义的看法,即认为以儒家为代表的传统文化因其所依附的封建政治体制的消失,注定与后者一同成为历史。同时,当今人们生活在资本霸权所主导的全球化语境中,导致传统文化与现代人的日常生活日益分离。对此,美国学者列文森就认为,"生活也不再干扰它们(传统文化),它们已成了博物馆的老古董"。这个观点实质上早在中国寻求"站起来"的时期便已存在。在中国传统文化悲观论的背后,是对西方文化的盲目崇拜。确实,儒家学说中存在不合时宜的观念。这在越来越追求现代文明的今天,很难赢得认同。但这并不等于说要将"洗澡水和孩子一起倒掉"。随着中国从"站起来""富起来"进入"强起来"的新时代,我们开始摆脱因落后、自卑而带来的情绪化否定,逐渐看到西方社会在现代文明发展过程中确立起来的价值观念及其发展道路遭遇到了前所未有的危机。西方文化等同于"先进的"、代表"现世的趋势"的看法正在被打破,中国文化软实力在不断提升。从这个意义上说,"不忘本来"正在指引、激活中国优秀传统文化的当代价值。它将打破文化悲观主义的论调,有助于我们从传统中汲取精神养料。"不忘本来"不是"固守本来",而要用"吸收外来"的方式来助益"本来",要用现代文明成果及适应现代生活的话语去激活传统的生命力。一些人强调,弘扬传统只要对流传下的经典文本给予原汁原味的解读即可。他们忘记了中国传统文化需要鉴别转化。这种原教旨主义的立场，表面上看是在为继承和弘扬传统文化出力，实质上会把传统文化送进故纸堆、博物馆。发展到极端，还会出现另一种倾向——文化保守主义。文化保守主义者认为，传统的就是好的，都值得顶礼膜拜；人类在资本全球化和现代性发展中遭遇的问题，都能在老祖宗的智慧中找寻到"药方"。由此，他们拒绝"吸收外来"。国内外的实践反复证明，只有"吸收外来"，才能够知道自己的文化在现代文明进程中的坐标位置，才不至于将一些野蛮、粗俗甚至丑恶的东西假借传统之名予以宣扬。新时代，倡导"吸收外来"依然需要对世界文明成果的广泛阅读、了解和借鉴，需要积极促成"外来"与"本来"相结合，促进西方先进文明成果的中国化，其中包括马克思主义的中国化和当代中国马克思主义的进一步发展。

那么，在对中国优秀传统文化进行创造性转化、创新性发展进程中，我们该如何"面向未来"呢？

一方面，要面向心灵世界。坦率地讲，今天的人们难免会面临马克思所批判的"个人，现在受抽象统治"状况，即在经济生活中受"资本逻辑"的抽象统治、在文化生活中受消费主义的"符号逻辑"统治。特别是，货币仿佛给现代生活装上了一个无法停转的轮子，使生活这架机器成为一部"永动机"，由此导致现代生活中常见各种骚动不安乃至狂热不休。现代人如何找到心之所安？这就要求中国优秀传统文化的创造性转化、创新性发展要直面现实生活，努力解答存在的困惑、潜在的问题，努力提供更高的价值诉求和伦理超越。另一方面，要面向未来生活。任何文化都不是独立存在的，而是社会政治、经济的集中体现。今天依然值得珍视的优秀传统文化，正是其中那些具有超越时代性特质、具有面向未来品质的文化形态。而我们的一个重要任务就是挖掘更多的这种文化形态。

第二节 资本与文化虚无主义

价值虚无主义在西学语境以及国内哲学界均是与"反形而上学"勾连在一起得以讨论的。大致可认为从柏拉图到黑格尔一脉传承的传统形而上学过于迷恋"抽象大全",从而舍弃对现实社会中"具体分殊"的关注,此种形而上学不仅直接引发"做人"与"做事"之"实践智慧"的遗忘,更重要的是人在价值层面受制于形而上学"一"的本质主义的施虐。《中庸》曾谓,"道不远人。人之为道而远人,不可以为道",西学语境讨论的传统形而上学恰是这种"舍人而为道"的观念,应当给予批判与拒斥,转而求于"人之道"。正是在这一背景下,拒斥形而上学从不同的路径求之,诸如浪漫主义、历史主义、实证主义、现象学等。表面看来,"反形而上学"的如上浪潮对形而上学有釜底抽薪之效。然而,它却将人之价值层面的诉求彻底化为"虚假的多"的纯粹哲学问题。如何处理这种价值多元主义乃至价值虚无主义的困境呢?学术界流行的原则是依凭"形而上学—虚无主义"之间关联的思路来瓦解这一难题,诸如有学者认为,"公共性的文化将不再会是某一方面的主宰,不可能只是体现某一种维度或尺度","各种文化形式的交往、对话与谈判,正是通向这种公共性文化价值秩序建构的现实道路"。① 接着这种话语的思路,对历史主义在反形而上学浪潮中所造成的价值虚无主义,以及通过公共性价值秩序建构以走向"公共性"的解决之道,便成为学术界面对价值虚无主义依凭形而上学的改写与重建的流行路径。正当从"形而上学"视角切入虚无主义研究似乎成为一种"既定原则"时,本书意欲对这种原则提出质疑,因为它错失了资本逻辑与权力逻辑更为根

---

① 张曙光:《走向"公共性"的文化价值秩序》,载《中国人民大学学报》2007年第6期。

本的向度，可以讲，单向度地依凭形而上学路径将丧失找寻现代虚无主义根源的能力。

一、抗拒"舍人而为道"

"舍人"的形而上学在对存在思辨的道路上堕落为抽象的形而上学，这是一种从主体的理念来构造世界图景的哲学运思，造成了一种封闭的、独断的、抽象的自我同一。如何能够抛弃这种"舍人而为道"的传统形而上学样态成为19世纪之后哲学研究的潜意识，当时以浪漫主义与历史主义为典型给知识界带来极大震撼。在这一点上笔者大致同意这样一种看法，"历史主义作为一种世界观是作为反对形而上学的面孔出现的……它深刻地揭示了形而上学所带的'同一性思想'和绝对价值的虚妄性"①，正是将历史主义、反形而上学与价值危机三个关键词联系起来构成了今天思考虚无主义的"基本原则"，据此才会将瓦解虚无主义的道路锚定在公共性的价值秩序建构的方向上。

首先，形而上学遭遇到历史主义的批判。诚如克里斯·桑希尔（Chris Thornhill）所说，要给予历史主义一个定义，绝非易事。不过在他看来一个重要的特质是历史主义强调特定民族文化的历史形式，从一种民族的视角来看待问题。② 这样的历史主义与形而上学之间关联早在20世纪60年代就被作为主题大量研究，我们仅以法肯海姆（E. L. Fackenheim）的《形而上学、历史性与历史主义》为例。在该书中，法肯海姆认为，"面对着形而上学，历史主义本身看到它面临着一种在某一方面是有意义的、正确的事业，可是这种事业在另一方面却陷入了幻想，因为它相信它本身在给予没有时间性的答案，甚至相信它本身在提出没有时间性的问题。因此，历史主义就要求历史学家把所有形而上学都放

---

① 宋友文：《历史主义与现代价值危机》，北京：人民出版社2012年版，第28页。
② [英]克里斯·桑希尔：《德国政治哲学：法的形而上学》，陈江进译，北京：人民出版社2009年版，第220—222页。

第四章 政治经济学批判与当代人的文化观念

进它的历史背景中去,这样同时就把形而上学里的幻想成分去掉,只留下正确的东西。"① 这里,法肯海姆清楚地指明了形而上学原先的"真理""权威"的诉求归根到底都要还给历史自身来赋予,这是历史主义的基本要义。历史主义对于启蒙的普遍主义产生了反感,使得历史主义成为了反对普遍主义的启蒙话语以及反对理性霸权的理论反思的主要资源,它也是反对传统形而上学的,在这个意义上马克思也是一种历史主义者。

其次,当历史主义反对形而上学被"拔高"之后,历史主义最终在价值论上却成为了导向相对主义与虚无主义的原因之一。注意,在喜欢从形而上学视角出发的人看来,便不再是"之一",而是"唯一",而马克思显然只是将其作为"之一"。传统形而上学遭到严厉的批判,形而上学最为人诟病的地方就是"排异"。阿多诺认为,种族灭绝就是这种绝对一体化的后果,"奥斯维辛集中营证实纯粹同一性的哲学原理就是死亡"。② 海德格尔对此则认为自柏拉图开启而来的两千多年的西方哲学史不过就是如此,这种"一"才是虚无主义的根源。但是,也许应了阿尔都塞最喜欢的"列宁方案"即"矫枉过正"的看法,转而使得反形而上学的人们在"崇异"时,而彻底在价值观念上走向了"怎么都行"。按照这种形而上学的思路,下述说法便流行开来:随着世界的祛魅,形而上学的崩溃、"一"的丧失,价值论所依附的存在论彻底相对主义化了。当然,不是说历史主义一萌生就出现了所谓的价值相对主义的问题,比如在古典历史主义那里,由于把历史的意义还交付于上帝或超验的形而上学,从而避免了相对主义。也正是为了在"形而上学"与"历史主义"之间松绑这种"虚无主义"的危险,将"马克思与历史主义"之间的传承变革关系作为突出的学术问题得到了学术

---

① [加拿大] 法肯海姆:《形而上学、历史性和历史主义》,载《现代外国哲学社会科学文摘》1965 年第 10 期。
② [德] 阿多诺:《否定的辩证法》,张峰译,重庆:重庆出版社 1993 年版,第 362 页。

界的讨论①，但是，这种讨论已经陷入到了虚无主义就是历史主义对于形而上学冲击所致的陷阱之中，真实的问题被遮蔽了。那么，虚无主义产生的真实原因是什么？

二、值得反思的"历史主义"根由

尼采有过对"舍人而为道"的抱怨，诸如他在《不合时宜的沉思》中表达过如下观念，由于对纯粹客观知识的迷恋，会使得宗教与信仰这些价值观念的东西遭到重创。换句话说，当人类所有的经验被历史化，普遍的世界观难以去阐释"个体的经验"，历史之外的所有的价值标准将都统统只能是"历史主义"的。历史主义在西方学术语境中本身也是"历史性"术语。18世纪末期，由于施莱格尔运用这一概念来表征文化的特殊性以及人的个性，使得历史主义影响了维科、赫德尔、黑格尔等人的重要思想论述。恩格斯就对黑格尔的历史主义做过高度评价，"黑格尔第一次——这是他的巨大功绩——把整个自然的、历史的和精神的世界描写为一个过程"。历史主义的基本内涵和基本主张是把历史从抽象的理性原则、概念主义等框架中摆脱出来，从而以此为批判启蒙运动发挥了重要方法论原则，马克思也深受其影响。不过，这种历史主义的方法论的另一向度是通过"历史""过程论"而将形而上学意义上的"一"给予消解，这明显是对普遍、永恒的价值和规范的存在给予拒绝，这正是持"公共性"方案来理解价值虚无主义的原因。说实话，单纯地从历史主义来讲形而上学的遭遇显得过于单调，因为，我们都知道那种单纯追求形而上学的观念遭到过实证主义与历史主义最为严重的双重批判。正如科拉科夫斯基在《理性的异化》一书中所述的，"实证主义观念从不问什么是形而上学信仰的起源和运用，而是……以便取消形而上

---

① 参见沈湘平：《马克思思想视域中的历史主义》，载《学术月刊》2010年第8期；王新生：《马克思哲学的历史主义的根基：遗忘与重构》，载《吉林大学社会科学学报》2009年第2期。

第四章 政治经济学批判与当代人的文化观念

学研究"①，历史主义也正如上述和实证主义做着同样的理论工作，就是说，如果按照哲学的路径来看待反形而上学所通向的价值虚无主义，会将问题整个地放置在哲学史语境中，而现实被一股脑地遗忘。

客观地讲，讨论历史主义的危机是历史主义与价值虚无主义最为重要的论题。以伊格尔斯的《德国历史观》一书中为例，他曾经在该书第六章与第七章，以该书近二分之一的篇章来谈论历史主义的危机，而后在谈到德国历史观念衰落时又说道，"历史主义就此走向了道路的尽头：最高的永恒价值和意义消解了，遗留下来的一切不过是历史性、时间性和相对性的东西。甚至连上帝都已经死了，历史要屈服于历史性和时间性，也即人类永远也无法超越时间的根本处境。时间之流中保存不变的只有人类存在的条件，而这些条件不再具有任何内容，只不过是一种结构或形式"。② 正是历史性撼动了传统形而上学的绝对永恒性，此点同样被马克思·舍勒给予清楚的指认："历史主义已经以充分的正当理由动摇了所有绝对的、具有重要历史意义的权威，尤其是动摇了一个教会具有的所有那些植根于一个由拯救和善事组成的、绝对的、实证性的具体世界的权威……以有关属于历史性存在本身之诸本质的历史透视法学说为基础的理论，而失去了效力"。③ 由此，对历史主义的后果所造成的价值崩溃，学者们已经有了足够的理论自觉。

这个结论是否能够站得住脚？这里我们想提出一些质疑以供学术界讨论。纵使学术界从哲学层面，主要是从历史主义的方向出发，紧扣形而上学的批判与重建来把脉虚无主义。不过，这严重地遗忘了形而上学自身的现实基础，忘记经济与政治生活对哲学的影响。一些哲学学者总

---

① [波兰] 科拉科夫斯基：《理性的异化》，张彤译，哈尔滨：黑龙江大学出版社 2011 年版，第 197 页。
② [美] 格奥尔格·G. 伊格尔斯：《德国的历史观》，彭刚等译，上海：译林出版社 2006 年版，第 333 页。
③ [德] 马克思·舍勒：《知识社会学问题》，艾颜译，北京：华夏出版社 2000 年版，第 191 页。

是过分地夸大了哲学的作用，而使得哲学与政治的关系被强行颠倒了。比如利奥塔就犯过这种毛病。马克思早就说过哲学不过就是现实的副本，而对原本的批判更为重要等诸如此类的话。说得极端一点，过于迷恋哲学路径是黑格尔哲学观念影响有增无减的呈现，现实总是被看作趋向一种思想，此种观念犹如鸦片被一些"学者们"争相吮吸。这种研究也越来越走向了一种对政治的漠视，转而认为学术研究可以剥离政治，这容易走向"虚无"的纯粹学术路径。当然，与此相反的另外一种态度大概就是阿尔都塞的思考了，关于这一点，阿尔都塞有过警告，不能将哲学实证化，也不能成为一种预言或者普遍的历史哲学。这种看法从第二国际一直到今天的马克思主义哲学研究都一直存在着。对此，马克思告诫人们不要以纯粹哲学的方式对待他的理论，"把我关于西欧资本主义起源的历史概述彻底变成一般发展道路的历史哲学理论，一切民族，不管它们所处的历史环境如何，都注定要走这条道路……会给我过多的侮辱"。[①] 所以，只有领悟这一内涵之后，我们才能懂得阿尔都塞重新给哲学定义——采用"兜圈子"的方式进行阶级斗争的意图——将不再是"粗暴"的，反而更具方法论功能。用他自己的话来讲就是，哲学是政治在特定的领域、面对特定的现实、以特定的方式延续。实质上，阿尔都塞的这个命题，击中了当下国内马克思主义哲学的要害之处，即当下马克思主义哲学研究正在遭受"无批判的实证主义"，以及将马克思与现代西方哲学"比附"所造成的"纯理论的唯心主义"之危险。

三、避免瓦解虚无主义的浪漫想象

如上所论，当认定历史主义（形而上学的路径）是造成虚无主义的根源，公共性便以重构了的形而上学作为解决虚无主义的良方。因为，公共性的价值理念，不再是一种独白式的单方面树立标准，将自己作为

[①] 《马克思恩格斯文集》第 3 卷，北京：人民出版社 2009 年版，第 466 页。

第四章 政治经济学批判与当代人的文化观念

中心、尺度,而是以一种平等对话的方式使得双方之间得以相互承认、尊重每个单方面的主体。它不再排斥差异、个性、多元,恰恰是在承认这些因素差异的基础上,公共性达成生活的标准。这种对于价值的追求不再依据"舍人而为道"的传统形而上学,而主张一种"和而不同"的公共性。但是,依凭形而上学路径的讨论缺乏从这两个维度的反思,即资本主义生产模式变迁与虚无主义的关联(资本逻辑)以及政治生活对虚无主义的影响(权力逻辑),同时,公共性本身过于依据普遍理性也存在诸多问题。

首先,就资本逻辑与虚无主义之间的关联来讲,马克思最为深刻地解释了资本荡涤神圣的逻辑。现代社会被马克思阐释为交换社会,这是一个以资本为基本建构原则的社会,其中,资本将个人的尊严变成了交换价值,用一种没有良心的贸易自由代替了无数特许的和自力挣得的自由,那些令人尊崇和令人敬畏的职业的神圣光环在马克思看来也被资产阶级抹去了,"一切等级的和固定的东西都烟消云散了,一切神圣的东西都被亵渎了。人们终于不得不用冷静的眼光来看他们的生活地位、他们的相互关系"。[①] 这种神圣的东西被亵渎即指向价值虚无主义问题。马歇尔·伯曼(Marshall Berman)在领悟马克思的基础上准确地看到了这一点:"市场在现代人的精神生活中具有巨大力量:他们看着价格表,不仅是为了寻求经济问题的答案,而且也是为了寻求形而上学问题——什么是值得的,什么是可敬的,乃至什么是真实——的答案。"于是,相应的生活便呈现为任何能够想象出来的人类行为方式,只要在经济上成为可能,就成为道德上能够被认可的,成为有价值的。从这里可见,现代虚无主义的真实含义并非仅仅是形而上学的崩溃与历史主义危机,从而解决现代虚无主义的根源也就不仅在于解决"公共性"的建构问题。更为重要的维度将是考虑"资本逻辑"对于价值的摧毁作用以及如

---

① 《马克思恩格斯文集》第 2 卷,北京:人民出版社 2009 年版,第 34 页。

何处理"资本逻辑"问题。当然,今天以瓦解"资本逻辑"的高位阶姿态来彻底解决价值虚无主义还具有"浪漫主义"的意味,毕竟发展"资本逻辑"的正向价值对于发展中国家来说是必经的阶段。提及资本逻辑对于价值虚无主义产生的重要原因在于,认清与处理瓦解资本逻辑的"高位阶"与建构资本逻辑"低位阶"的辩证法,从而找寻到建构现代社会核心价值观的可行路径。对于资本逻辑还是其他路径审视价值虚无主义的差别,实际上马歇尔·伯曼隐约地触及了。依他看来,陀思妥耶夫斯基、尼采及其20世纪的后继者们仅仅将虚无主义归罪为科学、理性主义(形而上学)、上帝的死亡,这些都是片面的。马克思面对这个问题,阐释的"基础要远为具体和平凡得多,现代虚无主义被划入了日常的资产阶级经济秩序的机制之中——秩序将人的价值不多也不少地等同于市场价格"。① 毫无疑问,不懂的马克思便不懂得现代虚无主义,马歇尔·伯曼的这一深刻见解在以"公共性"解决价值虚无主义的学者那里被遮蔽了。

其次,政治生活对虚无主义的影响(权力逻辑),诚如尼采在《权力意志》中对虚无主义的看法,它主要指"一切最高价值的自行贬低"。那么,政治生活对于人们生存的"最高价值"的"贬低"有着怎样的影响值得思考。在现代政治生活中,人们所议论的权利、自由、民主还只是以"内在的"精神抽象作为"通货"来抹平资本逻辑所带来的实质性差异。马克思以政治经济学批判的方式,通过揭示古典经济学家们掩盖的经济的政治方面来展现这样一种事实,资本生产的秘密涉及工人与工人必须为之出卖劳动力的资本家之间通行的社会关系和权力配置。自由主义政治哲学通常在审视政治生活时,将此作为自明的前提,或者将其以"政治本体论"来理解,这注定是将资本生产的秘密作为既定的前提承认下来。马克思在批判英国古典政治经济学时候,表达了同样的道

---

① [美] 马歇尔·伯曼:《一切坚固的东西都烟消云散了》,徐大建等译,北京:商务印书馆2013年版,第142—143页。

第四章 政治经济学批判与当代人的文化观念

理,这"是属于阶级斗争不发展的时期的。它的最后的伟大的代表李嘉图,终于有意识地把阶级利益的对立、工资和利润的对立、利润和地租的对立当做他的研究的出发点,因为他天真地把这种对立看做社会的自然规律"。① 人们一方面由于拜物教的遮蔽作用而会误将现代政治中自由主义所论述的"政治概念"作为最高的价值,另一方面又将认识到这个"最高价值"的秘密不过是,资本家和工人之间的权力配置要以全社会一定的政治构筑作为自己存在的条件,这意味着阶级力量和国家权力的长期平衡形成这样的稳定状态,它准许剥夺直接生产者,维护资本家绝对的私有财产,保护资本家对生产和占有的控制。这一点,罗尔斯也在反对的意见上正确地预见了这个结论:"马克思认为,一个具有私有财产权的宪政体制仅仅保护了所谓的消极自由"。② 换句话说,现代政治生活中,自由主义理念本身所推崇的那些诱人的"观念"的秘密一旦被揭示为不过是为资本逻辑服务的一套消极自由的政治架构,那么,政治生活的虚无主义便油然而生。在今天,反思虚无主义的时候,不能将哲学强行塞进政治生活,而是政治生活干预了哲学思考。于此,人们的价值观念中所谓的虚无主义毕竟与政治捆绑在一起,否认这一点,将看不到虚无主义理解的另外一种含义的出现,即政治虚无主义。同时,由于社会现实还不能根除私有制问题,现代西方政治哲学,特别是当代激进政治哲学家将"现存"误作为"永恒",明确指认政治是人类永恒的状态以及冲突永远无法消除。那么,在现实的政治生活中,如果我们承认了政治作为人之本体的维度,依据普遍理性来达成"共识"的公共性的价值秩序更不可能化解政治的冲突,反而有可能在过分推崇公共性价值秩序的过程中导致政治生活中价值虚无主义的恶化。

最后,即使单纯从形而上学的改写与重建的意义上讲,"公共性"

---

① 《马克思恩格斯文集》第5卷,北京:人民出版社2009年版,第16页。
② [美]约翰·罗尔斯:《政治哲学史》,杨通进等译,北京:中国社会科学出版社2011年版,第333页。

本身是否站得住已经成为问题，这一点在激进民主政治理论家墨菲那里得到了批判与反思。墨菲对公共性的批判主要涉及两个问题：一是理性主义的看法，一是共识达成的永远不可能性。对这两者的反驳构成了摧毁公共性成立的基础。墨菲对普遍主义（Universalism）的批判是将其带入到由语境主义（Contextualism）发起质疑这一当代政治哲学争论中进行讨论的。在前者诸如罗尔斯、哈贝马斯以及德沃金看来，政治理论的目的在于建立一个对所有人皆有效的普遍真理。正如上面我们已经分析的那样，他们持有理性主义观点，认为关于"良善政体"（good regime）只能有一个答案。而在后者看来，一种人类存在的政治形势，在某些条件下被视为是正当的，但这必须被理解为是某个特定历史的产物，需要具备一定的历史、文化与地理等存在条件为基础。依照这种看法，显然自由主义民主应该放弃其依据普遍理性建构出的一种普适性的正义原则。正是这种普遍理性原则成为了公共性构成的基础。为语境主义摇旗呐喊的诸如沃尔泽、罗蒂以及格雷、拉兹等，他们一致认为，"不存在有任何可以置身于特定文化实践与制度之外，而能够做出普遍、'独立于语境之外'的判断的观点"[1]，从而，正如约翰·格雷所说，"如果人的生活方式乃是他实践之产物，这些生活方式之形态都受到人的性情以及传统延续下来的环境所塑造与限制，那么，对于任何良好生活的概念，都不能够以这生活是深深植入人心人性为理由来说明，并自称比其他生活方式更具有优先地位"。[2] 而倡导新实用主义阅读维特根斯坦的罗蒂认为，我们应该完全放弃一个毫无希望的承诺，即吁求在政治上中立、对所有人都说的通的方案。墨菲认为罗蒂已经认识到，"把民主相信成与理性相互联系是大成问题的，我们必须停止将西方自由主义社会的制度描述为……必须会采纳的出路"。[3] 这样一来，墨菲在得到了语境

---

[1] Chantal Mouffe, *The Democratic Paradox*, London, New York: Verso, 2009, p. 63.
[2] John Gray, *Liberalisms*, London, New York: Routledge, 1989, p. 35.
[3] Chantal Mouffe, *The Democratic Paradox*, London, New York: Verso, 2009, p. 65.

第四章　政治经济学批判与当代人的文化观念

主义的支撑之后，批判自由主义不可能提供人类存在问题的理性出路。墨菲认为，热衷公共性达成价值共识的"审议模式，终究无法面对具有敌意的'政治性'……审议民主派以对于不偏不倚的理性共识的强调，倾向于以康德的道德语词来表达民主政治目标"。① 这就是说，差异永远都是存在的，换句话说，价值相对主义是价值生活的前提与基础。如果这就是虚无主义的话，那么，虚无主义就是人的宿命与存在论。当然，他也对价值相对主义有所不满："后现代回避了价值普遍性的问题，将民主设想为是一种非义务论的伦理规划"，这些哲学源头是"列维纳斯、阿伦特、海德格尔甚至尼采"。不过，墨菲认为，这种对价值普遍主义否定而走向相对主义的理论无法面对"例外决断"的问题，这是一个至今依然被激进左翼的阿甘本反复讨论的问题，因为无可决断之处做出决断一定是存在着暴力的因素的，这便是政治的原始处所，只能在"冲突和多样性的背景下创造团结；它关心的永远是如何通过确定'他者'来创造'我们'"。②

显然，克服虚无主义不能够单向度地将视角窄化为"形而上学—虚无主义"的思考框架，价值的问题最终来自于生活世界，"要求抛弃人民处境的幻觉，就是要抛弃那幻觉的处境"，这里处境就是"资本逻辑"为主导的现实生活③，在这种"一切神圣的东西都被亵渎了"的处境中，"人们终于不得不用冷静的眼光来看他们的生活地位、他们的相互关系"④，这就是交换社会中人与人展现为物与物的关系的基本逻辑所造成的，其中"个人现在受抽象统治"，资本、权力、形而上学三位一体构成对人的宰制形式，三者均从自身建构出虚无主义的各自面向，对每一个面向的共同瓦解才是解决价值虚无主义问题的方向。当然，三者并非

---

① Chantal Mouffe, *The Democratic Paradox*, London, New York: Verso, 2009, p.130.
② [英] 墨菲：《审议民主抑或竞争式的多元主义》，霍伟岸译，载《审议民主》，南京：江苏人民出版社2007年版，第359页。
③ 《马克思恩格斯文集》第1卷，北京：人民出版社2009年版，第4页。
④ 《马克思恩格斯文集》第2卷，北京：人民出版社2009年版，第35页。

等同关系,在资本逻辑为基本建制的交换社会中,权力与形而上学本身是为资本逻辑保驾护航的,从而,消解虚无主义的根本前提就不再是形而上学,而是如何对待资本逻辑问题才是更加值得思考的路径。

第三节 存在观念与时代精神

马克思在欧洲启蒙运动的"现实境遇"中,通过自我意识、"自然权利"以及"资本逻辑",批判了启蒙运动之于封建传统所谓的"时代精神",终究由于启蒙自身的逆反而堕落为"时代幽灵",并进而成为当代人生存的"支配性结构"。马克思在批判黑格尔辩证法之后,以"否定的辩证法"强调在与这些"支配性结构"对抗的过程中,寻求"时代精神",从而使其摆脱封闭性而获得"开放性"。这种开放性依然有一定的原则,那就是人民的幸福始终是时代精神的根源所在。

对于马克思来讲,等级权力在被法国大革命抛入历史之后,资本随之作为推动社会发展的"主体"备受推崇。但他依然认为资本与等级一样落后于"时代"发展的要求,并努力为人们从资本主导的世界中"撤离"出来进行艰苦的论证,其实这就是让人们能够重新进入一个"新时代"。就此而言,依据马克思的整个文本书写来看,他对德国古典哲学、各种"真正的社会主义"以及"古典政治经济学"等此类话语体系的批判,实质上正是认为这些话语成为"时代幽灵"(Zeitgespenst),始终困扰着人的存在,成为人之存在的观念统治方式。而"时代精神"(Zeitgeist)的出场在马克思那里,并非是直接宣告的方式给出,毋宁说,当"时代幽灵"在对异质化的现实世界进行"同一性"宰制的时候,马克思则是对"同一性"的幽灵形态冒充为时代精神,对立足特殊社会形态产生的特殊性去置换一般社会形态的普遍性做出批判。此种冒充、置换正成为日常生活的意识形态,如齐泽克所说,各种作为意识形态的"时代幽灵"正好支撑我们的幻象结构,"它是'幻觉',用来解构我们有效、真实的社会关系,并因此遮掩不堪忍受的、实在界的、不可能的内核"①,当然这一内核在当代激进左翼思想家那里被称为"永恒的对抗"。那么,马克思是如何将欧洲启蒙运动建立起来的"时代精神"斥责为"时代幽灵"的?又是如何与上述种种"支配性结构"的时代幽灵区分开来,进而成为人类追求自由的基本方向?马克思为理解"时代精神"的根本源泉做过怎样的论述?回答这些问题,对于我们理解马克思哲学和当代现实生活具有基础性的理论价值。

一、欧洲启蒙运动与时代精神的逆反

如何理解欧洲启蒙运动,是马克思重新思考时代精神的"现实境遇"。但是什么是启蒙,在西方思想史上,"没有别的思想运动和历史时期能引发如此多的分歧",从而成为一种"令人愤怒恼火的争论主题"。② 因为,谈及启蒙,德、法、英之间对社会论题的思考方式上差别显著,更别说,启蒙运动也不是一场连贯的运动。即使生活在欧洲启蒙运动的 18 世纪,当时一些哲学家也并不认为启蒙是完成了的,并迎合了"时代精神"。康德曾对自身所处的时代这样描述,这是"真正的批判时代,一切都要接受批判,通常,宗教通过其神圣性,而立法通过其权威,想要免于批判,但是这样一来,它们就激起了对自身的怀疑,并且不能要求别人不加伪饰的敬重"。③ 康德所引领的德国启蒙精神影响了青年马克思,在《博士论文》中,康德所谓启蒙意味自我意识觉醒的观念,马克思给予了充分的吸收。如马克思奉行普罗米修斯的自白,"总

---

① [斯洛文尼亚]斯拉沃热·齐泽克:《意识形态的崇高客体》,季广茂译,北京:中央编译出版社 2017 年版,第 50 页。
② [英]安东尼·帕戈登:《启蒙运动为什么依然重要》,王丽慧等译,上海:上海交通大学出版社 2017 年版,第 7 页。
③ [德]康德:《纯粹理性批判》,邓晓芒译,北京:人民出版社 2004 年版,第 3 页。

而言之，我痛恨所有的神"，这就是"哲学自己的自白，是哲学自己的格言，表示它反对不承认人的自我意识是最高神性的一切天上的和地上的神"。① 从而进一步在自我意识的基础上，要求破除西方以洛克、霍布斯为代表的英国启蒙运动的财产权为核心的自然权利学说。所以，"排斥"人自身的"定在"被马克思看作自我意识的最初的表达形式，"要使作为人的人成为他自己的唯一现实的客体，他就必须在他自身中打破他的相对的定在"。② 但是，持守自我意识的马克思很快发生了思想的转变。之所以如此，我们同意阿多诺的评价，"人们从自然中想学到的就是如何利用自然，以便全面地统治自然和他者"，"启蒙根本就不顾及自身，它抹除了其自我意识的一切痕迹"。③ 为此，马克思在随后的思想进展中，认为启蒙已经并不能展示"时代精神"，反而成为了"时代精神"出场的障碍。

首先，自我意识意图克服宗教，自身又变为了宗教。在《德意志意识形态》中，我们能够看到马克思对原先具有启蒙价值的"现代德国哲学的批判"。他们将自我意识放大到不恰当的位置。当时的青年黑格尔派深受法国资产阶级民主理念的影响，希望以宗教批判的方式推动普鲁士封建君主专制的革新。当施特劳斯、鲍威尔、费尔巴哈等人瞄准宗教批判，并强化宗教不过是人的自我意识异化的产物，因而，消除宗教自然就是消除自我意识的异化。到这里，德国启蒙所推崇的自我意识发生了逆转，当自我意识成为现实世界创造原则的时候，消除社会现实本身的矛盾变成了自我意识的改造。对此，马克思嘲讽道，"有一个好汉忽然想到，人们之所以溺死，是因为他们被重力思想迷住了。如果他们从头脑中抛掉这个观念，比方说，宣称它是迷信观念，是宗教观念，他们

---

① 《马克思恩格斯全集》第 1 卷，北京：人民出版社 1995 年版，第 12 页。
② 《马克思恩格斯全集》第 1 卷，北京：人民出版社 1995 年版，第 37 页。
③ [德]霍克海默：《启蒙辩证法》，渠敬东等译，上海：上海世纪出版集团 2006 年版，第 2 页。

第四章 政治经济学批判与当代人的文化观念

就会避免任何溺死的危险",这个好汉当然就是德国哲学家们,他们都认为,"观念、想法、概念迄今一直支配和决定着现实的人,现实世界是观念世界的产物"。① 人作为观念的、宗教的人,一种"只有在臆想中才能撇开的现实前提"的人的种种看法,最终被马克思引向了"现实中的个人",这是"以一定的方式进行生产活动的一定的个人"②,从而将"时代精神"的思考从自我意识建构的路径中转向了立足现实的个人,马克思已经确立"只有在现实的世界中并使用现实的手段才能实现真正的解放"。③

其次,启蒙计划中借助"自然权利"学说论证了生命权、自由权、财产权,不过是资本主义社会法权的"反推"。启蒙运动思想家们在极力推崇自然权利,特别是以财产权为自由奠定基础。但是,马克思却认为这种自然权利并非是人的真实存在状况,而是人在市民社会生活中的一种特定表现,即表现为"自然人",相应地所谓人权也表现为"自然权利"。对此,马克思的解释是,"因为**有自我意识的活动**集中于**政治行为,利己的人**是已经解体的社会的**消极的、现成的**结果",也就是说,在政治解放中,它依然将市民社会中利己的人的原则作为"自然的对象",一种"**直接确定性**的对象","也就是把需要、劳动、私人利益和私人权利等领域看做自己持续存在的基础,看做无须进一步论证的前提,从而看做自己的自然基础"。④ 显然,"自然权利"学说是"祛除历史性的",它将人在市民社会中遭遇到存在前提当作"固定的自然形式",因而,政治解放被启蒙思想家当成人类最后一次解放的形式。但是,这一解放只是资产阶级自身从封建统治下解放出来,从而使得资产阶级特权获得了实现,被资本所统治的劳动者依然在沉重的经济强制中

---

① 《马克思恩格斯文集》第 1 卷,北京:人民出版社 2009 年版,第 510 页。
② 《马克思恩格斯文集》第 1 卷,北京:人民出版社 2009 年版,第 516—517 页。
③ 《马克思恩格斯文集》第 1 卷,北京:人民出版社 2009 年版,第 527 页。
④ 《马克思恩格斯文集》第 1 卷,北京:人民出版社 2009 年版,第 45—46 页。

生存。现代的劳动者就处于这种生产关系的结构之中,当私有财产发展到其现代形式时,现代资本成为了对人的统治主要根源,也成为世界历史展开的根本动力。正是在这一现实的基础上,资本主义私有财产权被描绘成为"自然权利",恰好是资本主义根据自身现有的社会现实所做的一种意识形态推演,它遮蔽了财产权来源的历史性。

最后,启蒙计划中推行的"商品交换社会"的经济发展规律,或者说"资本逻辑",同样不能成为人类社会发展的"时代精神"的体现,反而给人类造成诸多的困境:一方面,资本的竞争会造成人类不必要的灾难。从资本主义的经济运行规律整体来讲,就是追求资本的增值所带来的利润,当然,这并非说是资本家的贪婪所致,而是由于资本主义相互竞争的内在动力所决定的。在今天人工智能的技术革新情势下,边缘化或贫穷化更加严重。另一方面,在交换的领域中,仿佛真是"天赋人权的真正伊甸园。那里占统治地位的只是自由、平等、所有权和边沁"。之所以如此,"商品例如劳动力的买者和卖者,只取决于自己的自由意志"。"他们彼此只是作为商品占有者发生关系,用等价物交换等价物",从而看似平等。其中"每一个人都只支配自己的东西",多以财产所有权为前提,但是一旦离开这种交换的领域,"作为资本家,昂首前行;劳动力占有者作为他的工人,尾随于后。一个笑容满面,雄心勃勃;一个战战兢兢,畏缩不前,像在市场上出卖了自己的皮一样,只有一个前途——让人家来鞣"。① 资本所主导的经济运行规则,违背了启蒙所倡导的自由、平等原则,资本曾作为推翻封建制度的武器,将"封建的所有制关系"中"束缚生产的桎梏"逐一打破。资本将生产力解放出来的同时,又进一步束缚了生产力的发展。它将"对准资产阶级自己",从而资本主义社会造成的问题重重。诸如,资本主义在人们的价值观念上,将人的尊严、一切固定的东西、神圣性逐渐摧毁,人与人之间的关系表

---

① 《马克思恩格斯文集》第5卷,北京:人民出版社2009年版,第204—205页。

现为物与物的关系，似乎人与人"除了赤裸裸的利害关系，除了冷酷无情的'现金交易'，就再也没有任何别的联系了"。① 显而易见，资本主导的启蒙道路远离了"时代精神"，但它也为人类走进新的时代奠定了基础。

二、否定的辩证法与时代精神的重新规划

既然马克思同欧洲启蒙运动的时代精神划清了界限，他也就自然与上述启蒙运动内在的"支配性结构"，即自我意识、自然权利，以及资本主义经济运行所倡导的自发秩序的规律区分开来，或者说，从而判定这些不过是"时代的幽灵"。之所以说这是一种欧洲启蒙运动搭建起"支配性结构"，在于这些结构始终想要依靠自身的阐释框架对外在社会做出裁定，将外在社会发展完全纳入到支配性的资本主义社会结构之中。这种启蒙的观念在黑格尔那里体现得最为明显。启蒙充当了虚假的"时代精神"，其中原因就在于，它依循了黑格尔的辩证法思维原则。具体体现为：第一，在黑格尔那里，思维与存在的结构是一致的，历史的发展不过是自我意识的进步，他将社会现实的发展运动看作自我意识的综合、自我意识的深化和运动的结果。"黑格尔内容哲学的基础和结果是主体的第一性，或用他的《逻辑学》导论中的一句著名的话说，是'同一性和非同一性之间的同一性。'他认为确定的个别是可被精神来规定的，因为他的内在的规定性不过是精神。"② 第二，黑格尔的辩证法蕴含着对"非概念性、个别性和特殊性"的排斥，从而以"惰性的实存"为由，将这些当作无意义的东西打发掉。但是，正是相对于"支配性结构"来讲，其无法支配的部分才是"时代精神"生发的空间。因为从"支配性结构"出发来寻求"时代精神"，出发点便是对"时代精神"

---

① 《马克思恩格斯文集》第2卷，北京：人民出版社2009年版，第34页。
② ［德］阿多尔诺：《否定的辩证法》，张峰译，重庆：重庆人民出版社1993年版，第6页。

的否定，所以不能再从这种"支配性结构"出发，而应该在"支配性结构"这座否定"时代精神"的围城之外、在"支配性结构"不能支配的，也就是肯定性的场域中才能寻找"时代精神"。第三，对于黑格尔辩证法也存在着将一个历史终结的和谐论强加于历史本身的困境，"黑格尔赋予精神以引导物质展开其潜能达到完美和谐的力量"，从而"历史到此也就终结了"。① 这里很显然地显示出黑格尔的辩证法成为外在社会发展的"紧身衣"，它在外在世界的无法克服的对抗，最后矛盾统统都在其辩证法的合题中找到了"对立面和解"的综合之路。

　　与启蒙保持距离，也就是要在上述的意义上与黑格尔的辩证法保持一定的距离，并对其展开批判。马克思在后来的政治经济学的研究中，一直保持着实在世界的矛盾与逻辑上的矛盾完全不同的观念，正是推进这一批判的内在要求。那种认为现实世界可以全部融入到思维世界并被完全驾驭、认识，从而在理智上可以提出一个未来规定性的总体，不过是一个幻象罢了。反过来看，启蒙恰恰就是操持着思维与存在的同一性为原则的辩证法，并以此种认知的路径来维持自身的。依循如此，启蒙所宣称的"时代精神"成为了对立于实在世界，并宰制、封闭实在世界的观念与法则，但其实它们只不过是实在世界的抽象化。正如我们所看到的，启蒙所宣言的"时代精神"最终成为了资产阶级的内在要求，其核心就便变成了"资本的精神"，其所造就的"时代精神"必然是幻象，进而堕落为时代的幽灵。对此类"时代精神"做一种历史性的回溯，成为了马克思对启蒙运动的"支配性结构"反思的重要方法论。对黑格尔的"同一性"的辩证法持有批判的马克思，显然并不认为"时代精神"可以通过我们以特定的经验对象来加以指认和限定的。毋宁说，"时代精神"并不局限于现实存在的能够指涉的特定对象，时代精神更多地指向普遍性本身，一旦用特定的经验对象来替代普遍性，也就与资本主义

---

① ［加拿大］罗伯特·阿尔布瑞顿：《政治经济学中的辩证法与解构》，李彬彬译，北京：北京师范大学出版社 2018 年版，第 73 页。

第四章 政治经济学批判与当代人的文化观念

的拜物教所达成的"特殊替代普遍"在逻辑上是一致的。启蒙所犯的错误,不能再继续在"时代精神"认知的道路上继续重复了。诚如马克思在描绘19世纪社会革命讲述的那样,"不能从过去,而只能从未来汲取自己的诗情。它在破除一切对过去的迷信以前,是不能开始实现自己的任务的"。①

那么,"时代精神"怎么贴近?既然它始终警惕黑格尔式的辩证法思考方法,从而我们应当看到马克思重新确立的辩证法,确实与阿多诺对辩证法的如下看法十分相近,"这种辩证法是不能再与黑格尔和好的,它的运动不少倾向于每一客体和其概念之间的差异中的同一性,而是怀疑一切同一性;它的逻辑是一种瓦解的逻辑:瓦解认识主体首先直接面对的概念的、准备好的和对象化的形式"。② 之所以这样说,我们只要从马克思对蒲鲁东关于经济范畴看法的批判中便能够看到,在那里,马克思明确地对概念与实在之间的"颠倒"做了批判,认为蒲鲁东不过是卖弄黑格尔的辩证法,但实质上,"经济范畴只不过是生产的社会关系的理论表现,即其抽象"。③ 瓦解的逻辑恰恰就是要尊重客体优先的原则,它承认社会本身的矛盾的多种多样,复杂而异质,绝不以主体设立的概念、逻辑直接射入实在本身。由此,明确地认识到作为欧洲启蒙运动延续的现代世界中的"支配结构",并不能以泛逻辑主义的方式将其推广到社会的各个层面。所以,马克思不再以自我意识、自然权利以及资本的逻辑特质在表层上来理解当代社会的"时代精神"。而是相反,对"时代精神"的认识,就是要求我们始终对各种"同一性"的"支配结构"的抵抗,这是一种"非同一性"的动态过程。一方面,辩证法要求人们在认识论的意义上,以"支配结构"这种思维逻辑去理解、去对现

---

① 《马克思恩格斯文集》第 2 卷,北京:人民出版社 2009 年版,第 473 页。
② [德]阿多尔诺:《否定的辩证法》,张峰译,重庆:重庆人民出版社 1993 年版,第 143 页。
③ 《马克思恩格斯文集》第 1 卷,北京:人民出版社 2009 年版,第 602 页。

存事物做肯定的理解，另一方面，又"对现存事物的否定的理解"，"对每一种既成的形式都是从不断的运动中"去理解，"辩证法不崇拜任何东西，按其本质来说，它是批判的和革命的"。①

进一步来看，"时代精神"不能作为名词来理解，而应该是"时代精神化"。以名词理解马克思的诸多术语给今天的马克思哲学研究带来了不少误解。诸如，人们会将资本逻辑看作一个先定的过程，现实存在似乎也验证了这种"先在性"，"人们自己创造自己的历史，但是他们并不是随心所欲地创造，并不是在他们自己选定的条件下创造，而是在直接碰到的、既定的、从过去承继下来的条件下创造"。② 但是，这种先在的条件只能放在人的实践的对象化领域来加以理解，先在条件并非是一成不变的，而是不断对历史主体发生作用。就资本逻辑来讲，就是不断地对人们施以"资本同一化"的过程，不是将资本逻辑看作是对主体的静态的"同一"。因为这样的话，主体就没有参与进去，只存在资本单向度对主体的运作。做"资本同一化"的理解则意味着一个动态的过程，而不是完成形态，既然是动态过程，也才能够看到资本在对劳动行为进行同一化的过程中，始终有不能同一化的"非同一性"一面的存在，而这也是辩证法对"非同一性"，对不能完全容纳进同一性东西的存在合法性的必然认识。可惜的是，今天的资本逻辑在一些学者那里，被理解为一种完成了的、静态的、单向度的过程，从而认为，瓦解资本逻辑的方向就在于资本自身。其实，没有脱离主体的资本，资本只是人类死劳动的凝结物。对待资本逻辑这样的"时代幽灵"要将其作为动词来理解，反之，对待"时代精神"也是如此。在人类实践过程中，"推翻使人成为被侮辱、被奴役、被遗弃和被蔑视的东西的一切关系"③，不断超越种种现存困扰人存在的各种"支配结构"不是一蹴而就的事情，

---

① 《马克思恩格斯文集》第5卷，北京：人民出版社2009年版，第22页。
② 《马克思恩格斯文集》第2卷，北京：人民出版社2009年版，第470—471页。
③ 《马克思恩格斯文集》第1卷，北京：人民出版社2009年版，第11页。

而且只能在实践运动的层面来理解。可以说，正是源自马克思对黑格尔辩证法的批判，才使得那些试图摆脱欧洲启蒙运动所塑造的"支配结构"，成为了追求"时代精神"的基本方向。

三、"人民的幸福"与"时代精神"的一致性

显然，马克思是用一种"否定的辩证法"勾画了"时代精神"，他曾嘲笑乌托邦主义者如欧洲启蒙运动者一样，总是极力描述新的社会的美好蓝图。马克思在世的时候，巴黎的《实证论者评论》就已经批评马克思，"只限于批判地分析既成的事实，而没有为未来的食堂开出调味单"。① 对此马克思的回答便是我们在第二部分着力分析的，其与黑格尔的辩证法不同，使他自己从一个封闭的阐释方式中走出来，而完全为未来敞开的道路，除了出于辩证法的开放性的内在要求外，也是出于他对乌托邦主义和实证主义都保持了高度的警惕。诚如大卫·利奥波德（David Leopold）的看法，马克思在自己的作品中的确刻意避免了对未来蓝图的问题，不过，"如果说马克思完全没有对其构想的未来社会秩序进行描述，这肯定是不对的"②，那么，到底什么才能称为"时代精神"，他做过一些基本原则性的描述吗？从而马克思在与欧洲启蒙运动所推崇的种种道路区分开来之后，为开启崭新的人类文明的新形态倡导怎样的"时代精神"？

在马克思的文本中，关于"时代精神"的论述并不多见，根据德文文本的梳理来看，除了马克思模仿黑格尔表述哲学是"时代精神的精华"的说法之外，谈论时代精神主要有三处。

具体内涵又分为两个层面：第一，指明了"时代精神"是客观存在的，绝不是主观是否承认的问题，也不是主观上想消除就可以视而不见

---

① 《马克思恩格斯文集》第5卷，北京：人民出版社2009年版，第19页。
② ［英］大卫·利奥波德：《青年马克思》，刘同舫等译，广州：中山大学出版社2017年版，第289页。

的。这体现于他在《莱茵报第 193 号》（1842）中做出的判断："正好在古代世界濒临灭亡的时候，产生了亚历山大里亚学派，这个学派力图强行证明希腊神话是'永恒真理'，是完全符合'科学研究的成果'的。连尤利安皇帝也属于这一学派，该学派认为，只要闭上眼睛不看新出现的时代精神（Zeitgeist），就可以使它完全消失。"① 第二，指明了"时代精神"的依据就是人民的幸福，它体现的是人民的呼声而绝非是个人的，总是警惕代表部分利益的个人占据"时代精神"。这主要体现在另外两处：一是在《废除封建义务的法案》（1848）中，马克思说，"现在，大臣先生的畏缩的实践小心翼翼地在这两种勇敢之间徘徊。左边是'全国人民的幸福'和'时代精神的要求'，（"die allgemeine Wohlfahrt" und die "Anforderungen des Zeitgeistes"）右边是'地主合法取得的权利'，中间是'农村关系更加自由发展的值得赞许的思想'，这种思想体现在吉尔克先生的不好意思的茫无所措的态度中，——这是一种什么样的情景呵！"② 另一处，马克思则在《马克思致费迪·南拉萨尔》（1859年）中强调："而我认为，你的最大缺点就是席勒式地把个人变成时代精神的单纯的传声筒"。（Sprachröhren des Zeitgeistes）③ 其中第二条尤为值得关注，马克思将"全国人民的幸福"和"时代精神的要求"放在一起的思路绝不是随意的表述，而是他整个思想一贯的理念。

一方面，在马克思看来，**资本主义的发展道路背离了人民的幸福，因而不可能成为"时代精神的要求"**。恩格斯曾在 1868 年 3 月为《民主周报》撰写《资本论》第一卷书评时写道，"资本和劳动的关系，是我们全部现代社会体系所围绕旋转的轴心"④，在这一社会体系中，马克思

---

① 《马克思恩格斯全集》第 1 卷，北京：人民出版社 1995 年版，第 213 页。德文见：Karl Marx/ Friedrich Engels-Werke. Dietz Verlag, Berlin. Band 1. Berlin/DDR. 1981，S92.
② 《马克思恩格斯全集》第 5 卷，北京：人民出版社 1958 年版，第 326 页。德文见：Karl Marx/ Friedrich Engels-Werke. Dietz Verlag, Berlin. Band 5. Berlin/DDR. 1959，S279.
③ 《马克思恩格斯全集》第 29 卷，北京：人民出版社 1972 年版，第 574 页。德文见：Karl Marx/ Friedrich Engels-Werke. Dietz Verlag, Berlin. Band 1. Berlin/DDR. 1978，S592.
④ 《马克思恩格斯文集》第 3 卷，北京：人民出版社 2009 年版，第 79 页。

第四章 政治经济学批判与当代人的文化观念

揭穿了剩余价值的秘密,并指明了"全部现存的社会制度都是建立在这种无酬劳动之上的"①,应该说,这是恩格斯对马克思所揭示的资本主义违背人民幸福的总结性的论断。马克思也详细地通过《资本论》阐发了资本主义社会中的"每个人都互相妨碍别人利益的实现,这种一切人反对一切人的战争所造成的结果,不是普遍的肯定,而是普遍的否定"。②具体一点,我们还可以借助于埃里克·欧林·赖特在其《展望现实乌托邦》的阐释加以认识,在那里,他对资本主义为什么违背人民幸福做了"十一条批判",基本上涵盖了马克思对资本主义批判的大致方向。这些批判分别是:(1)资本主义系统性、全面地制造人类可以经过调整而消除的苦难,诸如当代社会贫穷的根源、对人的宰制日益超出了生产的领域走向全面的生活领域;(2)资本主义也阻碍了使得人类广泛发展的条件得以普遍化的可能,诸如资本主义造就了巨大的两极分化;(3)个人选择的自由表面上看是资本主义的成就,但实质上并不能充分实现;(4)资本主义不仅违背自由平等主义的机会平等原则,也违背了自由主义的正义理念;(5)资本主义在关系到公共财产等方面的时候,缺乏效率与执行力;(6)资本主义将人们导向一种消费主义;(7)资本主义破坏人的生存环境;(8)资本主义商品化的社会氛围破坏了人的价值观念;(9)资本主义推动了帝国主义与军事主义,破坏人的生存的国际和平环境;(10)资本主义破坏了互助互爱的共同体,因为市场经济原则与共同体根本上是相互冲突的;(11)资本主义限制了民主的发展。③ 今天,在西方激进左翼那里,从对拜物教、加速社会、智力的无产化、生命政治等一系列更具现代特征的资本主义批判,将其对人的存在危害的话题引入到人们的视野中,资本主义对人的全面而残酷的宰制被"全景性地曝光"。

---

① 《马克思恩格斯文集》第3卷,北京:人民出版社2009年版,第82—83页。
② 《马克思恩格斯文集》第8卷,北京:人民出版社2009年版,第50页。
③ Erik Olin Wright, *Envisioning Real Utopias*, London:Verso, 2010, pp. 24 – 25.

另一方面，马克思将历史视为人民所创造的，人民的需要便成为引领时代精神的根本要求。我们知道，马克思曾经对于哲学有过一个说法，那就是"人民的最美好、最珍贵、最隐蔽的精髓都汇集在哲学思想里。正是那种用工人的双手建筑铁路的精神，在哲学家的头脑中建立哲学体系"，也只有这样的哲学才是"自己时代的精神上的精华"。① 在《神圣家族》中，当青年黑格尔派将自我意识、精神、英雄作为历史创造者，倡导"思想创造一切"的时候，群众在他们的心目中，根本不能代表时代的精神，反而是"有限的、粗野的、卤莽的、僵死的和无机的"。他们贬低工人始终为了自己的某种单一的利益，所以他们什么都没有创造。但马克思重建了历史观，并认为历史是人民物质生产实践所创造的，批判了青年黑格尔派思想主导历史的看法，认为思想离开群众以及利益必将使得自己出丑。因为就人的现实生存境遇的改变来看，"仅仅**在思想中**站起来，而让用思想所无法摆脱的那种**现实的、感性的**枷锁依然套在**现实的、感性的**头上，那是不够的"。② 正是这种新的"群众史观"的确立，它重新让我们看到了至今以来的历史虽然是人民群众所创造，但是，"历史的进步整个说来只是成了极少数特权者的事，广大群众则注定要终生从事劳动，为自己生产微薄的必要生活资料，同时还要为特权者生产日益丰富的生活资料"③，也就是说，以往的时代精神的阐释权总是被占统治地位的人以恶意的方式独占，"群众史观"使得时代精神的解释权重新回到了广大群众的一边。就当代资本主义社会的运行来说，其主要是服从于资本增值的需要，历史自然也呈现为资本的历史。在这样一个生存境遇下，人民自身的需要就是要改变资本增值主导的地位，重新重视人的劳动逻辑以抵抗资本的逻辑。当资本被看做是社会生产力发展的唯一动力的时候，人与人之间正是表现为物与物的异

---

① 《马克思恩格斯全集》第1卷，北京：人民出版社1995年版，第219—220页。
② 《马克思恩格斯文集》第1卷，北京：人民出版社2009年版，第288页。
③ 《马克思恩格斯文集》第3卷，北京：人民出版社2009年版，第459页。

第四章　政治经济学批判与当代人的文化观念

化了的社会关系。改变这种关系，寻求一种人与人之间的非异化的社会关系的合作力量，一直是人们探索的方向，而这也正是马克思描绘的"真正的共同体"的真实内涵，这是以劳动方式重组来达到推动生产力发展的目的，诸如西方学者倡导类似于维基百科式的生产模式的重构。显然，人们从来没有停止过对走出资本主义的向往，在东西方文明发展道路的经验基础之上，依然还在继续探索摆脱资本主义的生存方式的各种可能性，为人类新文明开辟方向，这是关乎人民幸福的事业，自然也是时代精神集中体现与根源所在。

第四节　"生活着的一切都已转化为景观"

景观社会作为现代人的存在的观念迷雾中的高级形态，无疑需要我们给予理论的回应，我们知道，在德波本人那里，《资本论》的第一句即"资本主义生产方式占统治地位的社会的财富，表现为（Erscheint）'庞大的商品堆积'"①，已经被改写为"在现代生产条件无处不在的社会中，生活自身表现为（Presents）景观（Spectacles）的庞大堆积"。②如果说这种改写只是一种在文本上展示的显性表达，那么，在隐性意义上，我们仍需思考这种改写是从何种角度与马克思思想产生关联的，抑或说德波在什么意义上真正抓住了《资本论》的核心？对此，阿甘本认为马克思写作《资本论》特别是"商品拜物教及其秘密"一节的时候，很可能受到在1851年举办的第一届国际博览大会中，由帕克斯顿（Pax-

---

① 该句德文为 Der Reichtum der Gesellschaften, in welchen kapitalistische Produktionsweise herrscht, erscheint als eine "ungeheure Warensammlung"；《马克思恩格斯文集》第5卷，北京：人民出版社2009年版，第47页。

② Guy Debord, *Society of the Spectacle*, Brocklyn, New York: Zone Books, 1994, p. 12.

ton）设计的一栋完全用水晶来制作的建筑物所展示出的"水晶宫"（既透明与变幻不定的景象）的影响，而德波不过就是抓住了马克思对景观的预言，可以更准确地认为人们如今已经身处景观的梦魇中，处于这个梦魇中的 19 世纪梦想着 20 世纪。① 当然，德波等情景主义者认为，从景观的梦魇中苏醒过来是当前的第一任务，在这个意义上讲，回到《资本论》阐释其与景观的批判思想债务正是为促进此一任务的思想前提。

一、"表现"及其机制

在《资本论》中除了商品、资本之类的高频词以外，为了更好地理解马克思的思想，值得我们考察一番的德文词便是"Erscheinen"②。单独以"Erscheinen"的第三人称变形词"Erscheint"来看，如果排除以下两处：第一处出现在恩格斯所写的《资本论》第四版序言中，爱琳娜认为英文版《资本论》中的引文不应该是德文转述，而应直接采用英文原文来表现（Erscheint）；③ 第二处则在剑桥三一学院的塞德利·泰勒来信中，即"使人表现（Erscheint）特别惊异的是……"④ 马克思在《资本论》的正文中使用"Erscheint"一共 463 次，"Erscheinen" 116 次，"Erscheinun" 37 次，那么，在"表现"（Erscheinen）这一高频词背后，我们能揣测到马克思表达了怎样的思想观念与思维方式？⑤

让我们仅以《资本论》第一章"商品"中的几处表述为例来说明。第一，"表现形式"是内在于特定的社会关系中的，这是真正理解事物本身的要求。马克思论述交换价值使人们产生一种假象时认为（这也是

---

① Giorgio Agamben, *Means without End Notes on Politics*, London: Minneapolis, 2000, pp. 74 – 76.
② 关于德国古典哲学与马克思哲学文本中都曾大量使用的"Erscheinung"（现象）更是一个值得追问的话题，本应该穿插讨论，但是限于篇幅未及论出。
③ Karl Marx, *Das Kapital*, erster band, Buch I, Berlin: dietz Verlag, 2008, S. 41.
④ Karl Marx, *Das Kapital*, erster band, Buch I, Berlin: dietz Verlag, 2008, S. 44.
⑤ 大卫·哈维也注意到这个细节之处，参见 [美] 大卫·哈维：《跟大卫·哈维读〈资本论〉》，刘英译，上海：上海译文出版社 2013 年版，第 19 页。

第四章　政治经济学批判与当代人的文化观念

正文第二次出现），"交换价值首先表现为一种使用价值同另一种使用价值相互交换的量的关系或比例，这个比例随着时间和地点的不同而不断改变"，从而给人一种感觉，即交换价值似乎是"一种偶然的、纯粹相对的东西"。但是，我们知道，在《资本论》中，马克思认为作为交换价值这一表现形式的偶然性，不可能在商品的内在特质中分辨出来，物本身并不具有这种"交换的要素"，能够促成这种交换的一定是某种东西，这种东西在交换时被"表现出来"。在交换过程中，商品内在的使用价值与商品共有的价值一并得到理解。这里，他的意思是要表明，在以资本为主导原则所建构的交换社会中，表现（Erscheinung）并非是事物的内在的自然属性，而是在"交换社会"的过程中被建构出来的。随后，马克思便告诫人们，要想真正了解交换价值不能从作为表现形式的自身入手，"研究的进程会使我们再把交换价值当作价值的必然的表现方式或表现形式来考察，但现在，我们应该首先不管这种形式来考察价值"。① 这里很明显可以看出，马克思在分析价值概念的时候，并不是要把表现形式作为考察的出发点，而是要对之"不管"。对此，我们想想"政治是经济的集中表现"这句经典的结论，按照上述意思，对政治其实不能从本身来考察，而是要撇开这种表现形式的一面，进入到经济的领域才能得以理解，因为作为表现形式的政治本身也只是在社会关系中才被形塑的。在商品的价值关系中，这种思维方式得到了马克思进一步的强调，"商品B的物体成了反映商品A的价值的镜子"，当然，考察商品A的价值不能在作为"镜子"的商品B中得以理解。因为，商品A的价值是凝结在商品A之中的无差别的人类劳动，正如在一个脚注中，马克思认为，"在某种意义上，人很像商品。因为人来到世间，既没有带着镜子，也不像费希特派的哲学家那样，说什么我就是我，所以人起初是以别人来反映自己的"。② 乍一看，自我通常正是被理解为人的表现

---

① 《马克思恩格斯文集》第5卷，北京：人民出版社2009年版，第51页。
② 《马克思恩格斯文集》第5卷，北京：人民出版社2009年版，第67页。

物或者是从"别人"那里获得规定性的，但这只是特定社会形态中理解人的方式，而在马克思设想的"后资本社会"中，这恰是必须被扬弃的，所以，从外物与"别人"那里是无法真正理解人自身的。

第二，表现形式不断发展，最终构成了统治人们生活的"抽象形式"。在商品交换的过程中，我们已经知道任何一个商品都已经内在地要求有一个"表现形式"，就是说必须有一个对应的"表现"，但是，此种"表现"反倒"主客颠倒"为现代世界中的"标准"与"根据"。从"20 码麻布 = 1 件羊毛衫"这种一对一的价值形式来看，这里的表现还是十分简单的，这里的"="其实就是"表现为"。否则，正如马克思所否定的，"20 码麻布 = 20 码麻布"这是一个"既不表现价值也不表现价值量的同义反复"。① 到了一对多的扩大的价值形式中，其中每一个商品 20 码麻布 = X = Y = Z……在这种价值形式的过程中，人们的交换有一个缺陷，那就是在整个表现式中缺乏一个"统一的等价物"，也就是少了一个统一的表现形式。于是，突破这种缺陷要进入到"多对一的价值形式"中，也就是上一阶段中的那个 20 码拥有了一般等价物的形式，从而完成了使得其他商品拥有了共同的"表现形式"，"从这个时候起，商品世界的统一的相对价值形式才获得客观的固定性和一般的社会效力"。② 当"金"夺得这种效力并充当了统一的"表现"，由此便进入到"货币形式"中。伴随这种价值形式产生的还有一个独特的现象，那就是"由于社会的习惯最终地同商品金的独特的自然形式结合在一起了"③，这是"货币拜物教"。在商品交换世界中，价值形式的发展历程展示了人们最终进入到一个极度抽象的价值形式中，这里也说明了"人受抽象统治"的历史生成性。表面上看，这个价值形式是商品物之间的关系，实质上，这种关系是人与人之间的表现（Erscheint）。也就是说，

---

① 《马克思恩格斯文集》第 5 卷，北京：人民出版社 2009 年版，第 85 页。
② 《马克思恩格斯文集》第 5 卷，北京：人民出版社 2009 年版，第 86 页。
③ 《马克思恩格斯文集》第 5 卷，北京：人民出版社 2009 年版，第 87 页。

理解人的世界即以商品交换为主导的资本主义世界,需要我们紧扣商品世界来加以认识。也正是在这个意义上讲,人的世界的政治统治形式相应地也经历着"一对一统治形式""洛克的扩大了统治形式"以及"霍布斯的普遍的统治形式"等。①

第三,商品世界的"表现"造成了拜物教,拜物教使得现实世界正当化,从而将这个表现的社会进行"颠倒"以获得永恒性的外观。在"商品拜物教及其秘密"一节中,马克思说,"在生产者面前,他们的私人劳动的社会关系就表现为现在这个样子,就是说,不是表现为人们在自己劳动中的直接的社会关系,而是表现为人们之间的物的关系和物之间的社会关系"②,这一点正是人们在日常生活中产生拜物教的原因。我们每天在购买物品时,并非需要知道在所购之物中,耗费了多少人类劳动以及那个劳动者的具体情形。当然,即使你想知道这一切也无法办到,因为劳动分工、交换等越来越复杂化,生产劳动的背景已经被遮蔽了,或者说,生产本身就是一个祛除历史化的过程,比如眼前的杯子,我们对杯子的历史是无法认知的,"以往有历史,而现在没有历史了"正是表达了这个意思。从而,人们劳动的社会关系已经被"表现的"世界,即物与物之间的关系遮蔽了。"正是商品世界的这个完成的形式——货币形式,用物的形式掩盖了私人劳动的社会性质以及私人劳动者的社会关系,而不是把他们揭示出来",诸如上衣、皮靴等把麻布当作抽象的人类劳动的一般化身同它自身发生关系这种荒谬性没有什么神秘之处,但是,"当上衣、皮靴等等的生产者使这些商品同作为一般等价物的麻布(或者金银,这丝毫不改变问题的性质)发生关系时,他们的私人劳动同社会总劳动的关系正是通过这种荒谬形式呈现在他们面前

---

① 孙善豪:《批判与辩证:马克思政治哲学论文集》,唐山:唐山出版社 2009 年版,第 173—185 页。
② 《马克思恩格斯文集》第 5 卷,北京:人民出版社 2009 年版,第 90 页。

的"。① 如果再进一步来看，商品总是在人们面前将劳动的社会性质反映成为劳动产品自身的物的性质，一种内在的自然属性，这便是拜物教给人们创造的一个理所应当的世界。相应地，诚如卢卡奇所说，"在资本主义发展过程中，物化结构越来越深入地、注定地、决定性地沉浸人的意识里"。② 资产阶级经济学家正是如此，他们将价值作为物的自然属性，而没有认为"价值"是在特定的社会形态中，由特殊的生产方式所建构的，从而他们只能以拜物教的思维方式去附和特定的生产方式。但是，马克思对这拜物教秘密的揭示，就是意味着要以"行动"去推翻这个特定的生产方式下的价值，重新建构脱离了资本主义生产方式特质的价值结构。

二、"景观社会"对表现的激进化改写

上面，我们仅仅以《资本论》第一章中的交换价值以及价值形式，还有拜物教简略地试图触及马克思的"Erscheinen"的思维方式，如果就《资本论》的整个文本来讲，资本主义社会正是一个表现的社会，即在经济生活中，表现为一个自由、公正的交易市场；在政治生活中，则表现为以权利作为政治通货构建起的人的平等的假象；而在文化生活（观念生活）中，则表现为人们在意识中塑造出使得现存世界永恒化与正当化的拜物教观念，这个特定社会便表现为"资本、权利与拜物教意识"这样三位一体的"抽象世界"。马克思在《资本论》中的论证正是要说明权利与拜物教意识以及与资本存在着共谋的关系，对资本的革命才是彻底走出这个表现的"抽象世界"的恰当路径。

但是，在德波看来，马克思的分析还仅仅是处于经济统治社会生活的第一个阶段，其特征是这个社会出现了人从存在（Being）到占有

---

① 《马克思恩格斯文集》第5卷，北京：人民出版社2009年版，第93页。
② ［匈］卢卡奇：《历史与阶级意识》，杜章智、任立、燕宏远译，北京：商务印书馆2009年版，第161页。

第四章 政治经济学批判与当代人的文化观念

(Having) 的堕落，人们实现的已经"不再是他们之所是什么"，而是他们对物的占有。如果用马克思自己的话来讲，德波的意思就是人的生活被表现（Erscheinen）的那个物的世界所支配，这是第一次堕落，"积累性的经济生活的结果完全宰制了社会生活"。如今，社会继续颠倒，即从占有（Having）到显现（Appearing）的普遍转化。于是，一切实际的占有（Having）现在都必须从其外观形象上才能获得其直接的名望和最终价值。德波同马克思的"表现本身是内在于社会关系"的思路一样，认为这种外观的形象是一种社会特性，个人的现实必须借助社会力量的中介才能获得此一社会特性，按照德波的原话就是"当然，只有个体被显现，否则不可能是真实的"。① 无疑，这里的意思是，感性必须借助"抽象"才能获得真实的理解。德波这里对马克思的"表现"（Erscheinen）思维方式的承接很显然，因为实际上马克思早已经通过私人劳动必须获得社会的承认给予展示了。只不过，到了德波这里，整个抽象完全脱离了感性，其仅仅变成了一种外观。德波认为，"在真实的世界变成了纯粹的外观形象之时，纯粹的外观形象就变成了真实的存在"。② 这样一来，来自生活的各个方面分离出来的外观形象汇聚成一条共同的河流，日常生活只能表现为一个被纯粹静观的、孤立的伪世界。当然，德波依照马克思对商品的描述指明，景观不是外观形象的堆积，而是以外观形象为中介的人们之间的社会关系。也正是基于这一点，景观并不能单纯地被理解为是幻想或者说是错觉，因为景观毕竟被社会关系所赋予，它在有限的意义上已经具有社会所赋予的"客观维度"。

马克思表达的人与人的关系被表现为（其实就是颠倒为）物与物之间的关系，经过德波的再次颠倒，从而将物推导到外观形象的层面，并且这种外观可以摆脱物的内在属性来获得绝对的真实性，外观的不断发

---

① Guy Debord, *Society of the Spectacle*, Princeton：Zone Books, 1994, p. 17. 以下，我也参考了王昭凤先生的译文，[法] 德波：《景观社会》，王昭凤译，南京：南京大学出版社2007年版。
② Guy Debord, *Society of the Spectacle*, Princeton：Zone Books, 1994, p. 18.

展其实犹如马克思在描述价值形式的变化一样。今天，人们已经感受到外观形象在欲望结构的引导下不断地更新换代，从而构建了一个"抽象的世界"。外观的形象变成了"商品物化的最高形式"。起初，在价值形式中，货币作为一般等价物的工具，现在却成为人们追求的目的，从而构成对整个社会的宰制。不过，德波按照自身对晚期资本主义阶段的看法，认为货币的支配与宰制整个社会的方式是间接的，它需要一个更为普遍化的等价物的外观形象生产而传递着，从而它成为了货币发展的现代补充形式①，原先在马克思那里，货币是使那些看起来无法比较的商品使用价值可以交换的象征中介，如今景观（Spectacle）也获得这种抽象等价物的特质，因为，在景观社会中，使用价值总体已经被替换为抽象表征的总体了，物的真实效用被外观形象所制造的伪效用置换了。

更为重要的是，在德波看来，景观是只能被静观的，而不能参与其中。它"继承了西方哲学研究的全部缺点，试图依据看的范畴来理解活动，并将自身建立在技术理性的精确性的不断发展的基础上"，景观是意图将现实给予抽象化，将每一个人的具体生活化约为一个思辨的世界。② 之所以会如此，这个在德波看来，人从行动走向景观世界，就是一种逃避，是对"人类实践的重新考虑和修正的逃避"，这一点应该说是比拉克劳、墨菲等主张新社会运动的人还要糟糕。不过，这正是德波要解释景观社会的拜物教要命的地方，在这里思辨高于行动，键盘上开心要远远优于实际的行动，这便是景观的拜物教的重要机制，即"使得现实世界正当化，从而使得这个表现的社会获得永恒性"。德波认为，"景观是意识形态的顶点，因为它充分暴露和证明了全面意识形态体系的本质：真实生活的否定、奴役和贫乏"，人们视抽象的表现世界为真实，而真实被否定了，直白地说，颠倒的假象世界却成为了真实的。③

---

① Guy Debord, *Society of the Spectacle*, Princeton: Zone Books, 1994, p. 33.
② Guy Debord, *Society of the Spectacle*, Princeton: Zone Books, 1994, p. 17.
③ Guy Debord, *Society of the Spectacle*, Princeton: Zone Books, 1994, p. 151.

第四章　政治经济学批判与当代人的文化观念

显然，景观犹如"洞穴"，它是一个借助于各种外观形象所塑造出来的奴役形式，身处"洞穴"之中的人们在奴役中不是感到任何的宰制，反而找到了主人翁感。资本主义如今已经从商品生产的使命转向了对景观这种更为"真实"的异化世界的生产，此种真实的追求只有在大众的欲望结构中加以开发才能够有效地刺激这种生产，不再像原先商品生产以使用价值为主导那样了，景观生产不过是通过"伪需要"所刺激的"伪消费"，从而构造"伪生产"来完成的。人们便在一种"伪生活"状态下存在着，显然这是马克思表现（Erscheinen）思维方式的更加激进化的构图，世界被表现（Erscheinen）为一个伪世界体系。对此，诚如贝斯特看到的，景观就是在生产虚假的生活，它的基础是虚幻形象的无形世界对真实力量和生产关系的有形世界的统治。①

德波认为，日常生活完全陷入到伪世界体系的"洞穴"之中，"日常生活的每一个时刻都被强迫地去服从于景观，这一服从整个地毁灭了'冲突的能力'并且以社会的幻想来置换它"，于是，"意识当家做主，分离建立了它自己的世界"。② 景观自身不断地延展，去建构自己的独白世界，成为一个"虚构的演说者"，大众面对独白消极地静观，"景观通过碾碎被世界的在场和不在场所困扰的自我，抹杀了自我和世界的界限；通过抑制由外观组织所坚持的真实出场笼罩之下的所有直接的经验事实，抹杀了真与假的界限"。③ 那么，如何对这样的景观社会展开批判？如果没有实践的旨趣，那么德波不也如大众一样只是"看"而无"行动"吗？德波拒绝景观社会是以其情景主义的日常生活革命作为实践路径的，目标就是"日常生活环境的具体建构"，认为从所谓现代艺术探寻和许诺的东西当中去发现革命的源头。1963 年第 8 期的《情景主

---

① ［美］道格拉斯·凯尔纳:《鲍德里亚：批判性的读本》，陈维振、陈明达、王峰译，南京：江苏人民出版社2005年版，第69页。
② Guy Debord, *Society of the Spectacle*, Princeton: Zone Books, 1994, p. 152.
③ Guy Debord, *Society of the Spectacle*, Princeton: Zone Books, 1994, p. 153.

义国际》杂志便明确声明,现代艺术可以彻底清扫日常行为的价值和准则①,诸如"一有机会,就将其他有利的生活方式与资产阶级生活方式的反映进行具体对比,借助所有超政治的手段,破坏资产阶级的幸福观"。②"文化革命"成为了主要的方式,因为文化"是造就我们自己而非奴役我们之物的一件事情"。③马克思立足于物质生产领域而生发出来的阶级革命理论,被德波以意识形态批判、文化批判方式转换为"日常生活革命"。

三、将"景观"重新置放于"表现"

在我看来,马克思之所以高频地使用表现(Erscheinen)一词,这与他将资本主义看作是由商品生产、交换、分配与消费构造起来的"抽象世界"的理解相关。商品本身就"充满了形而上学的微妙和神学的怪诞",但是它却表现为"一种简单而平凡的东西"。在这个社会中,生活自身并没有"处于人的有意识有计划的控制之下",资本作为世俗化了的上帝在场,追逐利润最大化的资本增值的逻辑成为社会的唯一取向。作为主体的人在商品交换社会中只是以经济范畴的人格化这一"表现"出场的,人与生活本身的"分离"的神秘纱幕还无法揭掉,从而这些"表现"构成了统治人生活的诸种"颠倒形式"。④依照马克思的文本来看,资本进步的最终目的不是为了提升人的存在品质,而是使得人的境况更为恶劣,这种"颠倒"中一个现象就是"交换价值对使用价值的颠倒",其中主要的形式便是将"物品"的差别仅仅看作是在价值量上才存在的,从而借助"抽象"的价值便可以解决交换的问题。这样一来,无论是精神的还是物质的"产品"都能够拥有进入市场的"资格"。随

---

① 张一兵:《社会批判理论纪事》第7辑,南京:南京大学出版社2014年版,第24页。
② 张一兵:《社会批判理论纪事》第7辑,南京:南京大学出版社2014年版,第60页。
③ 张一兵:《社会批判理论纪事》第7辑,南京:南京大学出版社2014年版,第70页。
④ 孙亮:《生活的认知方式与统治形式》,载《江海学刊》2015年第4期。

第四章　政治经济学批判与当代人的文化观念

着交换价值成为社会主导性原则，资本的发展就是为了满足私人的贪婪欲望，至于使用价值本身不再是目的，这是一个马克思称之为"着了魔的""颠倒了"的世界。当这种资本逻辑延展到一切文化观念、意识领域的时候，它便在观念里面塑造出另一个"颠倒了"的世界。关键在于，这个颠倒的世界又被"再颠倒"为合理的世界（以奴为主），而且这个观念本身成为了商品，主体的个人性与自由感相应地也被认为，应该在符码建构的外观中以及在欲望刺激的消费中加以兑现。德波的景观（Spectacle）的整个逻辑在马克思这里实质上已经隐约可见，但为什么后期的德波却在改变资本主义的道路上"退缩"了呢？

首先，景观统治"普遍地根除历史知识"，从而形成景观拜物教，反抗意识被彻底收编。在德波看来，"景观已经掌握了新的防御技术"，景观时代的真理是"已经存在，就无需去谈论它"①，景观自身已经从独裁专制的苏俄为代表的集中形式，以及以美国为代表的分散的形式进入到了"综合的形式"中了，处于此阶段意味着"景观将自身完全挤进了社会现实和日常生活中，已经消除了虚假和真实之间的区分"，在人们的观念中造成的结果便是，"当下就是想要忘记过去，同时对未来不再抱有幻想"。通过促使信息的不断流通，将一些无足轻重的事情狂轰滥炸为"头条"，而真正事关要紧的消息却以很少公布的方式意图让人们赶快忘记。随着绝对权力的实际能力的提高，压制与遗忘历史的能力也在增强，认为在这样的时代，世界上依旧有一些地方未被他的势力所侵染，但是，随着综合景观所展现的新技术在全球得到发展，如今所有的权力盲区都将得以消除。用德波自己的话来讲就是，"通过此种做法，景观获得的最大益处首先就是能够隐匿自己的历史属性——隐藏它近期征服世界的进程。人们对它的强大力量似乎习以为常，就好像它过去一直就存在于此。所有夺权者都有着共同的目的：使我们忘记他们只是刚

---

① ［法］德波：《景观社会评论》，梁虹译，桂林：广西师范大学出版社2007年版，第3页。

刚上台这一事实"①，从而在景观社会中，没有人能够成为社会存在的"异见者"。德波悲观地说，"社会曾经乐于接受批评或改变——改革或革命，这一思想观念曾盛行了二百多年，但是，目前我们已经摒弃了这个惹来麻烦的观念"。②当然，对于革命的放弃，不只是德波的悲观，整个所谓的当代西方激进左翼基本上都认同放弃革命的看法。他们试图以"新社会运动"来重新反思马克思主义解放议题，墨迹未干的《景观社会》随后便在1968学生运动中被刷到了巴黎的墙壁上。但是，在摆脱了经济与权力的内在关联中，激进左翼认为人们要反抗的权力本身已经无中心了、分散了。那么，他们遵守的分散的反抗逻辑本身也就为"被收编"提供了最好的可能性。德波的悲观比起其他的左翼学者来更为严重，他认为，虽然媒体从业人员以及专家能够给出一些修正或是批评，但是这些人无法对景观社会形成彻底的批判，因为，一个现实的情形是，"每一位媒体从业人员都受制于工资、奖金以及某位有时是数位主子的恩惠。他们是随时可能被替换掉的人"。③

其次，景观统治实质上依然是拜物教的一个形式，但是，德波却将景观本身"本体论"化，从而无法找寻突破景观社会的真正入口。德波虽然与马克思一样持有将世界看作不断被"抽象的形式"所压倒的看法，但是德波的思想源头中可能应该还有萨特的存在主义因素，这个也是导致德波最终与《资本论》所讨论的"资本的微观权力"及其相应的革命所不同的地方，从而导致他与马克思分道扬镳。在杰姆逊的论述中，形象文化与萨特的"想象界"概念相关，人类行为分为两类：实践与想象界。两者对待外部存在的差别正如一个建筑学家与一个艺术家看

---

① ［法］德波：《景观社会评论》，梁虹译，桂林：广西师范大学出版社2007年版，第8—9页。
② ［法］德波：《景观社会评论》，梁虹译，桂林：广西师范大学出版社2007年版，第12页。
③ ［法］德波：《景观社会评论》，梁虹译，桂林：广西师范大学出版社2007年版，第9页。

第四章 政治经济学批判与当代人的文化观念

见同一个帽子所产生的不同一样,前者认为帽子可以是其工人的安全工具,但是艺术家可能喜欢帽子的造型,并盯着造型产生了想象,这个意义上,想象就是"非真实化",也正是这样,后者将与外在存在的关系从实践转变为"审美",这里的艺术家可以是普通的观众或者消费者,不过,艺术家可以从想象中撤回,但是普通人却很难。杰姆逊认为,萨特所讲的两类行为中,"实践代表无产阶级,而想象界则是资产阶级的激情"。① 通过对萨特这个看法的回顾,可以看到德波在1967年写作《景观社会》之前,法国思想界已经关注了景观社会的问题。可以推测德波在搬用马克思的过程中,最后用萨特将马克思扔掉了。我们知道,马克思认为,人们在商品身上,无法看到商品背后的劳动者与雇佣者之间的社会关系,因为商品的价值表现为与社会关系并无关联,这就是拜物教,但是德波认为,在景观社会中,已经不再以拜物教形式来构建意识形态,而是要让我们忘记拜物教的存在,让其变成为"真实"本身。当然这个没有被德波称为拜物教的东西依然是拜物教。马克思通过将表现为物与物之间关系重新翻转为人与人之间的关系,在其中分析了财产权的关系,从而直指资本对劳动的压迫,并且指认了"资本是资产阶级社会的支配一切的经济权力"② 时,德波则完全将资本置换为景观。正是如此,他也就不可能像马克思那样借助资本逻辑的分析去寻找变革资本逻辑的阶级主体,而是在吞吞吐吐地求助于艺术实践。

最后,理解景观社会需要从资本形态上给予分析,变革景观社会的急迫任务依然是重塑革命主体。按照马克思对于表现为(Erscheinen)的阐释,他认为理解"抽象"的物的依赖关系要置放到生产领域呈现的社会关系中加以确认,"个人现在受抽象统治,而他们以前是相互依赖

---

① [美]杰姆逊:《后现代主义与文化理论》,唐小兵译,西安:陕西师范大学出版社1987年版,第169—172页。
② 《马克思恩格斯文集》第8卷,北京:人民出版社2009年版,第31—32页。

的。但是，抽象或观念，无非是那些统治个人的物质关系的理论表现"①，所以，要扬弃抽象统治必须对生产领域中的社会关系进行革命。但是德波却认为，今天，这种抽象的统治已经不再是外在的，而是人甘愿被自己生产的景象关系支配的欲望结构统治着，其已内化为人自身意识从而获得了对人的行动的规训力量。因而，德波说，"无产阶级永远不可能获得权力，除非其拥有阶级意识"，但是，他认为这个阶级意识实质上是一个矛盾，因为，无产阶级不能使用将部分目标看作为整体目标的拜物教，如果不改变的话，部分的目标便是非真实的。② 正是这一思路，德波已经与其后的激进左翼思潮产生了关联，诸如各种新社会运动鼓噪的边缘群体的革命，比如拉克劳、墨菲、朗西埃的"无份之份"的阐释。在激进左翼学者看来，社会革命已经不再可能存在整体目标这种东西，革命的"主体"已经碎片化了。究其原因，他们无法理解每个特殊的目标的实现正是在于，"形成一个若不从其他一切社会领域解放出来从而解放其他一切社会领域就不能解放自己的领域"，因而，这个领域"不是特殊的不公正，而是普遍的不公正"。③ 由此，今天重构整体的目标当务之急，依然需要在"资本与阶级"的关联上重塑革命主体。

---

① 《马克思恩格斯文集》第 8 卷，北京：人民出版社 2009 年版，第 59 页。
② Guy Debord, *Society of the Spectacle*, Princeton: Zone Books, 1994, p. 58.
③ 《马克思恩格斯文集》第 1 卷，北京：人民出版社 2009 年版，第 17 页。

第五章　人的存在观念重构之双重向度

人之存在自由探索是马克思解放学说的核心议题，而这一点在当代西方社会批判理论的视域中，同样也会在权力抵抗的意义上彰显自身对于自由的追求。但是自由的追求一致，不代表自由实现路径的趋同，就像马克思所着意讨论的资本主义世界中的商品拜物教也是一样，人的不自由却在市场交换中以自由的方式被宣告着。按照马克思的想法，需要不断地去除价值形式化的生活，因为"人的世界"的开启才是人的自由的根本前提。下面我们将尝试阐释几种西方学者的思路，以进一步反思其探索，但是，从根本上，这些反思都错失了对人类解放的可能性的把握，从而再次跌入现代资本构造的存在观念的泥潭之中，为此需要进一步以历史唯物主义给人类开启新的文明。

第一节　"资本逻辑的空间化"与"空间修复"的困境

资本逻辑的限度如何突破是人之存在变革的根本问题，一旦这种限度被闭合，也就意味着资本逻辑自身的崩溃。因而，马克思正是立足于这种资本逻辑限度的思考来寻求走出拜物教存在方式的。这一点特别体现在《资本论》最后一章"现代殖民理论"的论述中，也正是从这里，我们可以看到马克思解决这种"空间修复"思路的"思想史路径"。

对于《资本论》最后一章"现代殖民理论"的论述，通常学术界有两种理解方式：一是如日本学者广松涉的看法，认为马克思"一开始并没有打算对现代欧洲各国的殖民地生产进行细而周密的历史性分析，只是暂时补充原始积累论的范围内的论述"。① 此种观点在汉语学术界也成为主流看法。但是，上述理解有可能遮蔽马克思思想生发的实情。另外一种理解方式则在于这一章的安排似乎与整个《资本论》第一卷是冲突的。诚如哈维的看法，"在一本主要讨论作为一个封闭经济系统的资本主义社会里，去讨论对外贸易以及殖民贸易和开拓，这似乎是矛盾的"。② 也许正是基于这个原因，"现代殖民理论"体系在今天的《资本论》哲学研究兴起时，依然很少有论述谈及，这是一个十分有趣味的现象。如果避开这两种思路，在思想史语境中重新激活这一议题将会产生哪些新的思考？这种思考对于我们深入理解马克思瓦解资本主义内在的辩证性质有怎样的理论启发？在这个意义上，哈维将黑格尔与马克思的思想内在关联聚焦到"空间修复"这一思想主线下，有力地呈现了"现代殖民理论"一章作为资本论第一卷结尾的理论意义。

一、黑格尔对殖民理论的激活

1981 年，刚刚获得美国地理学会卓越贡献奖的哈维，在《对蹠点：激进的地理学杂志》（*Antipode*：*A Radical Journal of Geography*）上发表了《空间的修复》一文，这是一个极为重要的学术文本。因为，在这

---

① ［日］广松涉：《资本论的哲学》，邓习议译，南京：南京大学出版社 2013 年版，第 390 页。

② David Harvey, *Spaces of Capital*, Edinburgh：Edinburgh University Press, 2001, p. 284.

里，哈维较早地将空间与现代性政治问题关联在一起，并且娴熟地运用思想史考察的方法，以试图重构马克思的空间理论。他以黑格尔在《法哲学》一书的第三篇"伦理"中讨论的市民社会问题开始谈起，在他看来，这是黑格尔唯一一次在自己的理论叙述中提出而没有给予解答的。我们从黑格尔的文本可知，伦理一篇分别阐释了"正反合"的辩证否定的过程，即家庭是"作为精神的直接实体性"的存在，它"以爱为其规定，而爱是精神对自身同一的感觉"。在家庭中，人们感受到的是作为"一个成员"，而不是"一个独立的人"。① 家庭是来自于成员的相互利他达成的统一性所主宰的伦理生活的领域。但是进入市民社会之后，"具体的人作为特殊的人本身就是目的"，在其中，"每个人都以自身为目的，其他一切在他看来都是虚无"。但是，每个人又不能完全孤立自我，因为，"如果不同别人发生关系，他就不能达到他的全部目的，因此其他人便成为特殊的人达到目的的手段"。② 这一点，哈维清楚地认识到，这就是市场竞争、社会分工以及政治经济学中所描述的普遍依赖的原则。从现实的人的生存状况来看，在家庭到市民社会转变过程中出现了诸多"社会问题"，这一阶段"既提供了荒淫和贫困的景象，也提供了为两者所共同的生理上和伦理上退化的景象"。③ 更进一步讲，市民社会一方面推进了人口和工业方面的进步，人们以"需要"所建立起来的普遍联系展现在满足需要的手段、满足需要的方法以及需要本身都已经普遍化。

相应地，在"另一方面特殊劳动细分和局限性，从而束缚于这种劳动的阶级的依赖性和匮乏，也愈宜增长"，结果必然是"这一阶级就没有能力感受和享受更广泛的自由，特别是市民社会的精神利益"。④ 贫困

---

① ［德］黑格尔：《法哲学原理》，范扬等译，北京：商务印书馆1961年版，第175页。
② ［德］黑格尔：《法哲学原理》，范扬等译，北京：商务印书馆1961年版，第197页。
③ ［德］黑格尔：《法哲学原理》，范扬等译，北京：商务印书馆1961年版，第199页。
④ ［德］黑格尔：《法哲学原理》，范扬等译，北京：商务印书馆1961年版，第244页。

以及两极分化的现代性问题被黑格尔通过市民社会深刻地揭示了，当然，这也是其在法哲学中对财产权批判的基本原因。最终黑格尔却以"普遍性（家庭）—特殊性（市民社会）—普遍性（国家）"的辩证法，试图化解市民社会的"分裂"特质。这一点，哈维给予的批评是准确的，他认为，"他的概念缺乏必要的物质基础作保障，后续的命题不过是严格的辩证法推延而已，继续地在唯心论的哲学传统中阐释"。① 不过，从另一方面讲，黑格尔对市民社会"分裂"的揭示本身也是对亚当·斯密所提出的"看不见的手"隐喻的"反驳"。于是，隐喻信奉的市场自身能够克服资本主义生产方式的观念被黑格尔重新刷新，这里黑格尔利用的恰恰不是观念的证明，而是现实的人存在的伦理与贫困。

关于贫困的解决方式，在黑格尔看来，不能以富有阶级直接负担的方式，因为那样必然造成一部分人妄想不用劳动便可获得生活资料，这与市民社会原则相违背的。但是，如果生活资料通过劳动而获得，那么整个社会的生产量肯定会得到增加，不过，这也会产生问题。因为，"祸害又恰恰在于生产过多，而同时缺乏相应比数的消费者"。② 可见，这一结果的产生实际上也是一个悖论。黑格尔虽然认可劳动是一切财富的源泉，但是，在普遍利己主义的市场体系中，个人劳动被转化为社会劳动，而利润将伴随的是对他人劳动的占有而已。于是黑格尔的解决方式并未能彻底地以"自否定"的方式来对待市民社会，而是又一次卖弄起辩证法，认为应该是将市民社会的矛盾进行外推，只有这样才能解决"缺乏相应比数的消费者"或"生产匮乏"的问题，"向外方的其他民族去寻求消费者，从而寻求必需的生活资料，这些民族或者缺乏它所产生过多的物质；或者在工艺等方面落后于它"。③ 沿着这个解决的办法分析下去，黑格尔进一步认为，对待工业生产来讲，向外推就要使自身

---

① David Harvey, *Spaces of Capital*, Edinburgh: Edinburgh University Press, 2001, p. 285.
② ［德］黑格尔：《法哲学原理》，范扬等译，北京：商务印书馆1961年版，第245页。
③ ［德］黑格尔：《法哲学原理》，范扬等译，北京：商务印书馆1961年版，第246页。

"不再固定于泥块上和有限范围的市民生活上,也不再贪图这种生活的享受和欲望,用以代替这些的是流动性、危险和毁灭等因素",也就是必须要"使工业通过作为联系的最巨大媒介物而与遥远的国家进行交易"。这种交易,黑格尔认为要采用契约制度来实现,并在文化上、商业上推进全球化的进程。

在《法哲学》的第 248 节,黑格尔通过对市民社会矛盾解决的逻辑推演,最终引出了"殖民地问题"。因为上述的"矛盾的外推",直到国家与国家之间进行交易的联系获得了普遍性,由此便必然构成"殖民事业的手段"。这在黑格尔看来正是市民社会成长的关键。黑格尔认为,借助殖民事业会产生这样两个结果,一方面,市民社会会使其中一部分人在新的土地上回到家庭的原则,也就是共同体的利他原则上来;另一方面,在工业方面帮助市民社会完成生产与消费的困境。因而,黑格尔的结论是,"市民社会被驱使建立殖民地"。① 应该说,黑格尔的整个逻辑非常清晰。但是,建立殖民地真的能够一方面回到家庭的普遍性原则上吗?另一方面,真的能够彻底解决市民社会内在困境,即生产匮乏与消费不足的问题?无需借助哈维的提示,我们直面文本便可以知晓,在第 248 节之后,黑格尔再未能回到殖民事业的主题上来,更谈不上回答,而成为了一个"思想残片"。这一"思想残片"正是资本空间逻辑自身能否救渡自己的一个关键。无疑,今天的空间理论研究诸如列斐伏尔、哈维、苏贾以及卡斯特尔等,不过都是在试图从理论上回应黑格尔,因为,空间的拓展是否真的帮助资本主义走出自身的困境,是历史唯物主义面对当代生存处境,必须直面的基本问题。应该说,这也有不同的理解,至少,在西方学术语境中除了这些当代激进左派之外,另一些学者如福山这类全球化的乐观派,以美国霸权思维方式企图完整地构建出一套"西方殖民话语体系"。毫无疑问,除了资本逻辑的空间布展

---

① [德] 黑格尔:《法哲学原理》,范扬等译,北京:商务印书馆 1961 年版,第 246 页。

之外，黑格尔所谓的文学的世界化，在今天学术国际化的名义下，同样不可避免地要在学术国际化的内容上反思是否存在"学术殖民"。所以，哈维认为，黑格尔构想的殖民理论是一个让他经常沉思又非常着迷的问题，我们便可以从中得到理解了。①

二、马克思对"杜能"的批判

对于马克思主义哲学的研究者来讲，市民社会造成的困境以及殖民的全球化问题，马克思在一些并非专题论述殖民的文献——诸如《共产党宣言》等很多文本——中已经给予阐释。至少马克思如下的话便是文本支撑，"资产阶级，由于一切生产工具的迅速改进，由于交通的极其便利，把一切民族甚至最野蛮的民族都卷到文明中来了。它的商品的低廉价格，是它用来摧毁一切万里长城，征服野蛮人最顽强的仇外心理的重炮。它迫使一切民族——如果它们不想灭亡的话——采用资产阶级的生产方式；它迫使它们在自己那里推行所谓的文明，即变成资产者。一句话，它按照自己的面貌为自己创造出一个世界"。② 但是，如果切入思想史视域思考马克思对"殖民"本身的看法，特别是基于思想史变革来深入理解马克思，在学术界并未引发足够的重视。

哈维认为，马克思在写作《资本论》时已经指明自己在 30 年前就和黑格尔达成了共识，"正当我写《资本论》第一卷时，今天在德国知识界发号施令的愤懑的、自负的、平庸的模仿者们，却已高兴地像莱辛时代大胆的莫泽斯·门德尔松对待斯宾诺莎那样对待黑格尔，即把他当作一条'死狗'了。因此，我公开承认我是这位大思想家的学生"。③不过，这里"30 年前"暗指的那本《黑格尔法哲学批判》，无疑忽略了我们上述所讨论的黑格尔提出而没有解决的问题，因为马克思在这本书

---

① David Harvey, *Spaces of Capital*, Edinburgh: Edinburgh University Press, 2001, p. 388.
② 《马克思恩格斯文集》第 2 卷，北京：人民出版社 2009 年版，第 35—36 页。
③ 《马克思恩格斯文集》第 5 卷，北京：人民出版社 2009 年版，第 22 页。

第五章　人的存在观念重构之双重向度

中主要将理论旨趣定格在"市民社会决定国家",以便扫除政治解放等同于人类解放的迷雾,从而有助于抓住黑格尔在《法哲学》中国家的神秘化。黑格尔的"国家是伦理理念的现实"以及"国家是绝对自在自为的理性的东西"等的看法,对于马克思来讲,正为其将在《1844年经济学哲学手稿》中意图突破人本主义逻辑做了先期的预备性分析。哈维果断地给出一个至关重要的论断,那就是马克思在这里已经试图将黑格尔的世界精神的神秘性质,转变为世界市场的世俗的物质性,从而马克思便从沉思转移到了政治经济实践的战场了。因此,哈维进一步指明,马克思对于《法哲学》的研读是漏掉了黑格尔的另一个关键性的问题,"对黑格尔市民社会具有的内在辩证所驱使的殖民与帝国主义道路,完全忽视了"。① 不过,哈维立即论证了马克思只是表面上没有直面黑格尔,实质上,暗地里大量采用了黑格尔的论述。他举了这样一些例子,诸如,黑格尔的穷人与两极化的问题在《资本论》中十分明显地被凸显为主题,即在资本积累的规则下,必然是一方面资本关系得到大规模的再生产,产生了大量的资本家,另一方面则是大量被剥夺劳动产品的劳动者,并且马克思也对这些劳动者的生存作了悲惨、奴役、心灵的退化等的描述,这些无疑让人们自然将《法哲学》与《资本论》在主题上链接起来。

黑格尔《法哲学》中没有回答现代殖民到底能否破除市民社会的内在困境,马克思在朝向黑格尔这一点批判时,实质上还经历了另外一个重要人物,那就是德国19世纪中叶的经济学家约翰·海因里希·冯·杜能。在哈维看来,马克思之所以重视杜能,是因为杜能在其《孤立国》的第二部分同样拒绝了市场能驾驭普遍利己主义,并指明如果不借助任何外部措施,市民社会将继续恶化。不过,在他看来,市民社会的内在矛盾的核心其实是劳动与劳动产品的分离,这一点,应该说比黑格

---

① David Harvey, *Spaces of Capital*, Edinburgh: Edinburgh University Press, 2001, p.297.

尔要深刻得多，也更加接近马克思向"市场的世俗的物质性"寻求解决之道的方法论。于是，杜能认为，只要劳动能够获得五分之一的工资，欢乐与满足就会遍及万千家庭。那么，怎么解决这个工资呢？它提出了"边际工资学说"。按照他的意思，只要工人和资本家能够在增加生产上有着共同的利益，工资也能够给予劳工有足够多的教育与提升的机会，或者让他们能够有机会成为资本家，那么，一切恶化的欧洲社会情势都将烟消云散。当然，这要求有自由开放的边境，使得劳工与资本能够自由流动，从而达到工资的均衡。对此，一方面，资本从何而来？另一方面，欧洲形势真的能够靠边际效应给予解决？这两个问题直接构成了马克思进一步言说的基础。

就第一个方面来讲，马克思批判杜能将资本看作是一种"物"（Ding），即杜能认为，资本的存在并没有预设任何资本家和无产者之间的阶级关系。在杜能看来，勤俭节约而富有效率的人会生产出更多，从而为了回报将更多的剩余借给他人，这就是资本的来源，是人类自身劳动生产出来的"工具"。这一点，在"现代殖民理论"这一章中，马克思通过爱·吉·韦克菲尔德的发现给予了否定。马克思认为，爱·吉·韦克菲尔德的巨大功绩在于，"拥有货币、生活资料、机器以及其他生产资料，而没有雇佣工人这个补充物，没有被迫自愿出卖自己的人，还不能成为一个资本家"。也就是说，资本来源还得有一个"自愿出卖自己的人"，这个在杜能的资本是一种物的说法中，根本无法理解。马克思借用韦克菲尔德发现了"资本不是一种物，而是一种以物为中介的人和人之间的社会关系"，之后他直接地判定，"只要劳动者能为自己积累——只要他是自己的生产资料的所有者，他就能做到这一点——，资本主义积累和资本主义生产方式就是不可能的"。①

另一方面，马克思也批判了杜能关于资本是人自身劳动积累的结

---

① 《马克思恩格斯文集》第5卷，北京：人民出版社2009年版，第877—879页。

果。在"原始积累"一节,马克思叙说了一个故事,这实质上可以看作是针对杜能而展开的。故事讲述了很久以前有两种人,"一种是勤劳的,聪明的,而且首先是节俭的精英,另一种是懒惰的,耗尽了自己的一切,甚至耗费过了头的无赖汉",于是最后的结果是,"第一种人积累财富,而第二种人最后除了自己的皮以外没有可出卖的东西。大多数人的贫穷和少数人的富有就是从这种原罪开始的"。这种乏味的儿童故事不仅没有终结,反而在马克思时代反复充斥经济学中,"一旦涉及所有权问题,那么坚持把儿童读物的观点当做对于任何年龄和任何发育阶段都是唯一正确的观点,就成了神圣的义务"。马克思干脆撕破了这张由洛克构造的现代政治哲学的遮羞布,直接指明,财产权并非来自什么劳动内在的积累,在历史上,"征服、奴役、劫掠、杀戮,总之,暴力起着巨大的作用",那种正义和劳动是唯一致富的手段,不过是"田园诗式的东西"。①

在哈维的论述中,马克思展开对杜能的批判,正是"以追求实际的历史唯物主义为基础来对抗杜能唯心主义的",由此用资本作为一种社会关系揭穿了资本是个"物"的假象以及假象产生的原因。如果更深层地讲,马克思对杜能的批判也深刻地展示了其对于"事物化"(Versachlichung)与"物化"(Verdinglichung)的历史现象学,前者就是用以说明交换社会对于整个社会假象的原因,而后者就是人们将假象看作是永恒的、自然的认知方式。② 正是通过马克思,哈维认为杜能过于幼稚了,因为他将贫穷、失业和劳工剩余看作是不改变劳动与资本之间关系就能够消除。毫无疑问,这里借助哈维论证,我们可以看到,马克思批判杜能深刻地触及一个现代政治哲学的边界问题,那就是财产权批判。坚守在现代财产权框架之内的任何试图消除贫穷、两极分化等市民社会内在困境的道路,在马克思看来都是不彻底的,也是无法最终达成的。因

---

① 《马克思恩格斯文集》第5卷,北京:人民出版社2009年版,第820—821页。
② 孙亮:《生活的认知方式与统治形式》,载《江海学刊》2015年第4期。

为，这种财产权的奠定恰好是资本主义生产方式中，资本与劳动的分离的一种理论投射，承认了财产权也就是承认了资本与劳工的奴役，承认了财产权也更不可能有所谓真正的劳工自由。直白一点地讲，劳动自由与财产权就是一个形容词悖论。马克思撞击了现代政治哲学的边界，至今虽然由于现实的诸多原因而备受人们质疑，但是，马克思揭穿现代政治哲学的假象，并合理地阐释了现代世界如何诞生，这无论如何评价都不为过。

三、激进式路径及其反思

无论是黑格尔还是杜能，在哈维看来，让马克思不满意的地方在于，他们始终将市民社会内在困境寄托在"现代殖民"这一空间化的解决路径。所以，哈维认为，马克思之所以要在《资本论》第一卷结尾处阐释"现代殖民理论"，不过是要着重强调自己与黑格尔对于市民社会困境解答完全不同的道路。

一方面，马克思封闭了所有试图空间修复市民社会内在困境的可能性。这一点让哈维并不满意，在他看来，"马克思没有排除对外贸易短期内有可能抗衡利润率下降的趋势"。① 也就是说，虽然马克思试图堵死黑格尔设想的道路，但是，对于马克思来讲，他自己也没有把握回答的问题是，"这个短期有多长？而且，如果它延伸好几个时代，那么，又会对马克思的理论，以及寻求市民社会困境的革命性转变与政治实践产生怎样的影响？"② 至少，对于马克思来讲，哈维的这种时间性的追问应该说是不得要领的，因为，历史唯物主义的重要意义并非在于，也不可能在于划定出一个目的论的时间区域来满足当下人对于美好社会的欲望，而只能以不断撞击现有社会之恶的根本性制度硬核，以获取对于另

---

① David Harvey, *Spaces of Capital*, Edinburgh: Edinburgh University Press, 2001, p. 300.
② David Harvey, *Spaces of Capital*, Edinburgh: Edinburgh University Press, 2001, p. 300.

一种人的生存方式的不断追求的力量。可是哈维意图要让马克思给出一个时间表，必然是"令人恼火"。为了将马克思推向试图堵塞黑格尔空间修复道路的形象，哈维认为马克思主要从三个方面展开论述的。第一，反驳了资本主义危机归因于消费不足的观点。因为，在马克思看来，在危机的时刻，国际收支实际的情况对每个国家都是不利的，会相继降临每个国家，犹如枪炮齐发一样，显然，空间修复并不能解决消费不足的问题。第二，过剩的资本可以借助空间的扩展，在新的区域创造新的生产力。资本的空间扩展正是资本增值作为内在动力的，资本增值就必须突破自身，不断地去创造新的市场来实现交换，所以每个地方的劳动都纳入到资本的统治之内。但是，依据马克思的看法，资本主义内在矛盾将在资本空间化过程中不断地遭受克服，然后又不断再产生矛盾。至少有一点是清晰的，新区域的新的生产力对于原初国家来讲，又构成了竞争性的威胁，新的区域就需要进一步的空间修复，无论如何贬值总会发生，外推总是有限度。第三，马克思虽然认为劳工的处境会因为殖民地拓展而得到改善，但是，"在那里，资本主义制度到处都碰到这样一种生产者的阻碍，这种生产者是自己劳动条件的占有者，靠自己的劳动使自己变富，而不是使资本家变富。在那里，这两种完全对立的经济制度之间的矛盾，在它们的斗争中实际地得到证实。在资本家有宗主国的力量作后盾的地方，资本家就企图用暴力清除以自己的劳动为基础的生产方式和占有方式"。① 也就是说，原始的积累与阶级斗争必然还将再度重演。

另一方面，马克思主义者基于现实试图打开黑格尔的"殖民"路径，从而需要对马克思空间理论给予重构。哈维认为，"虽然马克思非常清楚政治与经济，以及资本主义全球化运动的根本一致性，但是却没有能够清楚地将外贸、地理扩张等问题整合到理论中给予考察，而只是

---

① 《马克思恩格斯文集》第5卷，北京：人民出版社2009年版，第876—877页。

让事情变得更为复杂"①，如果仅就文本来看，马克思对上述我们讨论的封闭实质上也是时有松动的。不过，在哈维看来，马克思由于正处于19世纪的英国雄霸世界的体系下，自然他自己也处于放任资本主义及其一切意识形态的核心，此时，他除了仅仅将资本主义的内在矛盾投射到世界的舞台，即借助资本内在矛盾的空间修复以外，也确实说不了什么。显然，这是哈维对马克思空间理论局限性的时代判定，也当然是为其自身重构寻求正当性。19世纪晚期到20世纪中期，世界范围内的资本主义国家之间发生对抗乃至爆发了世界大战，对此，哈维给予的结论是，马克思用资本和劳工之间矛盾的阶级分析来解释这段历史显然已经不够了，它需要一个更为庞大的空间解释范式，而这一洞见是由列宁来完成的，准确地讲，马克思只是抵达了对当代资本主义分析的边缘，列宁则是说了一个完整的故事。像布哈林、卢森堡等都与列宁一样转向了对帝国主义分析的探索，而跃出了一国之内的资本与劳工的阶级分析。他们努力摆脱马克思封闭黑格尔的激进化路径，而结合帝国主义的政治与经济的现实，在马克思主义传统内补充了一个崭新的空间思路，即"将资本主义剥削和空间修复的主题喜剧性地结合在一起"。② 这样一来，特定的市民社会内部的阶级斗争被重新构想为边缘社会对抗核心区域压迫、乡村对抗城市、第三世界对抗第一世界，此种解释已经破坏了原先马克思内部阶级斗争意向。于是，哈维自信满满地指认，"黑格尔颇有先见之明打开的门，显然依然大开着"。为此，哈维认为必须重构马克思的空间解释范式，这需要人们从马克思的资本原始积累理论中推导出帝国主义的分析方式，不过，这又不是一般逻辑的推延，而是"必须完成从一般到具体的转换，而这正是马克思未竟著作的核心主题"，对此，当下的马克思主义者，首要的任务便是要理解资本主义的生产和流通过程，以便将更好地领悟资本主义的历史，从而才能穿透作为资本主义历

---

① David Harvey, *Spaces of Capital*. Edinburgh: Edinburgh University Press, 2001, p. 308.
② David Harvey, *Spaces of Capital*. Edinburgh: Edinburgh University Press, 2001, p. 309.

史之特定形式的"当代资本主义"。

通过上述思想史语境的挖掘,哈维着意指明的是,通过关注空间问题,能够使得马克思在诊断所谓"晚期资本主义"时更加有效,也更有利于强化马克思主义的中心主题——对资本积累的批判——在当代的理论价值。但是,哈维在论述马克思封闭了黑格尔"殖民地"问题时,没有能够更加突出地提示人们的是,马克思之所以如此,在于其认为殖民地并非能够化解资本主义内在生产方式的矛盾,这一边界终究会被撞破。如果这种资本主义终将失败的信念不能够贯彻于空间理论的铺展中,那么,所建构的"马克思主义空间理论"也必然失去其理论的魅力。

第二节 "争胜式"的民主价值观念:逗留于政治解放

作为"后马克思主义"(Post Marxism)命名者的墨菲,最早在汉语学术界得到关注是在1991年,彼时,一本中国台湾地区的杂志《岛屿边缘》(现已停刊)选译了她的《葛兰西的霸权与意识形态论》,至今已二十五载。但是,这不等于说我们已经对其有了深入的研究。客观地讲,学术界对《领导权与社会主义策略》这一文本关注较多,而对《论政治性》(*On the Political*)、《民主的悖论》(*The Democratic Paradox*)、《回归政治》(*The Return of the Political*)、《争胜》(*Agonistics*)等文本的关注则略显不足。将这个文本群结合起来考察,我们才能够清晰地认知墨菲的思想全貌:将自由主义所忽视的"敌对政治"给揭示出来,而这需要铺展对于自由主义的理性主义思维方式的批判。对此,墨菲借助了施米特、维特根斯坦、弗洛伊德、拉康以及齐泽克等作为自己的思想资源。另一方面,墨菲出于对极权主义的警惕,由此对那些排除多元主义的种种"决断论"加以认真的清理。这看似悖论,但恰恰是当前民主理论发展的路径,"民主所需求的是,在承认构成现代民主的多元主义相容的方式上,描绘我们/他们的区分"。① 同样,墨菲认为争胜式的民主(冲突性共识)与理性共识民主最大的差异在于,要求变革现存权力关系,创造新的霸权。但是,墨菲又拒绝对社会做总体性的思考,也拒绝了统一的变革主体。那么,墨菲到底是如何实现其理论意图?这样的激进民主政治是否只是一种"思想的实验"而缺乏现实的可能呢?

一、遮蔽"政治性"的政治自由主义

在《民主的悖论》《论政治性》等著作中,都反复提及了"以施米特反对施米特"这样的命题。这一论调初看起来让人颇为疑惑,1933年的5月,施米特成为了纳粹党成员,他的民主理论主张中严格地排除异己、同质化的要求,曾被扬-维尔纳·米勒这位施米特的研究者称为,"一种建立在民族主义基础上的全民公决式的专政,就像墨索里尼治下的意大利"。这种明显带有极权主义的思想痕迹的理论,为何在始终要求为多元主义申辩的墨菲那里被反复提及?

在墨菲看来,自己一直深信施米特的思想可以促使我们认识到自由主义民主本质中的一个重要的悖论,而这种可能的途径在于,"利用施米特对自由主义的批判洞见来巩固自由主义,并且同时认识到这并非是施米特的初衷"。② 那么,我们先来看墨菲对自由主义的理解,然后才能够进一步去探讨她为何如此深信施米特的价值。依照她的看法,自由主义各种样态犹如维特根斯坦的"家族相似"一般彼此链接在一起,而其思想的主导性倾向则是理性主义与个人主义方法论,这种自由主义从来不去追问集体认同的根本特质,从而也就不能充分地理解社会领域的多

---

① Chantal Mouffe, *On the Political*, New York: Routledge, 2005, p.14.
② Chantal Mouffe, *The Democratic Paradox*, London: Verso, 2009, p.37.

第五章 人的存在观念重构之双重向度

元主义的性质，多元主义必然包含着各种各样的对立冲突，这些对立冲突则是理性主义无法根本解决的。所以，墨菲对自己理解的自由主义给予了一个纲要式的判定，"我们生活在一个拥有多元视角和价值的世界之中，由于经验的局限，我们没有能够完全采用他们，当把他们放在一起，就构成了一个和谐的、没有冲突的整体"。① 因而，依赖于理性便可达成共识的看法，必然否定了政治的"对立冲突"这一根本的维度。

对于这种共识的典型，我们可以借助墨菲对本哈比的征引得到更好的理解，主要有三个基本的内涵："(1) 审议的参与受制于平等与对称规范，所有的人都有相同的机会展开言说行为、提问、质询以及公开辩论。(2) 所有人都有质疑被制定的对话主体的权利。(3) 所有人都有权利开启关于论述程序规则，及其适用或实践的反身性论证。只要任何一个被排除的个人或团体可以有理有据地说明他们受到被提出的相关规范的影响，没有限定议程、对话，或参与者的身份的不证自明的规则"。② 当然，对这种共识的倡导者，人们最熟悉不过的便是哈贝马斯与罗尔斯。我们仅以墨菲对罗尔斯为例来进一步说明对"政治性"（对立冲突）的无视。对于罗尔斯来讲，政治自由主义主要就是要去解决这样一个现实的棘手问题，"在自由而平等的公民因相互冲突，甚至是无公度的宗教学说、哲学学说和道德学说而产生深刻分歧的情况下，如何可能使社会能够成为一个稳定而正义的社会？"③ 而可能性则在于，"当宪法根本和基本正义问题产生危机时，这种权力只能以人民可以理性地期待全体公民都能按照他们的共同人类理性来认可的那些方式来行使"。④ 之所以如此，罗尔斯运用了道德话语的思考方式来分析政治事实本身，整个社会的冲突也被化约为道德约束下的协商共识的过程，因此，"冲突、对

---

① Chantal Mouffe, *On the Political*, New York: Routledge, 2005, p. 10.
② Chantal Mouffe, *The Democratic Paradox*, London: Verso, 2009, p. 48.
③ [美] 罗尔斯：《政治自由主义》，万俊人译，上海：译林出版社2002年版，第141页。
④ [美] 罗尔斯：《政治自由主义》，万俊人译，上海：译林出版社2002年版，第148页。

抗、权利关系、依附和镇压的形式就简单地消失了，我们面对的就是一种典型的利益多元性的自由主义途径，它可以被调节而无需诉诸比政治决策更高的那个层面，统治权问题被抽空了"。① 这里显然看得出墨菲与政治自由主义之间的分歧：一方认为公共政治利益不可能有什么共识，而且冲突是永恒存在的；另一方则坚持认为存在着共同的、理性的自我利益，从而作为自由平等的道德人，能够在正义原则上达成共同利益的一致性。从整个文本来看，墨菲都在与此种"自由主义乌托邦"展开论战。

正是基于罗尔斯这样的自由主义分析，她开始借助施米特迎战罗尔斯，这在两个层面得以体现：一是展现施米特对个人主义的批判，另一个是对理性主义的批判。也就是说，施米特在《政治的概念》这样的著作中，已经充分地批判了政治自由主义的两个核心方法论原则，这正是墨菲重建民主所要做的工作。因而，反复提及施米特便是十分自然的事情，在《论政治的本性》的第一章"政治与政治性"中给我们呈现了这一点。一方面，施米特认为，个人主义必然否定政治，因为它要求个人作为终极的参照标准，这种思考必然妨碍对于集体认同的"政治"性质的判断。对于施米特来讲，这种集体认同的形式是一种敌对的，"我们/他们"对立的方式，这是一种与道德、审美或经济无关的东西，这种集体认同不可能通过所谓的自由讨论，而只能是靠决断。更为重要的是施米特的第二个批判，他试图说明每一个共识达成都不过是建立在排斥行为基础之上的，也就是说，决断的"共识"是排斥性的，那种没有排斥，完全包容的理性共识是绝对不可能的。墨菲认为，正是施米特的这种批判，使得人们认识到，"政治性之所以不能被自由主义的理性主义所理解，原因在于任何具有内在一致性的理性主义需要否定对立冲突的不可消除性"。② 从而，墨菲坚定地认为，无论自由主义如何去谈论，即

---

① [英]墨菲：《政治的回归》，王恒译，南京：江苏人民出版社2001年版，第55页。
② Chantal Mouffe, *On the Political*, New York: Routledge, 2005, p. 11.

在竞争性的利益方面如何妥协、协商，如何去达成共识，都必须去面对这样一个基本的态度，即民主政治不可能去克服"我们/他们"之间的对立冲突的政治性本质，正是这一基本的态度，使得她与自由主义分道扬镳。

如果说上述是墨菲在对待自由主义批判的道路上，与施米特走在了一起，那么，我们接下来要考察的问题便是，墨菲为什么又要反对施米特？在墨菲看来，施米特认为民主需要一种同质性的人民的存在，这种同质性是以排除多元主义为基础的，从而施米特的缺陷在于，认为自由主义的多元主义与民主之间存在着不可克服的矛盾。恰恰相反，墨菲认为，在集体认同的领域里，人们一直要面临的是如何创建"我们"，但是，这个"我们"只有在划定了"他们"的情势下才得以存在。但是，这种划定未必是对立冲突的或彼此必须是你死我亡的关系，当然，这种对立存亡是作为一种可能性存在的。施米特之所以否定了多元主义就在于，他认为这会损害政治统一体的持久与稳固，因而，自由民主根本不可能用来建构新的政体。对此，墨菲认为，正是由于在同一性和差异这两种逻辑之间存在着这种张力，这才界定了多元主义民主的本质，从而才成为与现代政治学的不可决定性特征相适应的一种政府形式，如果我们能够认识到，"正是这种张力构成了一种最佳承诺——现代民主规划仍充满活力并因多元主义而得到了充实，而那种清理掉它的想法只会导致政治的消亡和民主的解构。"① 这样一来，墨菲一方面在批判自由主义否定"政治性"（对立冲突）的集体认同本质上，与施米特保持一致。另一方面，在"多元主义"的存在的正当性上又与施米特完全不同，这是对施米特决断论的否定。

二、"对手"模式

如上文的讨论，墨菲陷入了一个看似悖论的境地，如果承认了施米

---

① ［英］墨菲：《政治的回归》，王恒译，南京：江苏人民出版社2001年版，第153页。

特的"我们/他们"的对立冲突形式，怎么还可能与多元主义的民主形式性融合的？如果我们不能够处理这个悖论，只能是在施米特与自由主义两者之间择其一，"在第一种情形下，你承认了政治性却排除多元主义民主秩序的可能性；在第二种情形下，你假定了一种完全不充分的、反政治性的自由主义民主观"。① 为了能够链接这种在施米特等人看来的"不可能"，则首先要免除施米特的担忧，保证这种多元主义不会干扰政治体的稳定性，同样，"我们/他们"的对立冲突也要以不破坏政治统一体为基础。对此，"我们/他们"将在这样的视野下给予重构，即"我们/他们"之间不再是必须根除的一方，不再是敌人或者说是非法的存在者。另外，也不能认为"我们/他们"之间可以通过协商民主形式的商谈、妥协，从而对两者之间的对立冲突一笔勾销。因而，出路只能是，一方面我们要承认对立冲突这一关系的持久性，另一方面要考虑到驯服两者关系的可能性，从而就有了第三种关系的出现，这就是新型的争胜（Agonism）关系。

按照墨菲的看法，在施米特那里，现实政治认同的难题在于，"我们/他们"之间划分意味着是一种永远存在的、本体论意义上的"敌对"（Antagonism）关系。"敌对是这样一种双方没有任何共同基础的、双方敌对的一种'我们/他们'的关系，而争胜同样是一种'我们/他们'的关系，冲突的双方虽然承认他们的冲突缺乏理性解决方案，然而认可他们对方存在的合法性。他们是对手（Adversaries）而不是敌人（Enemies）"。② 这里，我们已经进入到墨菲思想的核心主题，即她真正的目的就是要以这种对手的模式来超越施米特的敌我政治模式。正是通过对"我们/他们"的改写，在墨菲看来，才可以链接上述的"政治的对立冲突"与"多元主义"之间的紧张。有了这样一种改写，施米特本身对于"我们/他们"的敌对理解，从而排除多元主义的看法，便有了根本性的

---

① Chantal Mouffe, *On the Political*, New York: Routledge, 2005, p.19.
② Chantal Mouffe, *On the Political*, New York: Routledge, 2005, p.20.

变化。更为有趣的是，墨菲认为只有承认了表达各种不同政见的声音存在，那种对立冲突的"我们/他们"之间的关系便不容易出现，否则，对立冲突则会以暴力的形式反复展开。

当然，这种对"对手"的承认与施米特划清了界限。同样，墨菲也认为，这与自由主义话语中认可"对方"存在合法性的看法有所不同。因为在自由主义话语中，多元主义之间是没有任何对立冲突在场的，它完全被消除了。在自由主义看来，"对手仅仅是一个竞争者，政治的领域对他们来讲，只是一个中立的领域，在这个领域内，不同的团体相互竞争去占据权力的位置；他们的目的仅仅是赶走其他人以便占有那个位置，他们不会去质疑主导的霸权，也不会试图深刻地改变权力关系，它仅是精英之间的一种竞争"。[①] 基于这一点，改变现有的自由主义并对世界主导话语进行批判，关键就在于是否承认对现有权力关系的改变。对于，如何改变这个现有权力结构，墨菲认为在新型的争胜关系中将成为可能。在争胜的斗争中，权力关系得以重新构建，这是相互对立的霸权性的规划之间的斗争，它绝不可能以某种理性的方式被调和。

那么，这种争胜的力量来自何处？换句话说，是来自利益还是来自某种正义之类的道德争议呢？墨菲认为由于民主政治一直对情感维度关注不够，而纠结在利益还是正义这类问题上，她以投票为例认为，"理性主义所不能够理解的是，推动人们投票的东西远远超出单纯对利益的保护，在投票时候，情感是十分重要的，这里，最重要的是认同问题"。[②] 墨菲之所以强调激情，主要是为个人主义、多元主义申辩。因为在施米特的论证中，这种个人主义不可能阐释任何的集体认同，政治统一体难以建立。墨菲征引了弗洛伊德、拉康、特别是齐泽克对于民主主义认同的构成分析，使我们看到了个人主义未必导致认同的分裂。因为，诸如一旦其他民族被看作是对于我们的享乐（Jouissance）的一种威

---

① Chantal Mouffe, *On the Political*, New York: Routledge, 2005, p.21.
② Chantal Mouffe, *On the Political*, New York: Routledge, 2005, p.25.

胁，民族主义的认同自然被建构起来，也就是说，无论个人主义多么盛行，集体认同的需要作为人的存在的内在构成要素始终是存在的。可是自由主义一直以来总是认为可以根据理性、节制和共识来理解民主政治，从来没有给激情以任何的位置，这正展现出它们对政治性原动力在理解上的欠缺，使得人们开始不断地丧失对政治的兴趣。因而，墨菲批判地指认了这种缺陷，"他们没有看到，民主政治需要真正赢得人民的欲望和幻象"。①

在墨菲看来，只有借助于对手模式的争胜，才能够充分调动各种合理的民主政治立场，让他们之间相互冲突、对抗，这样才能够提供一种强大到足以调动政治激情的集体形式的认同。如果缺乏这种互为对手的构型，民主的发展就缺乏激情，多元主义的抗争也同样会受阻，从而便产生这样的危险——民主式的冲突将被本质主义的认同或非协商性的道德价值之间的冲突所取代。也就是说，对待政治权力即反对自由主义理性共识的这种来源，也反对施米特的决断、极权，而主张以多元主义的方式，让各种不同政见时刻"在场""陪同"，相互碰撞去"争胜"，使得政治权力本身始终是滑动的，时刻有更换的可能性。这个看法，实质上与法国民主理论家勒费尔的"虚位"（Empty Space）概念是一致的看法，这种虚位的实质是，民主体制中的政治权力已经从"个人"转到抽象的"人民"，从而民主"为那些明星般的政客们的各种蛊惑提供了可能，而且也为权威主义为他们自己披上民主的外衣提供了可能"。② 墨菲之所以重视这个说法，是基于这样的情势，苏联解体、东欧剧变被西方学者看作是一种"暴政的坍塌"，而自由主义通过理性达成共识寻求占据"虚位"也带来很多现实排他主义的现象，这无疑也被她看作是一种"专制"。墨菲自我申辩，让理性主义认识到，在不存在排斥的情况下达

---

① Chantal Mouffe, *On the Political*, New York: Routledge, 2005, p. 28.
② ［加拿大］弗兰克·坎宁安：《民主理论导论》，谈火生等译，长春：吉林出版集团有限责任公司2010年版，第25页。

成理性的共识,那确实是不可能的。因为,要想使政治权力朝向有利的方向发展,必须要在"冲突和多样性的背景下创造团结,它关心的永远是如何通过确定'他者'来创造'我们'"。①

但是,落实这种争胜的政治模式还有很多的障碍,除了要不断地给予自由主义的批判,还来自整个现代政治世界的现实,即随着苏联模式的崩溃,新自由主义获得了无可争议的霸权地位。在墨菲看来,由于没有从传统的共产主义汲取教训,民主政治失去了发展的机遇。如今,新自由主义"一统天下"的局势下,更是造成了这样的局面,对抗消失了,资本的全球一体化更是加重了人们这种印象(当然,欧洲近期的恐怖袭击似乎是这种一体化的"剩余")。这是争胜的政治模式不被接受的现实原因。但是,新自由主义倡导的"理性共识"、民主协商真的实现了其理想吗?墨菲认为,不是自由主义的各种倡导的"人人自由、平等"的理念本身存在什么问题,而是其实现的路径存在缺陷,因而,"对于这一任务,左派不是要去指明它是虚假的,指明它是资本主义统治的遮羞布从而拒绝它,而是要为了成功地实现它而努力。当然,如果不挑战当前资本主义调节的新自由主义模式,这一任务是无法完成的"。② 因而,为了重新激活民主,墨菲认为"对手"的政治模式可以提供一种左派的前景,"对手"将他们的冲突置放于民主的框架之内,这是因为,争胜式的民主反对整个地颠覆现有的政治秩序,即那种对社会从零开始彻底重建的革命理念。因而,激进民主不是对现有自由主义民主框架的推倒,而是要让现有的民主框架本身变为滑动的,它可以通过各种政治话语力量去争夺霸权而得到重新界定,争胜式的民主就是霸权的偶然性链接,"谈论霸权意味着每个社会秩序都是建立在缺乏终极理性基础之上的权力关系的偶然性'链接'。社会总是在偶然环境中创

---

① 谈火生:《审议民主》,霍伟岸译,南京:江苏人民出版社2007年版,第359页。
② Chantal Mouffe, *On the Political*, New York: Routledge, 2005, p. 32.

造特定秩序的一系列实践活动的产物"。①

三、争胜式的民主的价值观念：一种可能性的反思

墨菲提出以"冲突性共识"（争胜）置换"理性共识"的意图在于，前者能够利用各种不同政见的相互冲突，不断地改变现存权力关系（当然，这里指不是现有财产权关系）以及建立新的霸权（集体认同）。这个新的霸权的建构需要在不同的民主斗争之间创造一个等价的链条，从而形成激进民主力量的"我们"，更进一步指向"他们"，并与其展开新霸权的对抗。这使得权力（集体认同）成为了一个不断争斗的领域，不再是"理性共识"的那种认同缺乏对立冲突的一致性，也不再是施米特意义上的极权。但是，关键在于，这种不同民主斗争之间的等价链条是如何建立起来的？墨菲给出的路径是，"如果激进民主的使命确实是深化民主革命并连接多种多样的民主斗争，那么，这样的使命就要去创造新的主体地位，从而允许对例如反种族主义、反性别主义以及反资本主义等斗争做共通性表达"。② 墨菲认为，这样的激进民主虽然不能保证其一定成功，但是，至少有两个基本的要求应该得到确保，"放弃一个社会总体的本质主义观念、放弃一个统一的主体的神话"。③ 那么，什么是总体的本质主义以及统一的主体呢？又为什么要放弃这两者呢？

对于前者，她反对的是我们最为熟悉的一种观念，即历史可以还原为经济加以解释的说法，马克思在《政治经济学批判》序言中对此给过一段经典的描述："人们在自己生活的社会生产中发生一定的、必然的、不以他们的意志为转移的关系，即同他们的物质生产力的一定发展阶段相适合的生产关系。这些生产关系的总和构成社会的经济结构，即有法

---

① Chantal Mouffe, *Agonistics: Thinking the World Politically*, London: Verso, 2013, pp. 131 – 132.
② ［英］墨菲：《政治的回归》，王恒译，南京：江苏人民出版社2001年版，第21页。
③ ［英］墨菲：《政治的回归》，王恒译，南京：江苏人民出版社2001年版，第24页。

第五章 人的存在观念重构之双重向度

律的和政治的上层建筑竖立其上并有一定的社会意识形式与之相适应的现实基础"。① 不过,在墨菲看来,马克思的这个看法,不过是将社会政治事物的解释权交给了一个先验的结构,"加入这个最后的决定是一个对每一个社会都有效的整理,这个决定与使其有效的条件之间的关系不可能通过偶然的历史连接得到发展,而会构造一个先验的必然性",这样一来,"必须独立于任何特殊类型的社会被定义的,而且经济存在的条件也必须脱离任何具体的社会关系来定义"。② 不过,此种对经济决定论的批判无疑与历史唯物主义本身所表明的政治经济学批判的方式并非一致。这种误解实质上并非墨菲一人,而是一个流俗的观念。对马克思来讲,这句概括并非是对人类一切历史解释框架的概况,而是针对特定时代的阐释,这便是以英国为典型的、特定的资本主义所呈现出的社会特征的总结。也就是说,历史只有到达资本为基本建构原则的社会,才会呈现法权、意识形态为其保驾护航的内在互动机制,而目的则是资本的增值。这对于个人、乃至社会自身来讲,构成了一个客观的社会生产关系境遇。在这一境遇下,个人、法权、意识形态的解释才有可能被置放其中,得到合理的解释,如果将这一特定的分析看作为是人类整个历史共有的特征,这实质正是拜物教思维方式。所谓拜物教思维方式是指将某一特定历史时期所呈现出来的特征看作是人类社会固有的特征,拜物教思维最严重的就是祛除历史的思维方式。例如法治拜物教、商品拜物教等均是这一思维的典型。在此意义上,墨菲对马克思的"经济主义"思维方式的批判是不得要领的,毋宁说,墨菲批判的正是"苏式"的马克思主义教科书模式。

继而沿着这一批判,墨菲批判了马克思通过经济构造统一的阶级主体的观念。在她看来,由这种外在的经济决定论根本无法塑造出创造新

---

① 《马克思恩格斯文集》第 1 卷,北京:人民出版社 2009 年版,第 591 页。
② [英] 拉克劳、墨菲:《领导权与社会主义策略》,尹树广等译,哈尔滨:黑龙江人民出版社 2003 年版,第 106 页。

霸权的实践主体。因为，经济决定论塑造的主体是通过三个命题来完成的："经济运动规律的内生特征相应于生产力中心地位这一论题；社会代表在经济层面上的统一相应于工人阶级的贫困的普遍化论题；生产关系应该成为超越经济领域的历史利益所在地的条件，相应于工人阶级是社会主义根本利益的论题。"① 但是，墨菲却试图证明这三个方面是错误的。

对于"生产力中心地位"的观点，墨菲认为，马克思主义并没有看到这样的情形，资本主义发展远不是盲目地把资本增值逻辑单方面地强加于工人阶级，而是顺从了后者的斗争。事实上，"资本的逻辑与工人反抗的逻辑之间的分裂影响了资本主义劳动过程的组织，它必定也严重地影响了生产力扩张的特征和节奏。因此，生产力是中性的以及它们的发展可以被理解为自然的和单线的这一主题，是完全没有基础的"。② 墨菲在这里把工人反抗逻辑促使劳动过程的改变，看作是对生产力中心地位的反驳的观点，实质上，马克思在 1868 年关于"缩短工作日"以及《资本论》中都有过讨论，并不像墨菲所说的那样对这种观点缺乏分析，实质上，即使工人反抗迫使资本家调整工作日，限制了劳动时间，但是这会引起机器更加广泛的使用，同样是资本逻辑的使然。不过，正是基于第一点的批判，墨菲认为，"社会代表在经济层面上的统一相应于工人阶级的贫困的普遍化论题"这一点也不能成立。理由则是经济不可能通过它自身所缺乏的单一规律来构成统一的主体，因为，这种单一的经济规律能够塑造革命主体的看法，所遵循的是如下的看法：即在传统马克思主义的观点中，阶级能够统一起来，是围绕客观的经济利益结构。但是，所谓的围绕"客观利益"本身是一个预定论的概念，"这一概念

---

① [英]拉克劳、墨菲：《领导权与社会主义策略》，尹树广等译，哈尔滨：黑龙江人民出版社 2003 年版，第 85 页。
② [英]拉克劳、墨菲：《领导权与社会主义策略》，尹树广等译，哈尔滨：黑龙江人民出版社 2003 年版，第 90 页。

第五章 人的存在观念重构之双重向度

知识在末世论之中才会有意义",因为,"它们以服从科学知识的合理的必然历史运动为基础"。这似乎在无产阶级运动之外早已经预定了历史的发展结果似的。① 对于这种历史预定论,正如其批判施米特所持有的观念一样,在墨菲看来,这必定是封闭了历史的"极权主义"。

那么,墨菲在对马克思塑造革命的主体完全否定之后,她自己提出了怎样的主体能够胜任激进民主这一任务?在墨菲看来,只有"确定了反对不平等斗争和挑战从属关系的集体行动得以出现的话语条件",并且深入理解我们已经进入到这样一个时代,从属的、压迫的和支配的这些术语成为同义词被终结的时代,我们才能够去设想"新社会运动"。墨菲对此的兴趣在于:"它把迅速消融的社会冲突解释为越来越多的关系方面所起的作用,这种越来越多的关系,是高度发达工业社会的特征"。② 这种复杂的关系不再是"经济压制"的这样一种单一的模式所能解释的,而可能在文化承认或者其他方面,诸如女性主义运动、同性恋运动、生态主义运动等,只有将各种复杂关系中的反抗话语通过一种立场的链接,才能够组成"我们",我们在与"他们"的民主争斗中,才有可能进一步变革现存的权力秩序。墨菲是如何保障这种可能性的呢?从文本中,我们至少可以看到她设定的三个条件:第一,无论如何,"我们"(对抗主体)与"他们"(对抗对象)之间都不是敌我的关系,而应该是共存的对手关系。对这一说法,如果我们反过来就可以看到,墨菲不过是在告诫"他们",必须给"我们"存在的空间,一定不能以"敌人"对待,这样"对立冲突就不大可能存在,否则,可能会倾向于采取暴力形式"。③ 第二,"我们"与"他们"之间需要一种平等的关系,大家相互冲突试图在新霸权的政治领域中"争胜"。第三,一切

---

① [英]拉克劳、墨菲:《领导权与社会主义策略》,尹树广等译,哈尔滨:黑龙江人民出版社2003年版,第94页。
② [英]拉克劳、墨菲:《领导权与社会主义策略》,尹树广等译,哈尔滨:黑龙江人民出版社2003年版,第178页。
③ Chantal Mouffe, *On the Political*, New York: Routledge, 2005, p.32.

都有在现有的民主制度下进行，而她所说的变革现存的权力秩序并非是要颠覆这一民主制度。无疑，这里墨菲针对民主斗争所设定的条件，毋宁说是民主斗争的真正目的，正是这一颠倒的思考方式，使得这一激进民主政治在提倡"冲突共识"的政治中，又再一次与其批判的自由主义一同将此本质遮蔽了。

第三节 加速社会批判："倾向性共振"的主观恢复

"共振"作为克服异化社会批判理论的核心概念之一早已进入了国外学术界的视野，以德国耶拿大学哈特默特·罗萨（Hartmut Rosa）为中心的"社会加速批判理论学派"更是推进了这一领域的研究，其出版的诸如《加速》（*Beschleunigung*），《加速与异化》（*Beschleunigung und Entfremdung*），《加速时代中的世界关系》（*Weltbeziehungen im Zeitalter der Beschleunigung*）以及《加速社会》（*High-Speed Society*）等文本吸引了诸如约翰·厄里（John Urry）、威廉·苏伊尔曼（William E. Scheuerman）、克劳斯·多利（Klaus Dörry）等众多学者聚焦到"加速批判理论"主题下，使得"共振""速度"等变成了社会批判理论的"重要观念"之一。笔者试图在梳理这些文献的基础之上，并将其置放到《资本论》的语境中，试图回应如下三个基本论题来勘定这一"转向"：社会加速的内涵及动力机制的核心原则是什么？社会加速与异化怎样构成社会批判理论的？社会加速批判的基本方法如果回到《资本论》所呈现的方法论中加以考察，又会得到怎样的理解？毫无疑问，给这一批判理论的"新转向"植入马克思的视野，绝不是一种理论的偏好，而是促成这一"理论转向"真正切中现代社会"事实"本身的内在要求。

第五章　人的存在观念重构之双重向度

一、"社会加速"、动力因素及内在机制

"一切都在加速",数字化资本主义时代的社会生活、政治、工作、学习、爱情、休闲等都在呈现出"速度"的特征,按照克劳斯·多利的看法,资本主义体制的永动力正是"加速",并扎根于利益的竞争与追求。① 实质上,关于加速与现代社会的关系,亨利·亚当斯(Henry Adams)、西美尔、杜威、卡尔·施米特等人都对这一动力机制有过说明,但是,社会加速并不能如我们日常生活认为的那样,被看作是某个时间段内所做事情的增多,那么,社会批判理论所论述的社会加速具有怎样的内涵?罗萨认为可以从以下几个方面给予确证。

第一,社会内部(Within Society)的加速通过技术加速得到体现。今天,传输、通讯与生产的全球化都可以通过"I/O 加速技术"得以完成,毋庸置疑这是"技术的加速",作为保罗·维希留的速度学的中心意图也正是这个意义上的"社会加速"。这种加速的显著性还表现在诸如"从本质(即人类学)上,在人类的理解中空间优先于时间(扎根于我们的意识组织并产生影响,它使得我们能够直接区分上与下、前与后、不久与以后)似乎已经被颠倒了:互联网时代的全球化使得时间逐渐被构想为压塑或消灭空间的手段"。换句话说,我们今天习惯用时间而不是距离来叙述空间就是这么一回事,"空间开始在晚期现代世界丧失其重要性,过程与发展不再是地方化的,地方开始成为无须历史、认同或关系的'非在场'"② 第二,社会自身的(Society Itself)加速。社会的态度、价值、时尚、生活风格、社会关系、阶级、出生背景、社会语言等无一不在体现加速,罗萨征用了赫尔曼·吕伯(Hermann Lubbe)

---

① Klaus Dörre, Stephan Lessenich, and Hartmut Rosa, *Sociology, Capitalism, Critique*, London: Verso, 2015, p.146.

② Hartmut Rosa, William E. Scheuerman, *High-Speed Society, Social Acceleration, Power, and Modernity*, Pennsylvania: Pennsylvania State University press, 2009, p.82.

的核心概念"现在的压缩"（Gegenwartschrumpfung）来概括这种社会变化，在吕伯看来，"过去"被定义为是不再有效，"未来"表示尚未生效，"现在"是经验与期望一致的时间段。罗萨认为，"社会加速通过经验与期望的可靠性的衰减度的增加而得到定义"①，如果说，这种"活在当下，遗忘来往"的生存态度还难以经验性证实的话，罗萨还提出了以在早期现代性社会的代际（Intergenerational）、经典现代性社会的世代（Generational）以及晚期现代社会的代内（Intragenerational）这三种加速的表现形式。也就是说，通过世代之间生活的考察可以看到这种变化，诸如，"在前现代的社会中，父亲的职业由他的儿子继承，并保持下去；在经典现代性社会中，职业的结构发生了世代的变化，儿子（或女儿）自由地选择他们自己的职业，但是一般来讲，这是终生选择；在晚期现代性社会中，职业不再是终生的，工作的变化高于前一个社会形式"。② **第三，社会加速则是生活节奏的加速**。这是一种与前面两者看起来似乎悖论的体现，我们可以借助乔纳森·克拉里的《24/7：晚期资本主义与睡眠的终结》来直白地说明这一点，时间开始越来越成为稀有之物，时间已经成为了资本主义时代新的控制方式，我们的时间越来越被各种电子视频所填满。③ 正如哈特对此评论说，白天与黑夜、公共与私人、活动与休息、工作与休闲的重要界限正在消失。"睡眠不再了！资本主义谋杀了睡眠！更恰当地说，睡眠在时钟的分分秒秒的滴答声中磨损殆尽了"。④ 用罗萨自己的说法，为了做好我们要做的事情，我们需要每天48小时，甚至更多，因此，我们总是感觉时间运转得太快。

---

① Hartmut Rosa, William E. Scheuerman, *High-Speed Society*, *Social Acceleration*, *Power*, *and Modernity*, Pennsylvania: Pennsylvania State University press, 2009, p. 83.

② Hartmut Rosa, William E. Scheuerman, *High-Speed Society*, *Social Acceleration*, *Power*, *and Modernity*, Pennsylvania: Pennsylvania State University press, 2009, p. 84.

③ Jonathan Crary, *24/7*: *Late Capitalism and the Ends of Sleep*, London: Verso, 2013, pp. 84–89.

④ Michael Hardt, "Sleep No More", *Artforum International*, New York: September in 2013, p. 77.

第五章 人的存在观念重构之双重向度

这种社会加速以及给人们带来的"加速感"到底怎样产生的？在社会加速批判理论的倡导者罗萨的《加速》一书中详细地分析了加速的社会外部推动力。在他看来，**第一个推动力"当然是资本主义"的经济动因**，时间之于资本主义最为经典的理解便是"时间就是金钱"，其中时间正好成为规训人们的基本方式。这一点，罗萨在分析中虽然征引了马克思的文本以分析资本与加速之间的关联，但是他实质上偏离历史唯物主义的分析也十分显然，诸如他坚持认为，"依据历史的视角，遵循资本逻辑的推动所带来的加速，并非源自于生产领域，而是销售或者流通的领域"。① 因而，他认为，如果从消费与流通所产生的诸如快餐、摩托雪橇之类现象再也无法单纯地从经济上加以解释，就是说，为什么这种加速并非给消费者带来经济的刺激，相反，在增加了消费负担的情形下（即摩托雪橇要比普通雪橇价格贵）依然加入消费的加速队伍？本着这种看法，罗萨认为对待加速的理解，"显然不是有关对外部强迫里的适应问题，而是关于自我确定的关键因素"②，这便是他认为加速的**第二个推动力，即"文化引擎"**。在他看来，之所以选择加速是与"死亡"和"幸福"的现代性中"美好生活"的文化观念有关，一方面，"通过加速完全享受世界之中的各种选择，借助'更快的生活'使得存在于世界的时间与生命本身的时间之间的鸿沟能够变小"，说白了就是要增加"生命的厚度"，如今，在我们的生活中，"美好的生活就是被填满的生活"已经变成了生活的信念。另一方面，人本主义的教育理念在现代得到提倡，"它认为美好的生活首先在于，要将主体所具备的天赋和潜质尽量挖掘出来加以发展"，因而，这种观念驱使的加速是自然而然的结果了，因为要尽可能实现可能性，尽可能不断地超越一个阶段、片段或

---

① Hartmut Rosa, *Beschleunigung. Die Veränderung der Zeitstrukturen in der Moderne*, Frankfurt am Main：Suhrkamp, 2015, S. 262.

② Hartmut Rosa, *Beschleunigung. Die Veränderung der Zeitstrukturen in der Moderne*, Frankfurt am Main：Suhrkamp, 2015, S. 280.

者事件，加速无疑是使无限的世界时间与现有的个体生活选择之间的矛盾，无限接近的"唯一策略"。① **第三个推动力则是"社会结构的引擎"**。这一点与社会的"功能分化"是密切相关的，现在人的社会活动往往被分割为多重人物，如一个教授一方面要上课，同时还要承担课题研究，他同时也要为花费时间于家庭、社会，这样他就必须在各种活动之间不规则地"变换"着，原先那种"严格的小时计划、日常安排、年度计划和一生的规划，都结构性地属于过去"，如今更多地转变为"在此时此刻为自己安排活动顺序"。时间烙上了现代性社会的流动特质。

不过，罗萨认为不应该像传统马克思主义者们所认为的那样，可以将后两个方面"还原"到第一个推动力下加以解释，他明确地声明，"我相信在现代社会的加速的驱动力并非经济资本主义的领域所能说明的"。② 三者的关系被导向了一种"平行论"（这也是当代激进思潮所推崇的思路之一），共同对现代社会的加速产生作用。"这三个加速原则中的每一个都在相应的加速领域中成为首要的引擎"，诸如，对社会内部（Within Society）的技术加速来讲，更多地由经济引擎所驱动，而文化的引擎则成为生活节奏的加速的主要推动力，至于社会结构的引擎整体地促使社会自身的（Society Itself）加速。③

二、从异化走向"共振"

社会加速是否意味着社会是进步的？是否意味着人们在这样的加速中真的丰富了自己的人生？从18世纪之后，加速、增长与创新一直被视为进步，因此，"社会加速被看作为历史的动力"，也就是说通过"社

---

① Hartmut Rosa, *Beschleunigung. Die Veränderung der Zeitstrukturen in der Moderne*, Frankfurt am Main: Suhrkamp, 2015, SS. 289 - 291.
② Hartmut Rosa, *Alienation and Acceleration*, Malm: NSU Press, 2010, p. 84.
③ Hartmut Rosa, *Beschleunigung. Die Veränderung der Zeitstrukturen in der Moderne*, Frankfurt am Main: Suhrkamp, 2015, S. 310.

会加速",生活会变得越来越美好,诸如,物质的稀缺能够借助经济增长来完成,时间的欠缺能够通过快速的技术加以弥补,而更好、自由的生活则因为科学与政治得以实现。在罗萨看来,大约250年以来,父母也都一直确信,他们的孩子会比他们自己在将来拥有更好的生活,不过在21世纪之后,在这个被其称为晚期现代性(Late-Modern)的社会中,这种"进步"的观念被改变了,而仅仅成为了一种必要的结构,一种为了阻止我们不被抛弃的要求而已。如果一个国家不去加速,它便不能维持社会的稳定性,人们也开始失业、工厂倒闭,收入下降,政治体制也开始失去合法性。因而,父母的观点变成为,"他们必须尽自己最大的努力去工作,为了使得他们的孩子不要比他们更糟糕"①,从而去维持现状。在这样一个加速的社会中,人们感觉到的是,"每年都必须运转得越来越快,但仅仅是固守原地。无论我们怎样地有效率、怎样地快速,下一年,我们必须更快一点,否则,我们就要被淘汰,我们不再相信生活更美好,稀缺将被克服,斗争通过改善而得到缓解。相反,我们觉得会越来越难,我们不再是朝向一个光明的未来,而不过是不断逃离深渊"。②

显然,这种社会加速已经是一种异化的体现了。为什么社会加速导致了"异化"?罗萨是从《1844年经济学哲学手稿》为起点开始阐释这一问题的。在他看来,早期的马克思指认了资本主义生产模式导致了人与他的劳动、他的产品、人的本质、其他人的存在,还有他自己这样"五种异化"(他将"劳动者同他的类本质相异化"细分成为2种)。资本主义的现代性将生产社会条件,这构成了主体自身"严重的限制"。因而,罗萨做了类似的分析,认为社会加速将要跨过特定界限,人类的

---

① Miri Davidson, "Social Acceleration and the Need for Speed", *Los Angeles*:*LA Review of Books*. 2015.

② Miri Davidson, "Social Acceleration and the Need for Speed", Los Angeles:*LA Review of Books*. 2015.

异化不仅来自他们的行动,他们工作与生活的对象物、社会世界以及他们自身,而且也来自时间与空间。具体来讲,他认为可以从下面五个方面加以阐明。

第一个与空间关系的异化。异化的核心内涵在他看来是自我与世界关系的结构性的扭曲,人类必然被体现为是一种主体,他们不可避免地感受到世界作为空间化的延展,自身作为一种空间化的定位。然而,这种天然的亲近性在现代社会被分离了。对于空间的现代性变迁,吉登斯的"脱域"(Disembedding)是我们最为熟悉的,"脱域,指的是从内在互动的地域性语境中的社会关系中,以及通过穿越无限的时空范围来重构他们的社会关系中'抽离'出来"。① 当然,对于罗萨来讲,他认为这种现代性"脱域"并不必然使得"空间异化"成为必要,而是使其成为一种可能而已。空间的脱域往往带来的是亲近关系的"异化"(疏离),因为,人们一旦从一个空间中抽离出来,便使得我们不断地遭遇陌生化的新领域,就像一个中国人到达德国之后,需要知道超市方位、知道食品特征,等等。同样,随着社会技术的加速,人们不断地去熟悉新的物件,这样一来,我们不再感兴趣它们个体的特征,你仅仅知道如何去操作即可,而原先我们可能使用某一个东西几十年,那时,我们对于其各种特征有着的一种"亲近性"在当下自然流失了,"社会加速创造了与物质空间较大的流动性和分离性,它也进一步与我们的物质环境相异化"。②

第二个是与物的关系的异化。罗萨认为物的世界至少要分为两类:一个是我们生产之物,另一个是我们使用或消费之物。我们生活与工作的对象物在一定程度上构建我们的身份,当他们长久地使用一种物时,"它们成为了你日常生活经验、你的身份、你的过去的一部分,在这个

---

① Anthony Giddens, *The Consequences of Modernity*, Cambridge: Polity Press, 1991, p.21.
② Hartmut Rosa, *Alienation and Acceleration*, Malm: NSU Press, 2010, p.85.

意义上，自我正扩展为物的世界，物的世界人的栖居之所"。① 但是，随着社会的加速，重复修理"物"似乎变得不再必要，维修"物"与生产它们相比显然越来越昂贵。今天，人们在"物"坏了的时候，更多的选择是更换一个新的，很果断地将旧东西抛弃掉，它们不再是我们生活的一部分，而这一旦成为了物的世界的主导或唯一模式的时候，便导致了我们与"物"的世界相"异化"。实质上，这一模式随着社会加速一跃成为了主导。罗萨自己举了一个生活中常见的例子，我们使用的电脑、手机等越来越智能化，它们与我们之间不可避免地增长了距离，比如一部老的手机，我知道如何调整声音，而新的则不会。罗萨的这个看法与法国的斯蒂格勒较为接近，按照斯蒂格勒的说法，"在这个过程中，消费者从今以后将通过服务行业及其装置被剥夺记忆和知识"。② 当然，这一过程也被其描述为是"一个不断丧失知识的无产化过程"。③ 在这个意义上，罗萨说，物越来越老练，人却越来越笨拙。

第三个是与人们行动的异化。与异化感相对的是一种"在家感"，诸如这是处于特定地点，与特定的人或者特定的行为来生活的感觉。但是这一方面随着技术生产使得我们对此陌生化，另一方面则是我们从来没有时间对我们要做的事情有足够的知情权，信息负载过重使得我们其实对信息缺乏深入了解。更重要的是，"人们真正去做的并非是他们真正想去做的"，人们会发现在社会加速的同时，人们处理自己的"核心业务"（Core-business）的时间反而缩小了。花费的时间可能被其他的事情所占据，比如，带着查阅国外的关于"马克思与黑格尔关系"的研究文献的目的打开网络，却被各种商家广告的链接所吸引，当我发现不该如此转而进入文献检索时，又开始下载了"黑格尔与资本主义"的文

---

① Rosa, Hartmut, *Alienation and Acceleration*, Malm: NSU Press, 2010, p. 86.
② Bernard Stiegler, *For a New Critique of Political Economy*, Cambridge: Polity Press, 2010, p. 35.
③ Bernard Stiegler, *For a New Critique of Political Economy*, Cambridge: Polity Press, 2010, p. 37.

献,真正做得越来越是原先无法想到的。罗萨认为,这种异化"来自于竞争与加速的推动逻辑",因为在一个由速度驱动的结构化的世界里,我们慎重地去寻求一些短期的可以实现的愿望,而不是那些要花费很长时间的项目,而这里很多的都是一些"虚假的需求"。从而,人们忘却自己真正想做什么,以及自己真正想成为什么样的人,被各种待办事项主导着,从事速成的、快感消费或活动,开始失去自己真正的或珍视的东西。①

第四个是来自时间的异化。罗萨界化了"经验的时间"与"记忆的时间"的差异来展开这一讨论。因为在经验时间的意义上,人们同样经历了一天,但是如果是感受到愉快,接受了许多新鲜、愉悦与刺激的印象,一天很快便过去了,但人们可能感觉到这一天特别的长(记忆的时间),因此,经验上迅速运转的短暂时间可能转换为记忆中的漫长时间,也就是说,两者之间的关系往往是颠倒的。在后现代的媒体世界中,经验上的时间的"长短"正在被"短短"的新形式做置换。这种新形式便是经验中的时间流转得特别快,但是留存于记忆的则相当的少。往往在"短短"这种新的时间经验的活动中,我们仅仅吸收行动或经验的"孤立"的片段,并没有在脑海里面留下记忆的踪迹。在加速社会中,人在行为中所花费的时间去从事的生活正越来越片段化,诸如我们在一天从早到晚顺应加速社会的节奏,看似做了很多事情,生活显得丰富、有意义的,但恰恰相反,这些行为都是相互孤立的,"它们并不能够彼此连接为一个整体或有意义的方式"②,最后,我们的记忆是一片空白。

第五个是自我与他者的异化。社会加速除了使得行为活动本身被碎片化难以整合之外,它对整个社会关系,即行为者之间的关系也产生着隔离的作用,更重要的是导致了承诺的腐蚀,人们会与他们自身生活的时间与空间、行动与经验、生活与工作相伴随的事情等分离或隔绝开

---

① Hartmut Rosa, *Alienation and Acceleration*, Malm: NSU Press, 2010, p.91.
② Hartmut Rosa, *Alienation and Acceleration*, Malm: NSU Press, 2010, p.94.

来，原先紧密相容的关系被扭曲了、炸开了，这些也使得自我与他者之间的关系结构性地被"损坏"。

基于对上述五种异化的详细阐述，罗萨对社会加速所带来的这些异化给予了批判，**而批判的可能则来自于他的核心观念，即"共振"**，这是一个与上述异化相对立的另一种社会样态。在2016年的新著《共振：一种世界关系的社会学》(*Resonanz：eine Soziologie der Weltbeziehung*)一书中，罗萨明确表示，他并不会认为"慢生活"是社会加速异化的解决方案，而应该将视野转向社会加速所带来的世界关系扭曲方面，其重新获得的完善社会状态就是这种关系的"共振"，从而在"共振与异化的辩证法"框架下，构建了一个新的社会批判理论来给予社会关系的全面重建。[①] 在罗萨看来，"共振"是对人、物、自然、艺术甚至我们的身体或我们的感觉的一种关系(Verhältnis)，这是一种反应关系，在其中，我们的感觉真正与他者彼此连接，所应该关注的就是我们应该怎么去实现它，即如何能够重建这种"共振"关系。

罗萨认为，共振关系的恢复必须要有足够的时间作为基本的条件，这样才能利用时间并且让时间真正建构基于一定稳固性的关系。但是，这种时间目前看来又不太可能，正如维尔蒂(Welty)对他的驳问那样，意味着我们只能等待时间的充足，或者放弃其他来增补时间吗？当然，对于罗萨来讲，并不需要如此，而是更多地将"共振"推向一种"主观"的倾向，罗萨将这种态度称为"倾向性共振"，也就是说我们可以提升或创建我们的这一意愿，使我们可能产生共振的条件，他并且认为每个人都有这个"共振轴"(Resonanzachsen)。虽然，系统的社会关系已经存在异化，但是我们每个人都有恢复共振的能力[②]，并且，沿着这

---

① Hartmut Rosa, *Resonanz：Eine Soziologie der Weltbeziehung*, Frankfurt am Main：Suhrkamp, 2016, S. 316.

② Hartmut Rosa, *Resonanz：Eine Soziologie der Weltbeziehung*, Frankfurt am Main：Suhrkamp, 2016, S. 331.

种主观性的精神性的"恢复",罗萨进一步细化、推进了如何重建共振(Resonanztheoretische Rekonstruktion)这一问题。①

三、"社会加速"的现实批判

将"社会加速"导致社会的异化作为重构社会理论的入口,这无疑是激活社会批判理论的重要路径之一。但是,罗萨最后以一种"倾向性共振"的主观恢复试图解决这种异化的方案则显得过于飘浮,其根源于他在对资本主义社会的规训方式的探索中,忽视或者说遮蔽了资本对"精神意识"的建构维度,更否定了加速是资本逻辑增值的内在要求。这样一来,加速便从一种政治的议题中撤退下来,转换成为一种心理学、文化学的议题。如果借助《资本论》来看,"加速"(Beschleunigen)及其相关变位的德文词在《资本论》中出现"98次",足可见,马克思已经将"加速"纳入到资本运转视野下进行考察,并给予了高度重视。如同帕斯昆内里(Matteo Pasquinelli)所看到的那样,资本主义正是通过不断地发明时间,来完成自身存在正当性的基本策略。② 从而马克思将"加速"与处理资本逻辑这一核心的历史唯物主义原则链接起来,以此,突破作为规训人的存在方式的"速度"概念的理解。

首先,考察加速必须置于特定的资本主义社会生产关系之中加以理解,这样便能够看到加速的主体是资本的再生产,目的是提升剩余价值的获取,技术、生活节奏、社会自身的加速都是资本加速的表现形式。我们知道,资本主义本身具有一种高度抽象力,正如索恩-雷特尔所点明的,语言抽象、商品抽象以及货币抽象之间严格的结构一

---

① Hartmut Rosa, *Resonanz: Eine Soziologie der Weltbeziehung*, Frankfurt am Main: Suhrkamp, 2016, SS. 615-632. 对于共振的详细建构方案,为了不影响本文的论述主旨,这里不再展开,将另文给予分析。

② Matteo Pasquinelli, "The Labour of Abstraction: Seven Transitional Theses on Marxism and Accelerationism", *Paris: Multitudes*, 2014, NO. 1.

致的关系。因为，商品形式是一种抽象，这种抽象性统治其整个运行轨迹。① 正是这样，置身于整个商品生产逻辑之中的机器所带来的"加速"，必然也形成了某种对人的宰制能力，因为，"机器是要使商品便宜，是要缩短工人为自己花费的工作日部分，以便延长他无偿地给予资本家的工作日部分。机器是生产剩余价值的手段"。② 这种加速带来的结果并非是使得工人得到了"时间"，而是"失去了更多的时间"，对工人产生的结果是：(1) 扩大了劳动力的来源，因为，"就机器使肌肉力成为多余的东西来说，机器成了一种使用没有肌肉力或身体发育不成熟而四肢比较灵活的工人的手段"，这样，突破了劳动者"体力"的界限，使得"工人家庭全体成员不分男女老少都受资本的直接统治"。因为，这种社会加速（技术）所带来的结果正与罗萨所看到的一样，"不仅夺去了儿童游戏的时间，而且夺去了家庭本身惯常需要的、在家庭范围内从事的自由劳动的时间"。③ (2) 机器所带来的社会加速结果是"工作日的延长"。因为，机器的资本主义应用，"一方面创造了无限度地延长工作日的新的强大动机"，另一方面来讲，则"部分地由于使资本过去无法染指的那些工人阶层受资本的支配，部分地由于使那些机器排挤的工人游离出来，制造了过剩的劳动人口，这些人不得不听命于资本强加给他们的规律"，结果，工人不是得到了时间的解放，而是时间的被吸纳，"机器消灭了工作日的一切道德界限和自然界限。由此产生了经济学上的悖论，即缩短劳动时间的最有力的手段，竟变为把工人及其家属的全部生活时间变成受资本支配的增殖资本价值的劳动时间的最可靠的手段"。④ (3) 伴随机器生产时代的到来，工人的劳动强度不是减弱，而是更加强化。"当法律使资本永远不能延长工作日时，资本就力图不

---

① Alfred Sohn-Rethel, "Intellectual and Manual labour. A Critique of Epistemology", Istanbul: Bogazici University Library, 1978, p. 19.
② ［德］马克思：《资本论》第1卷，北京：人民出版社2004年版，第427页。
③ ［德］马克思：《资本论》第1卷，北京：人民出版社2004年版，第453—454页。
④ ［德］马克思：《资本论》第1卷，北京：人民出版社2004年版，第469页。

断提高劳动强度来补偿，并且把机器的每一改进变成一种加紧吮吸劳动力的手段"。① 当然，在今天网络技术带来的社会加速比起马克思所说的机器时代要充分得多，这种"吮吸劳动力"的强度更是让当今人们有了切身的感悟。

其次，考察资本主义社会加速的总逻辑在于，并不能像罗萨那样，将对加速的批判推向了靠个人的"共振轴"，而是立足资本主义发展的必然趋势——"平均利润率下降"——来讨论"加速"的界限。虽然罗萨拒绝以一种慢来反驳这种加速，比起那些提倡"慢生活"或者说以"忙与闲"来思考加速的学者自然深刻许多。但是他没有将加速的思考引向对资本逻辑批判，只是将其作为社会加速三种平行动因之一加以处理，所以，也就不可能像马克思那样，以政治的方式来审视"速度"。诚如帕斯昆内里所归纳的，在马克思的观念中一直因为两个相对应的错误而备受指责：一是来自本雅明的看法，认为马克思已经在无阶级社会的概念中世俗化了弥撒亚时间；另一个则是将马克思置于亚里士多德的存在可测量性的传统之中，这是哈特、奈格里做出的。这两个批判均难以成立，对于前者来讲，不过是一种神学观念的"强加"，而后者则显然不明白马克思对交换社会的批判，正是对亚里士多德这个传统的反叛。因而，帕斯昆内里认为马克思有自己完整的时间观念，"在这两者之间存在有史以来最好的尝试，将工业资本主义压缩为一个简短的公式，即平均利润率下降的趋势的方程"，而这就是资本主义加速必然呈现的"图谱"。② 这个看法应当是准确的，因为，在马克思看来，平均利润率下降的真正秘密在于，"一方面，使一定量劳动尽可能多地转化为剩余价值"，这当然是加速所试图达到的目的，另一方面，"使人们可以提高劳动剥削程度的同一些原因，都使人们不能用同一总资本去剥削和

---

① ［德］马克思：《资本论》第 1 卷，北京：人民出版社 2004 年版，第 480 页。
② Matteo Pasquinelli, "The Labour of Abstraction: Seven Transitional Theses on Marxism and Accelerationism", Paris: Multitudes, 2014, No. 1.

以前一样多的劳动",它们呈现为两个相反的方向,"它们使剩余价值率提高,同时又使一定量资本所生产的剩余价值量减少,从而使利润率下降"。① 因为,在加速社会中,"所使用的活劳动的量,同它所推动的对象化劳动的量相比,同生产中消费掉的生产资料的量相比,不断减少,所以,这种活劳动中对象化为剩余价值的无酬部分同所使用的总资本的价值量相比,也必然不断减少"②,利润率下降也便伴随而生。对此,罗萨的分析由于欠缺了这种历史视野,才使得最后他求助于精神维度的方案。

最后,依照马克思的看法,只有通过革新生产方式,才能够真正破解加速社会的异化,走向"人的解放"。在罗萨的分析中,否定了资本逻辑的主导机制,更多地引向了文化动力,结果使得社会加速为核心的晚期现代性社会与资本主义之间是割裂的、"非连续性"的,当然,这也在当代西方左派的分析中成为了一个基本的思考原则,仿佛新命名的时代已经剔除了马克思所声讨的资本主义的特殊性——"劳动与资本分离"——并最终导致客观经济矛盾的观点。虽然在社会批判理论中所依附的抵抗主体积极地否定资本主义,"不管出于什么原因,他们认为资本主义发展到最后只能是死路一条,或者给人类带来一场灾难",但更重要的是要"找出我们所面临的这些问题的根源"。③ 如果不从这个视角出发,仅像罗萨那样,将抵抗社会加速异化的主体推向了每个人,因为每个人都有"共振轴",或者像维系留在讨论速度时所说的,原先的马克思的阶级概念已经不存在了,工人阶级的无产化仅仅是一种时间性的形式。④ 那么,结果就陷入了罗萨这种"共振"的虚幻路径之中,正如哈维警告今天西方左派学者的那样,如果我们不能重新地调整我们的权

---

① [德] 马克思:《资本论》第3卷,北京:人民出版社2004年版,第259页。
② [德] 马克思:《资本论》第3卷,北京:人民出版社2004年版,第237页。
③ [美] 大卫·哈维:《资本之谜》,陈静译,北京:电子工业出版社2011年版,第230—235页。
④ Paul Virlio, "Speed and Politics", South Pasadena: *Semiotext* (e), 1986, p.97.

利、责任和义务，而沉迷于所享受的现代法权赋予的一些权利，革命性的社会巨变不可能实现。同样，认为"我们进行自我剥夺，主动放弃现在所拥有的会阻碍一个更加平等、稳定的社会秩序形成的东西，这种想法是美好的"，不过，"也是极不切合实际的"。①

第四节 "精神政治学"："去心理化"的幻象

"精神政治学"（Psychopolitics）作为新自由主义治理术，推进了"生命政治学"的转向，它强调通过大数据操控人的精神心理领域，以一种关怀而非物化、肯定而非否定的方式，塑造功绩社会的整体文化情景。劳动者不再抱怨资本的物化，反而是朝向自身，逼迫优化自我，形成了"自我剥削"。在实现资本主义的治理效能的同时，使人背负了沉重的精神问题。为了摆脱这种对人的精神领域的操控，"去心理化"被当代批判理论设为重要方案。借助政治经济学批判可以看到，精神政治学所谓的自由自觉的劳动其实依然是一种价值化的劳动，它必然以资本与劳动的矛盾为存在结构，因而，只有改变资本主义社会的生产关系才能够真正突破被操控的命运。

"精神政治学"作为近些年来西方学术界的一个标志性的研究趋向，已经得到了诸多西方学者或隐或显的支持。但是，在汉语学术界政治哲学研究中，因一向重视古典传统研究旨趣，而对这样一种新的政治哲学着墨甚少。与古典政治哲学研究关注自由、善、平等、正义等略微不同的是，"精神政治学"更加将关注的焦点朝向人的精神领域的自由意志、自我认知等方面，从而在认知、意志等被如何操控的意义上，划掉了古

---

① [美]大卫·哈维：《资本之谜》，陈静译，北京：电子工业出版社2011年版，第238—239页。

典政治哲学意义上的"主体性"。"主体"(Subject)本身就是屈从之意,古典政治哲学讨论的是一种来自他者强力的统治结构,而"精神政治学"更多地思考"一种束缚于以成就与功名的形式屈从于内在强迫和自我控制(Selbstzwängen)"。① 当然,如果仅仅从精神分析入手对主体进行考量,似乎这也并不稀奇,因为它已经在国际精神分析的百年历史上镌刻了弗洛伊德、荣格、阿德勒等人很多的成果。但是,"精神政治学"并非仅是从精神入手思考主体精神领域的问题,而是从精神之外尝试去分析"精神与政治"之间的关联,从而呈现出个人精神与社会统治之间的"生成机制"。其实,这个思考的脉络,自卢卡奇一直到阿伦特、阿多诺、鲍曼等人那里都或多或少的存在,但是这一思路是以对主体"否定"的路径去思考的。当然,"精神政治学"纳入到马克思的名下,表现看来也并不容易。因为,当我们打开150年之前出版的《资本论》的时候,"拜物教"表现为"时间""规训"("Discipline")"度量""物化"等一系列关键性概念均已经确定,并横贯服务于其历史唯物主义视域下资本主义批判的总体要求,而这些概念均是指向对人的否定,无论是规训还是物化都是借助同一性完成对人的主体性的否定。更令人有些不安的是,在当下人们正兴趣盎然地讨论生命政治,也许人们会很自然地将精神政治学与当下正热的生命政治关联在一起加以思考。譬如亚历山德拉·劳(Alexandra Rau)就认为精神政治就是一种生命政治。② 这两者确实存在着相似的关联,不过,在本书中,我也将试图说明两者的差异,并认为精神政治是对生命政治实现了一种新的转向,从而展示精神政治学对自我剥削技术的思考。这不仅会提示我们批判生命政治对权力的对象化还不够彻底的问题,更重要的是,以政治经济学批判入手也将

---

① [德] 韩炳哲:《精神政治学:新自由主义与新权力技术》,关玉红译,北京:中信出版社2019年版,第2页。

② Alexandra Rau, *Psychopolitik. Macht, Subjekt und Arbeit in der neoliberalen Gesellschaft*, Frankfurt a. 2010, S. 298.

提示我们面对由"精神政治学"引发的自我剥削的思考及其进一步消解革命的可能性问题。为此，作为一种崭新的治理术，它在越出了生命政治的问题域之后，将带来怎样全新的考察空间，则是我们一直十分感兴趣的话题。

一、从自然属性的肉体、"让精神死"到"让精神活"

以"精神政治学"为题的论著，在英语世界近些年得以逐渐展开，布希（Otto von Busch）从时尚讨论精神政治学[①]，劳伦斯（Alschuler Lawrence R.）则在《自由的精神政治学》中分析了"政治意识"和"自由意识"。[②] 不过，这些文献与德文文献又并不相同，德文文献则试图讨论以"自我剥削"（Selbstausbeutung）为核心的一种新政治学，如上文提到的亚历山德拉·劳、韩炳哲，还有胡茨奈克（Arnold A. Hutschnecker）《精神政治学：对权力意志的批判》[③]、盖耶尔（Michael Geyer）主编的《暴力时代》（*Zeitalter der Gewalt*）[④] 等都集中聚焦"精神政治学"，这些讨论给我们很大的思考空间，下文我们会借助韩炳哲等人的谈论进一步展开。为了能够更为清楚地理解这种新政治学，我们先从生命政治谈起，以便于我们更好地了解其理念。我们知道，18 世纪下半叶，当福柯面对新自由主义统治形式的崭新面貌时提出了"生命政治学"的概念。这种新的技术运用对象与针对肉体的惩戒技术完全不同了，它朝向的是人的生命。惩罚针对肉体的人，而生命政治针对活着的

---

① Otto Von Busch, *The Psychopolitics of Fashion: Conflict and Courage Under the Current State of Fashion*, London: Bloomsbury Visual Arts, 2020.

② Alschuler Lawrence R., *The Psychopolitics of Liberation: Political Consciousness From a Jungian Perspective*, New York: Palgrave Macmillan, 2007.

③ Arnold A. Hutschnecker, *Psychopolitik. Eine Kritik des Willens zur Macht*, Gütersloh: Bertelsmann Verlag, 1989.

④ Michael Geyer, Helmut Lethen, Lutz Musner (Hg.), *Zeitalter der Gewalt: Zur Geopolitik und Psychopolitik des Ersten Weltkriegs*, Frankfurt am Main: Campus Verlag, 2015.

第五章　人的存在观念重构之双重向度

人。按照福柯自己的阐述就是,"惩戒试图支配人的群体,以使这个群体可以而且应当分解为个体,被监视、被训练、被利用,并有可能被惩罚的个体,而这个新建立起来的技术也针对人的群体,但不是使他们归结为肉体,而是相反,使人群组成整体的大众。这个大众受到生命特有的整体过程,如出生、死亡、生产、疾病等的影响"。① 因为,无论是出生率还是死亡率都直接关乎国家经济和政治之类的宏观议题,成为了生命政治学控制的首要目标。它将人口作为确定权力介入的领域,借助于预测、统计、测量进行干预,当然干预的目的不是针对某个个体,而是就具有总体意义上的普遍的因素展开的。相对于早期的君主政治(死亡)、17 世纪流行的规训政治(纪律)来讲,生命政治讲究的是"调节","权力越来越没有权利使人死,而为了使人活"。② 当然,既然一切的调节看起来都提供生命的健康、保障与延长寿命,"那么它怎么可能杀人呢?"对此,福柯借助了种族主义与纳粹向我们展示出可能杀人的理由:以"劣等种族、低等种族(或退化、变态种族)的死亡,将使生命更加健康"。所以,生命政治的运转使它的敌人不再是"军事、战争或政治关系,而是生物学关系",它"以消灭生物学上的危险并以与此消灭相联系巩固人种或种族为目的",这样一来,生物学与权力直接关联起来,"广义的进化论在 19 世纪的某些年代里,理所当然地成为不仅仅是用生物学术语改写政治话语的方法,不仅仅是用科学的外衣隐藏政治话语的方法,而确实是思考殖民关系、战争的必要性、犯罪行为、疯狂和精神病现象、阶级社会的历史等问题的方法"。③ 虽然福柯强调生命权力要处理的是人口,但最终他其实和规训权力、君主权力一样,都要朝向人的肉体的自然属性,只不过在让肉体死还是让肉体生之间摆动而已。

---

① [法]福柯:《必须保卫社会》,钱翰译,上海:上海人民出版社 2018 年版,第266 页。
② [法]福柯:《必须保卫社会》,钱翰译,上海:上海人民出版社 2018 年版,第271 页。
③ [法]福柯:《必须保卫社会》,钱翰译,上海:上海人民出版社 2018 年版,第279—281 页。

对于固守于肉体的自然属性的一面，阿甘本在《神圣人》的序言中已经做了指认，"福柯的死使他无法展示出他是如何进一步发展生命政治学的概念和研究的。然而，无论如何，福柯的工作主要指作为纯粹生命（自然生命）的'zoe'被划入政治范围中，于是赤裸生命（Bare Life）的政治化，构成了现代性的决定性事件，标志着古典政治哲学范畴的根本性转变。"① 不过，阿甘本由于与福柯一样对纯粹自然生命、肉体、身躯的关注，使得他坚信福柯的死去中断了生命政治学的深入。其实不然，除非是福柯自己意识到只注重肉体限制了对权力的进一步思考。诚如韩炳哲所看到的那样，"新自由主义作为另一种形式，即资本主义的变种，在第一性上无关生物、躯体和肉体，它发现，其实精神才是生产力"。② "精神"着实在数字时代成为了新自由主义发展的最为关键的支撑因素，"新自由主义试图把一切人类行为都纳入市场领域。这需要种种信息创造技术和能力，积累、储存、传递、分析，使用庞大的数据库，用以在全球市场指导决策。因此，新自由主义对于信息技术便有着强烈的兴趣和追求"。③ 随着一般智能的深入，譬如情感、信息、服务、关系等方向的非物质劳动的生产模式越来越占据着显著的位置，这一点在拉扎拉托、博当在认知资本主义中已经较为详尽地给出解释④，这种生产与劳动方式的改变使得肉体这种生产力的重要性急剧下降。"为了提高生产力，所要克服的不再是来自肉体的反抗，而是要去优化精神和脑力的运转程序。"⑤ 到这里，我们可能会很自然地想起那位倡导以技术

---

① Giorgio Agamben, *Homo Sacer: Sovereign Power and Bare Life*, Polo Alto, CA: Stanford University Press, 1998, p.4.
② ［德］韩炳哲：《精神政治学：新自由主义与新权力技术》，关玉红译，北京：中信出版社2019年版，第33页。
③ ［英］大卫·哈维：《新自由主义简史》，王钦译，上海：上海译文出版社2010年版，第4页。
④ 孙亮：《"认知资本主义"的谱系、特质及其批判》，载《社会科学》2016年第7期。
⑤ ［德］韩炳哲：《精神政治学：新自由主义与新权力技术》，关玉红译，北京：中信出版社2019年版，第33页。

层面断定认知维度的"知识无产化"的斯蒂格勒,在一次访谈中,他就谈到了由精神技术实现工业资本主义行为的文化转型,并说这是通过他所称的"精神权力"(Psycho-power)发展起来的。但是,福柯却只感兴趣于他自己的生命权力(Bio-power)的概念。由此,今天我们还必须去关注一个福柯没有问过的问题:精神权力和精神技术的操控。① 当然,不是说福柯从不去谈及个体,譬如他也涉及自我关怀的技术。只不过,由于他对肉体自然属性的过于倾心使得自我关怀没有主题化,人口统计还不能调节大众的精神活动与主体意志。依据斯蒂格勒自己的看法,他推进福柯的地方在于对资本主义的精神丧失所做的判断,从而朝向了对精神权力的批判。如果单就精神批判的方向性而言,这种批判似乎也与卢卡奇等人在物化批判上有一定的承接性,阿尼塔·查里就看到卢卡奇的物化呈现了另一种精神的丧失,那就是对于"缺乏对社会对象的参与投入(冷漠,Teilnahmslosigkeit),由此人类把'物'理解为呆滞的对象,人类意识不是积极构造这些对象,而只是与之相符合"。无论是斯蒂格勒还是延续卢卡奇物化的分析思路(也包括当今在汉语学术界借助物化、生命政治对当今时代的判断)都是以一种"否定精神"的层面去思考人的精神领域主体性的消失。

恰恰相反,改变生命政治的肉体化转向了"否定精神"的学术路径,从而错失了资本主义新发展情势下对"精神政治"的捕捉。与福柯一样,他们都没有认识到这套自我关怀(或者用句俗语:打鸡血)的技术居然已经被资本主义招安了,完全成了资本主义自身运行的兴奋剂。"精神政治学"就是要将审视此种"让个体从自身从发,自己去影响自己,让环境威力法自发形成,同时,还会把这种法则诠释为自由。自我

---

① P. Crogan, "Knowledge, Care and Trans-individuation: An Interview with Bernard Stiegler", *Cultural Politics: An International Journal*, 2010, NO. 6.

优化和征服、自由和剥削都合而为一"。① 尤其是在大数据时代，完全可以干涉、介入人的精神状态，数据挖掘能够"让人们看见作为个体不曾意识到的集体行为模式，因此数据挖掘也就挖掘了集体潜意识"。② 这显然比生命政治对自然性的调节更加有效，精神政治学着意"往心里走"，从"肯定精神"的方向上，立足从培育一种"积极精神""增强精神"的维度去思考如何优化精神、思想。到这里，我们可以仿照福柯那句"君主专制使人死，让人活"，生命权力就是自己"使人活，让人死"③，很明显，精神政治学不仅与关注肉体的生命政治学关注的对象不同，进一步也与对精神布展、物化策略等病理学也有了本质的区别，那就是后者是"让精神死"，而精神政治学是"让精神活"。从而，精神政治学是使人们进入集体的精神意识管控的管道上，积极地肯定大众行为，激励大众鞭策自身、朝向自我、逼迫自我，由此而设计和控制资本主义发展的效率。严肃地说，关注躯体等自然性的"生命政治时代"在除了"新冠肺炎疫情"这样的非常状态之外，它也逐渐地被精神政治学替代了。

二、自我剥削、攻心的权力与集体意识调节

犹如齐格蒙特·鲍曼以保证无主者可视化为例所说的那样，"一旦传统'监控'手段所赖以存在的各种条件被证明越来越无效，这一力量便构想出另一些条件，以重新安排监控措施"。④ 矫正"生命政治学"对人的精神领域的关注缺失便是要解决之前从否定意义上操控精神的不良效果。从肯定精神的意义上讲，操控对于主体到底意味着什么呢？我

---

① ［德］韩炳哲：《精神政治学：新自由主义与新权力技术》，关玉红译，北京：中信出版社2019年版，第37—38页。
② ［德］韩炳哲：《在群中：数字媒体时代的大众心理学》，程巍译，北京：中信出版社2019年版，第110—111页。
③ ［法］福柯：《必须保卫社会》，钱翰译，上海：上海人民出版社2018年版，第270页。
④ ［英］鲍曼：《立法者与阐释者》，洪涛译，上海：上海人民出版社2000年版，第60页。

第五章 人的存在观念重构之双重向度

们先从欧文·戈夫曼在谈论主体自我塑造时讲的一个例子开始,"新兵最初只是为了避免受体罚而遵守军规的,但后来却变成为了不给他的部队丢脸,并得到长官与战友的尊重而遵守军队纪律"。[①] 这是主体屈从于认同而对自身进行的内在的强迫。但若不是认同或赞许,而是"货币化"的期许,可能情形就完全不同了,或可称之为一种"有兴趣的自我伤害"(Interessierte Selbstgefährdung)。员工或多或少自愿地发挥自己的作用,即使带病也照样加班,并且做的远远超出单位的要求。人们对此似乎越来越觉得非常自然,人们没有上班、下班时间的界限,下班带着任务依然在家里上班。也就是说,他或她超出了原先单位雇主要求和期望的工作与意愿,这种甘愿自我剥削其实倒是新自由主义治理术中最新的症候:长期加班,毫无休闲。要注意的是,超出工作的部分并非是外在的强力所迫,而是一种内在的心理不断对自我暗示、自我精神肯定的成果。譬如,我们会挤出所有的生活时间来使自己成为优秀的劳动者。于此,每个人都将自己逼到最低生理极限,甚至超越极限走向自我毁灭。近些年我们常感慨年轻人过早地逝去便是明证。这当然是受到了韩炳哲所说的功绩社会的时代精神与文化支撑,人们将工作看作是自己创造身份认同的源泉,因为工作不仅是与经济损失相关,还往往与声誉的损失有关。那些不工作的人显然没有任何有意义的活动,他们没有为公共利益做出贡献(通过税收)。工作不再仅仅用来保障生命,而是通过被解释为一种自我实现的方式而被赋予一种几乎神圣的感觉。这是自我剥削的根源,那种由韦伯所倡导的劳动(谋生劳动、物化劳动)的神圣的资本主义新教伦理倒是一把插入内心的统治尖刀。

上述自我剥削是在一种功绩社会中普遍的现象,它的运行与否定人的精神的规训逻辑完全不同,譬如在斯蒂格勒那里,技术就是要制造出各种否定性的、破坏性的命令。在福柯笔下的规训社会也是一样,"否

[①] [美]欧文·戈夫曼:《日常生活中的自我呈现》,冯钢译,北京:北京大学出版社 2008 年版,第 17 页。

定性的情态动词——'不允许'（Nicht-dürfen）控制着一切。'应当'（Sollen）中也附带着否定性、强制性。但是功绩社会越来越摆脱了否定性"，因而在功绩社会里面倡导的是，"一种积极的情态动词——打破界限的'能够'（können）"。① 在功绩社会中，人要内在驱使自我成为完美主义者，对于资本主义的资本逻辑增值来讲，要调节社会集体无意识，使其内在精神持有"我能行"，譬如哔哩哔哩就以"奔涌吧，后浪"的方式去激励青年人，从而使主体产出更多的优质劳动力。对于功绩社会主体而言，它似乎并非受着外在的强力逼迫，或者说，当一个人完成基本的工作，"朝九晚五"时，超出的部分是没有一种逼迫的，而是他自己充当了"他者"反过来朝向自身剥削。此刻，主体表现为是自由的，因他仿佛摆脱了来自外力的强力统治。时刻盯紧自己，工作的绩效显然比外力强制更加有效，自主、自觉地对自己施虐，让自己遭受摧残。但这一切都是在自我规划、优化自我的名义下展开的。在一般智能时代，优化自我的可能性更是大为拓展，形形色色的提升课程、各种各样的在线即可办公，我们进入到一个拉根网线即可生产的特殊社会形态，人人手握手机即仿佛拥有了生产资料的感觉，其实，如此这般的自由在朝向自我施虐时，自由也便生成新的强制，剥削者与被剥削者合而为一了，或者说我们越努力强制性越大，人们似乎进入到一个十分尴尬的劳动集中营的死胡同中。而且由于此种自由导致的自我剥削对人们来讲是缺乏内在的厌恶感的，因为要有一种内在生发的讨厌需要一个否定因素对自我给予刺激，但功绩社会的自我剥削都是在肯定精神的意义上运行的。在数字化生产的今天，人们获得前所未有的交际场景，打开微信朋友圈、各种订阅号正是各种成功的自我暴露，人们自由地生产出现代资本社会的劳动伦理，完成新自由主义治理所需要的绩效观念。但是，屏幕之外的我们却是疲惫而孤独的，"无节制地追求效能提升，将

---

① ［德］韩炳哲：《倦怠社会》，王一力译，北京：中信出版社2019年版，第16页。

导致心灵的梗阻。功绩社会的倦怠感是一种孤独的疲惫,造成了彼此孤立和疏离"。① 在这种线上世界中,似乎已经没有了处于主导地位的监视者,而是大家彼此相互的监视。譬如,朋友圈的各种幸福的"晒"使得我们自身对于自己不努力加以反省。这样,大家共同制造、大家同受约束的一致性的认知观念效果便形成了。

以"自我剥削"为核心,新自由主义在大数据时代进一步强化了这种肯定精神的治理术。大数据征用收集了人的行为的数据信息,并基于此,反思人的集体意识与行为驱动之间的关系,在这个关系中调适与引导人的生产效率。其中,我们可以窥测出权力布展的新形式,它不同于持有权力者以暴力的方式强制性地否定人的主体意志、精神。在传统的政治哲学中,权力的存在与实施意味着对他人自由的剥夺,即使在当今激进左翼学者那里,譬如开放马克思主义哲学代表者霍洛威也是以提高革命赌注,即消除权力的方式来寻求自由的可能性的。但这一视角已经无法认识到资本主义治理中权力的新变化了,"今天,权力越来越呈现出一种自由的姿态。它以顺从、友好的形式摒弃了自己的否定性,将自己装扮成自由"。② 这一点犹如福柯在新自由主义治理术中对肉体的肯定一样,在精神政治学中就是要正面肯定、激励人的精神。后者"以权力攻心为上,而不是对其进行惩戒,让它向约束禁令低头。它不允许我们沉默,相反,却不断要求我们去倾诉、分享和参与,去交流我们的想法、需求和爱好,讲述我们的生活"。③ 资本主义表现为越来越关怀人,在治理上,精神政治学就是要打造一种"关爱的社会",今天我们生存的危机或者说真正走向自由的解放危机就体现在自由被权力利用了。于是,人们拼命地自我调节、自我优化。权力的反抗性也越来越弱,政府

---

① [德] 韩炳哲:《倦怠社会》,王一力译,北京:中信出版社 2019 年版,第 54 页。
② [德] 韩炳哲:《精神政治学:新自由主义与新权力技术》,关玉红译,北京:中信出版社 2019 年版,第 20 页。
③ [德] 韩炳哲:《精神政治学:新自由主义与新权力技术》,关玉红译,北京:中信出版社 2019 年版,第 21 页。

的暴力性表现得不存在了。新自由主义正是基于精神政治学的新的权力运作方式，政府的干预性的作用大大削减。这一点在2020年的新冠肺炎疫情治理中已经有显示了，美国等西方国家治理失效正是新自由主义权力布展并消除了行政能力的恶果之一。新自由主义治理术就是要追求让一切看起来自然而然，它需要的是人们把"不容后退的对抗心理标榜为充满治愈能量的力争上游和出人头地的激励动力"。① 正是对群体心理的引导与利用，精神政治学建构了社会发展需要的精神力量。精神已经成为政治生产的对象，一切都是在工业化流程般的要求下，不断地推进自我的"完美主义"，主体近乎痛苦地永无止境地优化自我。"社会控制的盯人技术"被重新组织、构想和安排了，只不过精神政治学是要借助"肯定精神"完成使命。

三、价值形式化、资本矛盾与自由的可能

按照马克思的看法，人的解放应该是谋生意义上劳动的缩减，而自由支配的时间增多的过程。但是，依循精神政治学的逻辑，随着对人的精神存在方式的操控，尽最大可能地提升生产的绩效，自由时间被主体看作是不重要的，反而会以自我剥削的内容将其改变为优化自我的劳动时间，人们在资本运行的逻辑中感受到的不是压迫，而是自己如何才能运用自由时间让自己劳动的更多更好。这样一来，新自由主义治理术试图建构起资本主义运行免于抵抗困扰的城墙，资本围城之中的主体只会朝向自己批判，而不会责难资本及其运行逻辑，更谈不上有什么革命的问题了。表面看来，自己已经摆脱了外在强迫，拥有自由，"这种感觉上的自由消弭了任何反抗、革命的可能性，这才是它的致命之处，有什么可反抗的呢？已经没有人再压迫你了啊！"② 似乎马克思所指认的人之

---

① ［德］韩炳哲：《精神政治学：新自由主义与新权力技术》，关玉红译，北京：中信出版社2019年版，第25页。
② ［德］韩炳哲：《他者的消失》，吴琼译，北京：中信出版社2019年版，第57页。

解放需从资本、价值化世界的围城中出离,在新自由主义治理术中似乎被拆解了。此种精神政治学真的完全逸出了马克思的政治经济学批判的方法吗,它是否彻底改变我们抵抗资本主义的方向?

首先,精神政治学所谓的"人自由自觉地劳动"的崭新劳动方式,依然无法摆脱马克思阐述的劳动被价值形式化的命运。新自由主义治理术中所运用的精神政治学,虽然让人在劳动中获得了自由而无强制的外观,最重要的支撑点在于,人们没有对其劳动自身的商品本质进行认识,而只关注到是否自由地进行劳动。但是,其劳动是否摆脱了价值形式化呢?或者说,在资本主义占统治地位的社会中,作为经济的细胞形式的劳动的商品形式或者价值形式是否得以改变。劳动是否被价值化以及如何被价值化,并非受制于主体自身是自愿还是强迫,也非受制于是具体操作还是借助数字化的"伪抽象操作"(如哈特、奈格里),而是主体的劳动是否作为社会劳动而存在。这一劳动体现的是,"劳动的无差别的简单性是不同个人的劳动的相同性,是他们的劳动彼此作为相同的劳动的相互关系,当然,这是通过事实上把一切劳动化为同种劳动"。① 作为主体的劳动者的劳动之所以有价值,只是因为它是抽象的社会劳动的表现形式。"使用价值或财物具有价值,只是因为有抽象人类劳动对象化或物化在里面"。② 这是一次重大的人类劳动行为事实的颠倒,它意味着人类劳动行为自身的自主性丧失了,成为了一个抽象(人类劳动这样一种社会单位)的表现对象。一旦,某一劳动不能够被社会劳动所承认,不能够成为社会劳动的表现对象,那么某一劳动即毫无意义。劳动力这种商品"只有作为同一的社会单位即人类劳动的表现才具有价值对象性,因而它们的价值对象性纯粹是社会的,那么不言而喻,价值对象性只能在商品同商品的社会关系中表现出来"。③ 对于劳动者来说,掩藏

---

① 《马克思恩格斯全集》第 31 卷,北京:人民出版社 1998 年版,第 424 页。
② 《马克思恩格斯文集》第 5 卷,北京:人民出版社 2009 年版,第 51 页。
③ 《马克思恩格斯文集》第 5 卷,北京:人民出版社 2009 年版,第 61 页。

在劳动外壳内的社会关系是不可见的,但劳动者的行为是朝向社会的,为他者而劳作是一开始就注入在劳动者的劳动之中的。他们的劳动伊始以社会为参照,譬如精神政治学以创构功绩社会的效率文化提升劳动者的自我优化愿望,作为操控大众的基本社会背景的参照物。说白了,只要他们的劳动还需要交换,或者说劳动最终还是为了交换,其劳动的形式就是价值形式化了的,劳动就是作为一种商品形式的存在,它也就必然以商品自身的生产逻辑为基础变更自身。从而,劳动也就没有什么自由可以谈论,不过,这种自由倒确实成为了人们的"客观的思维形式",仿佛自身的劳动没有什么社会性在背后束缚自身,只是自己自愿努力成就人生价值。当然,人们并不能驾驭劳动背后的社会关系,反而必须以背后的社会关系来调整自身的劳动行为。由此,只要我们朝向资本为什么要以价值形式呈现进行追问,精神政治学的自由的劳动便可以被洞穿。

其次,精神政治学所谓的"自我剥削"的新型剥削方式,不过是马克思讨论的"资本与劳动的矛盾"的一种表现形式。依据精神政治学的看法,当今社会的物化已经与自身之外的他者是无关的,物化只是由于自我对自我实施剥削造成的,并最终使自己坠入毁灭之中。这里要注意的是,这种治理技术的言说又在有意地混淆剥削与资本主义之间的关系。资本主义的特点并不在于剥削,剥削只是资本主义的表现形式。因为,剥削在资本主义之前的一切时代均已存在。包括劳动者的必要劳动时间与剩余劳动时间的界划都已经能够说明以往时代生产提升的理由。真正成为资本主义特点的是如何让剩余劳动成为剩余价值。诚如马克思所说的那样,"使各种经济的社会形态例如奴隶社会和雇佣劳动的社会区别开来的,只是从直接生产者身上,劳动者身上,榨取这种剩余劳动的形式"①,不过单靠延长剩余劳动时间获取剩余价值也并不是资本主义剥削的特质。为什么这么说呢?因为,此种剥削方式与生产方式并没有

---

① 《马克思恩格斯文集》第5卷,北京:人民出版社2009年版,第251页。

实质性关联,在资本主义之前生产方式中存在,在资本主义生产方式中也存在。当然就不能说这种剥削是一种资本主义特质。资本榨取劳动的形式是什么样的呢?如果我们进入劳动过程分析,可见工人只是将生产资料当做一种生产的手段,或者说是劳动的对象物。但是这一过程一旦换一个视角就完全不同了,即从价值增值的过程看,"生产资料立即转化为吮吸他人劳动的手段。不再是工人使用生产资料,而是生产资料使用工人了。不是工人把生产资料当做自己生产活动的物质要素来消费,而是生产资料把工人当做自己的生活过程的酵母来消费,并且资本的生活过程只是资本作为自行增殖的价值的运动"。① 这其实正是生产者和生产资料分离之后,劳动服从于资本的最真实形象,只不过,这一过程对于精神政治学来讲,缺乏了价值增值的视野,从而只能够看到的是劳动者通过自我优化更好地使用生产资料为手段这一侧面,包括对劳动产品也有意地回避其作为一种商品的存在。深入而论,不难理解"自我剥削"所产生的劳动依然是属于剩余劳动的范畴,它依然是"生产资料"占有劳动者,资本占有劳动。所谓自我剥削不过是尽可能地压制本人,而尽最大可能地提升剩余劳动。当然,对于这种剩余劳动的占有来说,不能仅仅理解为是对某个个体劳动者的占有,而是对由借助资本联合起来的集体劳动者的剩余劳动的全面占有。资本对劳动的强制正是借助了生产资料与劳动者的倒转,间接地完成了资本对劳动的全面统治,这是依凭精神政治学的新自由主义治理术心知肚明的底线。

最后,精神政治学所谓的"去心理化模式获得自由"的新型解放模式,并没有逃离马克思政治经济学批判对客观生活优先性的分析及其革命方案。如何去获得自由,摆脱新自由主义治理术中的精神的操控,精神政治学是有一套说辞的,如韩炳哲就以超越这种被操控主体的口吻说,"作为对自由进行实践的生存艺术,就必须采用去心理化的模式。

---

① 《马克思恩格斯文集》第 5 卷,北京:人民出版社 2009 年版,第 359—360 页。

它让作为统治工具的精神政治无计可施，主体被去心理化，就意味着被倒空，只有这样主体才会在任何生存模式下都获得自由"。① 之所以会单纯地从主体出发，以对心理操控"重新倒空心理"的方式应对精神政治，实质上与上述两点也是一致的，那就是对资本与劳动矛盾性认识不足，忽视了劳动被资本的强制。但是，对于严肃的政治经济学批判来讲，它已经通过经济范畴与经济生活本身之间的非对称性关系，直接指认了经济生活本身的客观优先性，这一点似乎与阿多诺的分析思路很是接近。这种优先性使得我们能够认识到，如同我们每个人都要服从于命运一样，无法超越特定时代的社会生产并通过其形式结构化给予我们的"特质"。资本主义社会的运行逻辑正是要实现一种结构主义式的无人的抽象统治，从抽象的社会劳动、物与物的同一化，整个社会完成了形而上学意义上的"抽象"，个人的观念当然会遭受这种客观的交换社会的"抽象"统治。但是，这种抽象是主体无法经验感知，对于一般的主体来讲难以理解。在资本主义的自由买卖、平等消费的现实情境中，尤其是在一般智能时代来临，手机似乎使得个人获得了自由生产的外观，这些自由的环境共同造成了大众日常的自由意识。此时，精神政治学点明了新自由主义治理会进一步借助资产者的操纵去强化大众的自由意识。但是，它给出了错误的方案，原因在于，"认为新时代的特质就是新时代受观念统治，从而把推翻这种观念统治同创造自由个性看成一回事。从意识形态角度来看更容易犯这种错误，因为上述关系的统治在个人本身的意识中表现为观念的统治"。② 政治经济学批判正是要对此种观念做如下批判：观念只是特定社会经济关系的产物，譬如平等、自由只是价值交换经济关系在意识中的呈现。因为，精神政治学的真正出路并非是依据劳动者自身的"去心理化"，而是必须改变资本主义社会的生产关

---

① ［德］韩炳哲：《精神政治学：新自由主义与新权力技术》，关玉红译，北京：中信出版社2019年版，第107页。
② 《马克思恩格斯文集》第8卷，北京：人民出版社2009年版，第59页。

系才能够真正突破被操控的命运。

总而言之,精神政治学深刻地呈现出新自由主义治理术的全新变化,借助以"自我剥削"为核心建构了资本主义榨取与统治方式,其中无论是它们所宣称的自由劳动,还是自我剥削,或原先马克思的革命的不可能性等诸多判断,只要我们借助政治经济学批判,便很容易能够得出如下结论:精神政治学并没有能够达至对现实资本主义经济生活的本质维度的理解,仅限于在观念层面兜圈子,依然处于马克思在《资本论》中所批判的"表现为"的思考界面,从而错失了政治经济学批判的本质论分析的思想教益。

第五节　历史唯物主义视域中解放的逻辑建构

商品世界的生活并不是人的全部生活的展开,物与物的关系也只是人与人的关系的"表现",对物的分析构不成对人的全部的分析,它只是对人的分析的条件之一。人在商品生活之外的领域中虽然存在着资本逻辑的影响,但绝不能否认每个领域都有自身的特殊性的矛盾、特殊性的"同一性"力量存在,这是资本逻辑无法解释的领域,而这恰恰是解放的空间。对此,为了对当下流行的资本逻辑阐释方案给予反思,有必要提出并借鉴自治主义的劳动逻辑。但是,与后者不同的是,这种反思绝不是取代,而是重申政治经济学批判的"主体向度"修补资本逻辑批判的缺陷。

《资本论》的第一句话值得反复琢磨,而且我们也可以从不同角度对其进行研究,这些都将提供重构《资本论》整体思路的"力量"。因而,在西方学术界,《资本论》的解读史家们会特别迷恋这一句话,这与国内的《资本论》研究将这一分析看作根本的解读起点,大抵形成反差。为此,重提并认定以分析商品为起点,是一个值得高度关注的哲学问题，或者说，《资本论》的全部哲学秘密就在这第一句话之中。这一句话是："资本主义生产方式占统治地位的社会的财富，表现为'庞大的商品堆积'，单个的商品表现为这种财富的元素形式。因此，我们的研究就从分析商品开始。"① 用马克思的习惯用语来讲，这只是"最初一看"（Den Ersten Blick）。因为，我们只要再关注一下，就会很容易看到：商品只是一种"表现"的"关系物"。财富只是在特定的以"资本主义生产方式"为主的各个社会里，才表现（Erscheint）为庞大的商品聚集（Warensammlung），一句话，单一的商品则表现为这种财富的元素形式（Elementarform）。在学术界，普遍存在从"表现为"的"商品"出发，而不再是从事物本身"财富"出发，因为商品只是财富的一个特定时代的"显相"，这种将特殊当作普遍便是"拜物教"的解读模式。直接地说，这种从商品出发理解《资本论》或者资本主义社会，意味着我们是从"拜物教的视野"，而非拜物教批判的视野进入，它是一种严重的倒置。正是此种倒置，使得人们从一个商品、资本自治的逻辑来反观人的主体生活世界，以资本逻辑的阐释来构建一个"同一化"了的人的全部生活。但是，人与人的生活世界恰恰是由"同一化"才表现为资本逻辑的，反之则不成立。那么，将资本逻辑与人的生活逻辑界划开来，将会使我们如何再次看待资本逻辑批判？这一批判如果在存在论上就存在对人的解放的"抽象化"的问题，我们又怎样进一步展开更为根基性的解放维度的思考？对这些问题的思考，将有助于我们进一步推进《资本论》的哲学研究。

一、资本逻辑与人的解放逻辑之间存在裂缝

从《资本论》的结构来看，马克思是在完成"价值形式"一节之后再来讲述"商品的拜物教性质及其秘密"的，即使在1867年的德文第

---

① 《马克思恩格斯文集》第5卷，北京：人民出版社2009年版，第47页。

一版中，价值形式作为附录部分存在大量的篇幅扩展，但在正文中也同样被安排在拜物教论述之前。为什么不先讲述拜物教，然后再阐明价值形式呢？这是因为拜物教的发生有一定的条件，只有将这种条件揭示出来，才能够理解这一问题。这个条件就是：交换。更为奇妙的是，这个交换的规则又是隐匿的，诚如黑格尔所说，"利己的目的，在它的实现中是受普遍性限制的，这就建立起一切方面相互依赖的一个系统，使得单个人的生计和福利以及他的正当性的定在，都同众人的生计、福利和权利交织在一起，它们只能建立在此交织的基础上，同时也只有在这种联系中才是现实的和有保障的"。① 对此，当黑格尔认为这个系统是"外部的国家"时，马克思却认为，这是有"价值"作为一种抽象的交换法则在起主导作用。但是，这一法则又不能自身显现。"商品的价值对象性不同于快嘴桂嫂，你不知道对它怎么办。同商品体的可感觉的粗糙的对象性正好相反，在商品体的价值对象性中连一个自然物质原子也没有。"② 也就是说，商品体的物本身并不内在具有"使其"成为"商品"的特质。那么，它一定是进入到某种关系中才"表现"为如此这般的，"因此，每一个商品不管你怎样颠来倒去，它作为价值物总是不可捉摸的。但是如果我们记得，商品只有作为同一的社会单位即人类劳动的表现才具有价值对象性"，"那么不言而喻，价值对象性只能在商品同商品的社会关系中表现出来"。③ 因而，对拜物教的理解，应该是在交换关系中探索隐藏商品的价值之后才能够完成的。不过，应当注意的是，对价值形式的分析只不过是一个"表现世界"的生成史的呈现，这一点马克思自己已经交代了。"我们要做资产阶级经济学从来没有打算做的事情：指明这种货币形式的起源，就是说，探讨商品价值关系中包含的价值表

---

① [德]黑格尔：《法哲学原理》，范扬等译，北京：人民出版社2016年版，第330页。
② 《马克思恩格斯文集》第5卷，北京：人民出版社2009年版，第61页。
③ 《马克思恩格斯文集》第5卷，北京：人民出版社2009年版，第61页。

现，怎样从最简单的最不显眼的样子一直发展到炫目的货币形式。"①

当我们跟随马克思的分析，进入到商品交换世界的时候，需要注意他在价值形式中所分析的"简单的、个别的或偶然的价值形式""总和的或扩大的价值形式"之中的那个"="式，当某A＝某B时，这意味着不同质的物能够在同时"等同"起来，但是，它不是真正的等同，而毋宁是，某A"表现为"某B。"通过价值关系，商品B的自然形式成了商品A的价值形式，或者说，商品B的物体成了反映商品A的价值的镜子"。这里我们要指明的是，当我们的研究点落在商品世界，并解释商品世界的整个运行是资本逻辑推展的时候，它只是一个镜像世界的故事，还没有完全地、真正地"等同于"人的世界，两者之间的"="式如商品交换世界一样，并非真正是相同的。马克思对资本主义所做的描述正是资本逻辑的世界，对马克思来讲，他的写作，不是要简单地表达对资本世界的愤怒，也绝不仅仅是对资本世界加以解释，由此，学术界的资本逻辑的阐释不过就是在说，整个社会出现的问题不过就是资本要不断突破其界限，从而实现其增值，资本可以最终成为一切领域运行的法则。但是，正如我们上面所申明的观点，"资本逻辑"只是资本世界的解释逻辑，并非是资本世界的"改造逻辑"。换句话说，按照我们对现有《资本论》的研究，这条解释的逻辑已经严重的"结构主义"化了，即将资本逻辑作为人之存在的座架、结构，没有任何主体性的改造性，只是顺从宰制，或者说仅相信资本自身的崩溃。其实，这条解释逻辑的工作，马克思在《资本论》中已经十分清楚地陈述了，我们不过是按照这个逻辑讲下去，或者按照《资本论》对当代社会进行推演即可。但是，对这个镜子世界的认识又是必然的，因为对人本身的认识是需要镜子的，"在某种意义上，人很像商品，因为人来到世间，既没有带着镜子，也不像费希特派的哲学家那样，说什么我就是我，所以人起初是

---

① 《马克思恩格斯文集》第5卷，北京：人民出版社2009年版，第62页。

第五章 人的存在观念重构之双重向度

以别人来反映自己的。名叫彼得的人把自己当做人，只是由于他把名叫保罗的人看做是和自己相同的，因此，对彼得来说，这整个保罗就以他保罗的肉体成为人这个物种的表现形式。"[1] 这里，马克思说出了一个核心的秘密，如果说保罗只是商品世界的代名词的话，那么，人在资本世界中，以商品世界作为镜子，在资本主义社会之前的社会形态中，他又以其他作为镜子。这一表述实质上是通向或者说完全可以由此引申出他对解放的政治性理解。诸如，在权利、自由等虚构的镜像世界中，它与商品世界这面镜子所呈现的世界法则的"通约性"，与哲学所塑造的形而上学的世界也同样相似，但绝非完全等同。

商品世界并不是人的世界的全部，物与物的关系也只是人与人的关系的"表现"，对物的分析构不成对人的全部问题的分析，只是对人的分析的条件。物的世界的关系变成了人的世界的缩影，但还不能够完全认为，物的世界关系就是人的世界的逻辑。在当前的马克思主义哲学研究中，常常有一些观点背后就带有这种逻辑，认为对商品世界的分析，就是对资本主义社会关系中人的世界的描述，或者说，一切的资本主义社会中的人的关系都可以用商品语言加以论述。要知道，镜子与原身之间毕竟存在着差距。两者之间仅仅具有"相似"，但绝不意味着资本主义社会中的人的关系完全等同于物与物的关系。需要分清两者之间的差异，它犹如我们在价值形式中分析的那样，虽然商品 A 与商品 B 之间用的是"＝"，但实质上，它仅仅是"表现为"，并非是真的等于。如果我们将特定时代呈现出来的"＝"或表现为，看作是真实本身，那么这就是一种拜物教。对商品世界与人的世界之间并非对等的认识，让我们能够知道一个理解的界限存在，即在讨论商品世界的资本逻辑对社会的影响过程中，还不能够抓住人的世界的全部秘密。也许，有人会提出这样的反问，难道人不是由商品世界建构出来的？以此来论证人的世界并非

---

[1] 《马克思恩格斯文集》第 5 卷，北京：人民出版社 2009 年版，第 67 页。

有什么自治性。这一论述似乎也符合马克思的"人的本质不是单个人所固有的抽象物，在其现实性上，它是一切社会关系的总和"的观点①，但是，也不要忘记了马克思的另外一句话："关于环境和教育起改变作用的唯物主义学说忘记了：环境是由人来改变的，而教育者本人一定是受教育的"，由此，必须在讲人是被建构的这一观念的时候，要懂得环境也是人之活动的结果，"环境的改变和人的活动或自我改变的一致，只能被看做是并合理地理解为革命的实践"。② 于是，可以认为，在《资本论》及其手稿中存在着两条逻辑：一条是商品世界的交换运行的资本逻辑的规则，这一规则对人的世界起到建构与改变的作用，这就是今天人们以资本逻辑来分析当下社会的基本原因；另一条逻辑是，人以主体自身的劳动逻辑对资本逻辑加以重新改造的法则，其可能性在于，商品的世界规则只是表现人的世界，而不是全部，它还有剩余，有其他另外的属人的运行逻辑。否则，我们不可能再去讨论解放、再去讨论革命的主体、再去设想未来世界的图景。这条逻辑在《资本论》及其手稿的讨论中，可以说并没有得到更好的论述，历史的任务仅仅给予马克思去讨论第一条逻辑。第二条逻辑在《资本论》的尾声处，即第三卷——第五十二节"阶级"一章——试图来讨论时，便在不到千字的文本中戛然而止了。

二、不能遗忘每一个具体的"同一性"

拜物教批判实质上告诉人们的是，要对拜物教所完成的以"部分替代整体"这一颠倒的再颠倒，直白地说，拜物教批判就是拒绝一切以部分的方式去置换整体性，它尊重整体性不可还原为任何部分，从任何部分的视角看，整体都是对整体的破坏。但是，正如我们在上一节所阐述

---

① 《马克思恩格斯文集》第1卷，北京：人民出版社2009年版，第505页。
② 《马克思恩格斯文集》第1卷，北京：人民出版社2009年版，第500页。

的，从认识的视角来看，有必要从部分透视整体，这是从商品世界出发认识人的世界，阐明当代社会的根本理由，这是认识论的要求。但是，从存在论的角度来看，这一认识就有了界限，任何对这一界限毫无意识，把认识论与存在论混为一谈的人，都会认为商品世界就是人的世界，商品世界中资本逻辑的自否定所达成的交换社会的毁灭，也是人的世界的解放。然而，这实质上是两回事。如果从文本上来看，马克思在《资本论》中通篇大量使用了"表现为"，正是意欲告诉人们，看起来（认识）似乎如此，但是，真实的世界与表现的世界相差很多。还是回到马克思资本论中的商品 A 与商品 B 相等的公式来讲，这两者在商品世界可以等同，但是如果离开商品世界的交换，两者就毫无等同性，这是由于交换社会的法则赋予了其相同的形象。那么，人的世界的解放逻辑与商品世界的解放逻辑有着怎样的不同呢？还是从《资本论》的第一句话来看，资本主义生产方式占统治地位的社会的财富，表现为庞大的商品堆积，这句话的意思可以解读为：财富表现为商品的堆积，它只是在"资本主义生产方式占统治地位"的社会形态中，才如此存在的。诚如开放马克思主义代表人物霍洛威所指出的："财富表现的形式导致我们在财富与庞大的商品堆积之间建立了同一性，将他们作为完全等同的物对待。"① 对此，如果我们从《政治经济学大纲》来看，也能够看到马克思大致也表达过同样的思想，"事实上，如果抛掉狭隘的资产阶级形式，那么，财富不就是在普遍交换中产生的个人的需要、才能、享用、生产力等的普遍性吗"，可以肯定地讲，这个判断是对当下将财富与资本主义私有制联系在一起的批判，马克思认为："财富不就是人对自然力——既是通常所谓的'自然'力，又是人本身的自然力——的统治的充分发展吗？财富不就是人的创造天赋的绝对发挥吗？这种发挥，除了先前的历史发展之外没有任何其他前提，而先前的历史发展使这种全面

---

① John Holloway, "Read Capital: The First Sentence". *Historical Materialism*, 2015, NO.3.

的发展，即不以旧有的尺度来衡量的人类全部力量的全面发展成为目的本身。在这里，人不是在某一种规定性上再生产自己，而是生产出他的全面性"。① 由此，我们可以看到，将财富看作一种狭隘的商品占有，只是一种拜物教的视野所致，它本质是指向人的发展的丰富性这一维度。于是，人的解放逻辑实质上也不仅仅是所谓的资本逻辑的崩溃，虽然这是资本主义时代解放最为重要的思考维度，是一种客观要解决的问题，但是，从人之本身来讲，解放就是对人的发展的丰富性追求。我们知道，商品交换社会自身崩溃的逻辑是资本主义为了获得更多的剩余价值，从而为了资本增值而从事劳动生产的过程，其崩溃也是由这个增值自身不可克服的矛盾所导致的。对此，马克思指明了："这些内在的界限必然和资本的性质，和资本的本质的概念规定本身相一致。这些必然的界限是：（1）必要劳动是活劳动能力的交换价值的界限，或产业人口的工资的界限；（2）剩余价值是剩余劳动时间的界限，就相对剩余劳动时间来说，是生产力发展的界限；（3）这就是说，向货币的转化，交换价值本身，是生产的界限；换句话说，以价值为基础的交换，或以交换为基础的价值是生产的界限。这就是说：（4）使用价值的生产受交换价值的限制；换句话说，现实的财富要成为生产的对象，必须采取一定的、与自身不同的形式，即不是绝对和自身同一的形式。"② 显然，商品交换社会自身崩溃的逻辑就在于资本无法突破这四种界限，从而最终只能使得资本"在一定的限制以内运动，这些限制不断与资本为它自身的目的而必须使用的并旨在无限制地增加生产，为生产而生产，无条件地发展劳动社会生产力的生产方法相矛盾"。③ 在以往的研究过程中，这种客观的"限制"维度作为解读马克思主义的根本原则、立场、方法，当然没有什么问题，因为我们就处于资本主义社会之中，我们只能或者说

---

① 《马克思恩格斯文集》第8卷，北京：人民出版社2009年版，第137页。
② 《马克思恩格斯全集》第30卷，北京：人民出版社1995年版，第396页。
③ 《马克思恩格斯全集》第46卷，北京：人民出版社2003年版，第278—279页。

更加迫切地将这一维度看作是所有问题的根源。但是,如果我们要沿着马克思来讲,要推进的不仅是马克思所要解释的商品交换社会如何诞生、发展、危机、衰亡这样的命运史,更重要的是,在当下要追问的是,这个逻辑是否需要我们去等待?或者说历史必定会实现?那么,这样的解读与阿尔都塞的"历史是一个无主体的过程"有何区别呢?又或如西方学者批评的那样,这样全盘推给了当下人无法验证的遥远的未来,难道主体无所作为?当然不是。我们必须从马克思的文本中试图建构出人的解放逻辑,这一条逻辑必须时刻与商品社会的逻辑界划开来,但是,又必须以商品社会的逻辑为基本的参照系。对此,我们在上面已经表明,这也是马克思为什么要从商品分析开始的原因。但是,如果文本解读者仅仅停留于商品社会的逻辑,而认为只要搞清楚了这条逻辑,人的解放的逻辑也就清晰了,那么,我们深表疑虑。再进一步看,商品社会的物与物之间交换所表现出来的同一性,正是对现实人的社会生活的抽象,但是,人们为什么会将商品世界的逻辑与人的生活逻辑等同呢?这正是以黑格尔式辩证法解读马克思的运思模式使然。如阿多诺批判指明的那样:"当我们把交换原则当作思想的同一性原则来批判时,我们向实现自由和公平交换的理想。迄今这种理性只是一个借口。但只有它的实现才会超越商品交换。批判理论研究揭露了那种说平等又不平等的交换,所以我们对平等中的不平等的批判也旨在平等,意味我们对仇恨的怀疑深入进那种不宽容任何质的差异的资产阶级法权理想。如果没有人更多地抑制一部分活劳动,那么合理的同一性就会是一个事实,社会就会超越这种同一性思维方式。这非常接近黑格尔。"① 这是将人的生活中的复杂、异质性的矛盾还原为单一的商品世界的逻辑,从而把这个单一性的逻辑理解为一种"强制逻辑"。以往的辩证法正是采用这样的方案,认为凡是与这种同一性的逻辑不相容的便是矛盾,"这种客观

---

① [德] 阿多诺:《否定的辩证法》,张峰译,重庆:重庆出版社1993年版,第144页。

的矛盾性是和绝对有效的逻辑不相容的,是要被判断的形式一致性清除的"。进而,我们可以看到,"同一性哲学的否定的动机仍然是有力量的:任何特殊的东西都不是真实的;任何特殊都不像它的特殊性所要求的那样是它自身。"① 很显然,阿多诺的论证给予我们的启示是,按照商品世界的逻辑或者说资本逻辑在对人的解放进行思考的时候,它的出发点就是"同一化"的。对于这一点,霍洛威在其《裂解资本主义》等著作中已经讨论,不过,笔者在这里要推进的霍洛威的观点是:人的解放自身面对的矛盾是复数、多元的、异质性的,或者用哈特、奈格里的概念叫做奇点性的(Singularity)。于是,我们可以进一步讲,解放的内涵必然具有普遍性的一面,也有特殊性的一面,这个特殊性就是对应于"奇点性"、多元性的。在以往的研究过程中,解放的普遍性内涵被揭示的比较多,如上文我们所阐述的那样,将商品社会中的人的个体之间的矛盾还原为资本与劳动的矛盾,从而认为化解了资本与劳动之间的矛盾,以及解决了商品交换社会的内在矛盾,就是对人的解放的通达,现在看来,特别在商品交换社会中,这种说法当然非常重要,这也是拜物教视野的一个方面。但是,依据拜物教批判所带来的视角转换,那种作为个体之特殊矛盾,远非是资本与劳动这对矛盾能够解释清楚的了。诚如马克思自己在1859年《〈政治经济学批判〉序言》中所说的那样:"具体总体作为思想总体、作为思想具体,事实上是思维的、理解的产物;但是,决不是处于直观和表象之外或驾于其上而思维着的、自我产生着的概念的产物,而是把直观和表象加工成概念这一过程的产物。"② 我们也可以说,具体之矛盾与思维中所构建的矛盾两者是有差距的。明白了这一点,我们才能够说,资本与劳动在商品交换社会中所呈现出来的矛盾确实是理解人之解放的重要维度,这是以往马克思主义哲学着力解决的方向,但是,人的生活不仅是商品生活,还有诸多的生活领域。

---

① [德]阿多诺:《否定的辩证法》,张峰译,重庆:重庆出版社1993年版,第149页。
② 《马克思恩格斯文集》第8卷,北京:人民出版社2009年版,第25页。

在其他生活领域中，虽然都有着资本逻辑的影响，不过，绝不能否认每个领域都有自身的特殊性的矛盾和特殊性的"同一性"力量存在。当我们只注重概念思维的"同一性"，而遗忘每一个具体的"同一性"时，绝不可能完整地理解人之解放的逻辑。

三、修补资本逻辑批判

政治经济学批判如何能够作为一种社会批判理论或者说是政治哲学存在？回答这个问题不应该仅仅关注到如阿尔都塞所认为的那样，即马克思政治经济学的批判是对经济范畴的前提批判。在笔者看来，政治经济学批判要转化成能为人的解放奠基的社会批判理论，则需要对政治经济学批判中的商品世界的这样一种普遍的"同一性"与特殊的"同一性"做进一步批判。在客观的维度上讲，普遍的"同一性"的政治经济学批判在当下的学术文献中尤为常见，但其在存在论上的缺陷已经昭然若揭。故此，在这一思考方向之外，我们需要引入政治经济学批判的"主体向度"，这一向度所强调的是对资本逻辑进行劳动逻辑的修补，从而重塑对人的解放思考。实质上，已经有诸多西方学者对这一维度给予阐述，像哈特、奈格里、霍洛威等。他们尤为看重并主张的观点就是重新分析马克思视角中的"主体"位置。如奈格里所说："共产主义的转变不单单包括经济发展史的维度，认识主要由给予折磨和痛苦之积累的革命意志，及其对革命渴望的主观表达"，由此，"这一转变过程不是经济学家所研究和展示的量变过程，这一转变是一个我们自身矛盾运动的主观过程"。[①] 当然，这种革命意志又主要地表现为，"工人阶级的立场就是非资本的劳动的立场"。[②] 这是什么意思呢？对此，奈格里解释认

[①] ［意］奈格里：《〈大纲〉：超越马克思的马克思》，张梧等译，北京：北京师范大学出版社 2011 年版，第 3 页。

[②] ［意］奈格里：《〈大纲〉：超越马克思的马克思》，张梧等译，北京：北京师范大学出版社 2011 年版，第 100 页。

为:"当剩余价值开始被生产出来的时候,就意味着工人的存在完全被吸收进资本中了"①,由此,资本以一种绝对的方式变成了工人的对立面,"资本表现为扩张的力量,表现为生产和再生产,并且总是控制的力量。增值是一个连续的和整体的过程,它既不知道限度也不知道休息",从而"劳动在增值的过程中被控制以至于其自治性在很多情况下都被极大程度地削减,几乎削减到不存在"。② 也就是说,资本完全控制了主体性。但是,人们忘记了马克思自己也十分关注资本自身存在的条件性,即认为同劳动对立的资本的存在,要求自为存在的资本即资本家能够作为非工人而存在,更进一步来看,这种资本只是作为"过去劳动"的凝结物而存在,也就是说,资本的存在前提是活劳动,而不是相反。故此,所有的活劳动才是人的解放真正逻辑的诞生地,这也是人们真正能够决定自我的领地,或者说是"制宪权"的源头。由此,劳动逻辑被认为是克服原先资本逻辑最为重要的方向。对此,我们认为,上述也可以看作是历史唯物主义中争论最多的结构还是主体(Structure-agency)的问题的再现。下面我们依照西方学者威瑟利的看法评述这个问题,以给我们处理资本逻辑与劳动逻辑之间的关系做一个更为根基性的铺垫。在以往的学术史上,对主体与结构之间的关系的讨论,主要存在着三种思考方案,即还原法、对立法和辩证法。第一种是"还原法"。这一观点否认了结构与主体之间会存在着差别,因而,在坚持还原法的人看来,世界上的万事万物要么是结构的,要么是主体的。进而,威瑟利以埃尔斯特(Elster)为例指明,方法论的个人主义强调一切社会现象,在原则上只能以个体方式来解释,其中包括分析分子个人财富、目的、信念和行动。因此,那些表现为社会结构的东西原则上通常可以被

---

① [意]奈格里:《〈大纲〉:超越马克思的马克思》,张梧等译,北京:北京师范大学出版社2011年版,第101页。
② [意]奈格里:《〈大纲〉:超越马克思的马克思》,张梧等译,北京:北京师范大学出版社2011年版,第104页。

还原为单个主体（Individual Agents）。与此相反，方法论的集体主义主张那些表现为个人财富的东西，原则上通常都可以还原为社会结构的影响结果。威瑟利认为，这是一个错误的二分法。可能有人会因为方法论的个人主义只涉及构成主体的个人而反对方法论的个人主义。方法论个人主义（或意向主义）的解释法的缺陷恰恰在于它忽略了结构语境。如埃尔斯特所明确规定的，如果说个人主义的解释必须被否定，同样，方法论的结构主义的解释法也必须被否定。一旦我们承认这种意见，那么就有必要在某些方面实现结构和主体的结合。① 第二种即"对立法"。认为结构和主体本质上是分离的，在某种意义上，这两者是相互独立或相互自主的。虽然有人把这种对立或二元论归结为纯粹的主体解释或纯粹的结构解释，但是，这种方法最有可能克服混杂主体和结构的解释法。因此，作为结构和主体因素综合作用结果的社会现象就被分开解释了。第三种是"辩证法"。在威瑟利看来，此种理解承认了主体和结构之间的区别，但两者之间的关系是"相互影响"的。辩证法认为，无论是结构，还是主体，都不能独立地存在；也都不能将任何一方还原为另一方。于此，结构和主体之间的关系被视为内在的相互构成。② 依照威瑟利的看法，在理解历史唯物主义解放的问题上，既存在偏重结构的资本逻辑阐释以及瓦解资本逻辑的方案，也存在偏重主体的劳动逻辑阐释及其重塑"非资本的劳动的立场"的解放方案。当下学术界，随着意大利自治主义的引入，特别是对哈特、奈格里、霍洛威等人的深入阅读，原先那种单一的资本逻辑批判意义上的解放理念受到了反思，其中便存在着完全偏向主体的视角。诸如，霍洛威认为，与传统马克思主义注重围绕"资本"寻求革命的理念完全不同，他积极倡导当今的解放应该转向重视主体行为本身。因为，正是人们将自己的主体行为，包括人们的日常活动转变为抽象劳动和剩余价值生产的劳动，以及将抽象劳动强加到

---

① Paul Wetherly, *Marxism and the State*, London: Palgrave Macmillan, 2005, pp. 72 – 73.
② Paul Wetherly, *Marxism and the State*, London: Palgrave Macmillan, 2005, pp. 73 – 74.

人类全部生活行为之中，并使其成为行为的标准，资本与劳动的对抗关系才得以产生，人类活动才得以转变为价值生产的劳动，人们才被迫生产与劳动力相当的价值和用于资本增值的剩余价值。所以，传统马克思主义理解的解放理念忘记了它们所意欲抵抗的资本与劳动的对抗关系，是以第一层对抗关系即主体自觉地抵制自身主体行为的价值化为前提的。如果按照霍洛威这样的理解，它与偏重于资本逻辑的阐释方案一样，犯了二分法的错误。当然，在主体向度上，以劳动逻辑来开启人类解放可能性空间的方案要比资本逻辑批判高明的地方在于，它提示了资本逻辑并不能够独立自主地存在，其之所以表现为独立自主地成为人生存的处境，构成人们生活的围城，主要原因在于我们拜物教地看待了资本逻辑。劳动逻辑直接摧毁了资本逻辑自治的可能性。所以，在当下，一方面，我们要加大资本逻辑的批判；另一方面，要加大劳动逻辑的重塑，批判那种认为只有资本才能推动生产力提升的观念，真正认识到生产力的提升可以依靠劳动方式的重组而达成，从而进一步重塑劳动组织方式与提升劳动的生产能力，试图对人自身丰富性、创造性有所推进。只有在此种方向上用力，才能真正在历史唯物主义的关照下进行人类新文明的开掘，才真正匹配于人类新型文明道路的创生。因而，要利用"劳动的生产力"而不是"资本的生产力"，前者高度关注人与人之间的非异化的社会关系的合作力量，诸如共享式的维基式的知识生产模式，而后者则是以物与物的异化了的社会关系作为社会建设力量，资本成了生产力的核心要素。为此，我们提出对资本逻辑批判方式进行反思，界定这样一种批判与马克思的解放理念之间还存在着差异，在另一方面凸显劳动逻辑这一政治经济学批判的"主体向度"，从而对资本逻辑批判进行修补，试图构成一个既能够观照商品交换社会又能够对人本身主体维度的解放给予思考的逻辑批判。而如何处理两者，需要不断地平衡，但绝非任何一种偏离，所以，我们重提政治经济学批判的主体向度正是这个意图。这一点，奈格里对自身若有反思的话，可以印证我们的共鸣之处:"'资本逻辑学派'主张拥护资本控制一切发展的力量,看来只要我们拒绝对这个学派最客观的阐释,我们也必须避免主体性之路,因为它将资本归咎于最简单的对象化,但是我们对那些理论上的剑拔弩张——可怕的简单化——并不感兴趣。相反,真正令我们感兴趣的是这个过程的含糊性,解决办法的匮乏以及在这一水平上所有控制法则的枯竭"。①

---

① [意]奈格里:《〈大纲〉:超越马克思的马克思》,张梧等译,北京:北京师范大学出版社2011年版,第100页。

参考文献

(一) 经典著作

1.《马克思恩格斯文集》第 1 卷，北京：人民出版社 2009 年版
2.《马克思恩格斯文集》第 2 卷，北京：人民出版社 2009 年版
3.《马克思恩格斯文集》第 3 卷，北京：人民出版社 2009 年版
4.《马克思恩格斯文集》第 4 卷，北京：人民出版社 2009 年版
5.《马克思恩格斯文集》第 5 卷，北京：人民出版社 2009 年版
6.《马克思恩格斯文集》第 6 卷，北京：人民出版社 2009 年版
7.《马克思恩格斯文集》第 7 卷，北京：人民出版社 2009 年版
8.《马克思恩格斯文集》第 8 卷，北京：人民出版社 2009 年版
9.《马克思恩格斯文集》第 9 卷，北京：人民出版社 2009 年版
10.《马克思恩格斯文集》第 10 卷，北京：人民出版社 2009 年版
11.《马克思恩格斯全集》第 1 卷，北京：人民出版社 1958 年版
12.《马克思恩格斯全集》第 3 卷，北京：人民出版社 1960 年版
13.《马克思恩格斯全集》第 4 卷，北京：人民出版社 1958 年版
14.《马克思恩格斯全集》第 5 卷，北京：人民出版社 1958 年版
15.《马克思恩格斯全集》第 19 卷，北京：人民出版社 1963 年版
16.《马克思恩格斯全集》第 25 卷，北京：人民出版社 2001 年版

17.《马克思恩格斯全集》第 26 卷（第三册），北京：人民出版社 1974 年版

18.《马克思恩格斯全集》第 29 卷，北京：人民出版社 1972 年版

19.《马克思恩格斯全集》第 30 卷，北京：人民出版社 1995 年版

20.《马克思恩格斯全集》第 31 卷，北京：人民出版社 1998 年版

21.《马克思恩格斯全集》第 32 卷，北京：人民出版社 1998 年版

22.《马克思恩格斯全集》第 42 卷，北京：人民出版社 1979 年版

23.《马克思恩格斯全集》第 46 卷，北京：人民出版社 2003 年版

24.《马克思恩格斯全集》第 46 卷（下册），北京：人民出版社 1980 年版

（二）外文译著

1. [德] 康德：《康德著作全集》，李秋零主译，北京：中国人民大学出版社 2018 年版

2. [德] 康德：《纯粹理性批判》，邓晓芒译，北京：人民出版社 2004 年版

3. [德] 黑格尔：《法哲学原理》，邓安庆译，北京：人民出版社 2016 年版

4. [德] 黑格尔：《逻辑学》（上、下卷），杨一之译，北京：商务印书馆 1977 年版

5. [德] 黑格尔：《精神现象学》（上、下卷），贺麟、王玖兴译，北京：商务印书馆 1979 年版

6. [德] 黑格尔：《历史哲学》，王造时译，上海：上海书店出版社 1999 年版

7. [德] 黑格尔：《精神哲学》，杨祖陶译，北京：人民出版社 2017 年版

8. [澳] 丹纳赫，斯奇拉托，韦伯：《理解福柯》，刘瑾译，天津：

百花文艺出版社 2002 年版

9. ［美］丹尼尔·贝尔：《后工业社会的来临》，王宏周、魏章玲译，北京：新华出版社 1997 年版

10. ［英］乔纳森·沃尔夫：《当今为什么还要研读马克思》，段忠桥译，北京：高等教育出版社 2006 年版

11. ［美］乔纳森·克拉里：《24/7 晚期资本主义与睡眠的终结》，许多、沈清译，北京：中信出版社 2015 年版

12. ［加］金里卡：《当代政治哲学》，刘莘译，上海：三联书店 2004 年版

13. ［古希腊］亚里士多德：《尼可马可伦理学》，王旭凤、陈晓旭译，北京：中国社会科学出版社 1990 年版

14. ［苏］伊利延科夫：《马克思〈资本论〉中抽象和具体的辩证法》，郭铁民等译，福州：福建人民出版社 1986 年版

15. ［美］伊格尔斯：《德国的历史观》，彭刚、顾杭译，南京：译林出版社 2006 年版

16. ［美］佩弗：《马克思主义、道德与社会正义》，吕梁山、李旸、周洪军译，北京：高等教育出版社 2010 年版

17. ［德］克里斯·桑希尔：《德国政治哲学》，陈江进译，北京：人民出版社 2009 年版

18. ［奥］凯尔森：《共产主义的法律理论》，王名扬译，北京：中国法制出版社 2004 年版

19. ［奥］凯尔森：《法与国家的一般理论》，沈宗灵译，北京：中国大百科全书出版社 1996 年版

20. ［苏］列宁：《哲学笔记》，中共中央马恩列斯著作编译局译，北京：人民出版社 1974 年版

21. ［美］列文森：《儒教中国及其现代命运》，郑大华、任菁译，北京：中国社会科学出版社 2000 年版

22. ［奥］卡尔·伦纳：《私法的制度及其社会功能》，王家国译，北京：法律出版社 2013 年版

23. ［德］卡尔·洛维特：《世界历史与救赎历史》，李秋零、田薇译，上海：三联书店 2002 年版

24. ［意］卡洛·罗塞利：《自由社会主义》，陈高华译，长春：吉林出版集团有限责任公司 2008 年版

25. ［捷克］卡莱尔·科西克：《具体的辩证法——关于人与世界问题的研究》，傅小平译，北京：社会科学文献出版社 1989 年版

26. ［英］卢克斯：《马克思主义与道德》，袁聚录译，北京：高等教育出版社 2009 年版

27. ［匈］卢卡奇：《历史与阶级意识》，杜章智等译，北京：商务印书馆 1992 年版

28. ［美］哈特、［意］奈格里：《大同世界》，王行坤译，北京：中国人民大学出版社 2016 年版

29. ［美］哈特、［意］奈格里：《帝国》，杨建国、范一亭译，南京：江苏人民出版社 2005 年版

30. ［美］哈特：《法理学与哲学论文集》，支振锋译，北京：法律出版社 2005 年版

31. ［英］哈耶克：《个人主义与经济秩序》，邓正来译，上海：三联书店 2003 年版

32. ［英］哈耶克：《致命的自负》，冯克利、胡晋华译，北京：中国社会科学出版社 2000 年版

33. ［苏］图林加诺夫：《马克思主义中的价值论》，齐友等译，北京：中国人民大学出版社 1989 年版

34. ［美］博登海默：《法理学——法哲学及其方法》，邓正来译，北京：华夏出版社 1987 年版

35. ［美］墨菲：《政治的回归》，王恒、臧佩洪译，南京：江苏人民

出版社 2001 年版

36. ［英］亚历山大·布罗迪：《剑桥指南：苏格兰启蒙运动》，贾宁译，杭州：浙江大学出版社 2010 年版

37. ［英］大卫·利奥波德：《青年马克思》，刘同舫、万小磊译，广州：中山大学出版社 2017 年版

38. ［美］大卫·哈维：《资本之谜》，陈静译，北京：电子工业出版社 2011 年版

39. ［美］大卫·哈维：《跟大卫·哈维读〈资本论〉》，刘英译，上海：上海译文出版社 2013 年版

40. ［意］奈格里：《大纲：超越马克思的马克思》，张梧、孟丹、王巍译，北京：北京师范大学出版社 2011 年版

41. ［英］奥斯丁：《法理学的范围》，刘星译，北京：中国法制出版社 2001 年版

42. ［德］赫费：《政治的正义性：法和国家的批判哲学之基础》，庞学铨、李张林译，上海：上海译文出版社 1998 年版

43. ［英］安东尼·帕戈登：《启蒙运动：为什么依然重要》，王丽慧、郑念、杨蕴真译，上海：上海交通大学出版社 2017 年版

44. ［英］安东尼·吉登斯：《第三条道路及其批评》，孙相东译，北京：中央党校出版社 2002 年版

45. ［日］宫川彰：《解读资本论》，刘锋译，北京：中央编译出版社 2011 年版

46. ［苏］帕舒卡尼斯：《法的一般理论与马克思主义》，杨昂、张玲玉译，北京：中国法制出版社 2008 年版

47. ［日］平子友长：《黑格尔〈精神现象学〉中的 versachlichung 与 verdinglichung》，《社会批判理论纪事》，张一兵主编，南京：江苏人民出版社 2003 年版

48. ［日］广松涉：《〈资本论〉的哲学》，邓习议译，南京：南京大

学出版社 2013 年版

49. ［日］广松涉：《马克思主义的哲学》，邓习议译，南京：南京大学出版社 2019 年版

50. ［日］广松涉：《唯物史观的原像》，邓习议译，南京：南京大学出版社 2009 年版

51. ［日］广松涉：《物象化论的构图》，邓习议译，南京：南京大学出版社 2009 年版

52. ［加］弗兰克·坎宁安：《民主理论导论》，谈火生、年玥、王民靖译，长春：吉林出版集团有限责任公司 2010 年版

53. ［法］德波：《景观社会》，张新木译，南京：南京大学出版社 2007 年版

54. ［法］德波：《景观社会评论》，梁虹译，桂林：广西师范大学出版社 2007 年版

55. ［法］德里达：《马克思的幽灵》，何一译，北京：中国人民大学出版社 1999 年版

56. ［英］戴维·米勒：《社会正义原则》，应奇译，南京：江苏人民出版社 2001 年版

57. ［英］拉克劳、墨菲：《领导权与社会主义策略》，尹树广、鉴传今译，哈尔滨：黑龙江人民出版社 2003 年版

58. ［德］施特劳斯：《现代性的三次浪潮》，载贺照田主编，《西方现代性的曲折与展开》，长春：吉林人民出版社 2011 年版

59. ［加］普殊同：《时间、劳动与社会统治》，康凌译，北京：北京大学出版社 2019 年版

60. ［美］杰姆逊：《后现代主义与文化理论》，唐小兵译，西安：陕西师范大学出版社 1987 年版

61. ［美］欧文·戈夫曼：《日常生活中的自我呈现》，冯钢译，北京：北京大学出版社 2008 年版

62.［美］欧鲁菲米·太渥:《法律自然主义》,杨静哲译,北京:法律出版社 2013 年版

63.［美］沃格林:《没有约束的现代性》,张新樟、刘景联译,上海:华东师范大学出版社 2007 年版

64.［美］泰格、利维:《法律与资本主义的兴起》,纪琨译,上海:学林出版社 1996 年版

65.［英］玛丽·伊万丝:《社会简史:现代世界的诞生》,曹德骏、张荣建、徐永安译,上海:复旦大学出版社 2010 年版

66.［美］瓦托夫斯基:《科学思想的概念基础》,范岱年等译,北京:求实出版社 1989 年版

67.［意］登特列夫:《自然法:法律哲学导论》,李日章、梁捷、王利译,北京:新星出版社 2008 年版

68.［法］福柯:《必须保卫社会》,钱翰译,上海:上海人民出版社 2018 年版

69.［法］福柯:《规训与惩罚》,刘北成、杨远婴译,上海:三联书店 2007 年版

70.［法］福柯:《疯癫与文明:理性时代的疯癫史》,刘北成、杨远婴译,上海:三联书店 2012 年版

71.［法］福柯:《词与物》,莫伟民译,上海:三联书店 2001 年版

72.［法］福柯:《知识考古学》,谢强、马月译,上海:三联书店 2003 年版

73.［法］福柯:《不正常的人》,钱翰译,上海:上海人民出版社 2018 年版

74.［法］福柯:《生命政治的诞生》,莫伟民、赵伟译,上海:上海人民出版社 2011 年版

75.［英］科恩:《自我所有、自由和平等》,李朝晖译,北京:东方出版社 2008 年版

76. ［波］科拉科夫斯基：《理性的异化》，张彤译、哈尔滨：黑龙江大学出版社 2011 年版

77. ［德］索恩·雷特尔：《脑力劳动与体力劳动》，谢永康、侯振武译，南京：南京大学出版社 2015 年版

78. ［美］约翰·罗默：《社会主义的未来》，余文烈等译，重庆：重庆出版社 1997 年版

79. ［加］罗伯特·阿尔布瑞顿：《政治经济学中的辩证法与解构》，李彬彬译，北京：北京师范大学出版社 2017 年版

80. ［美］罗伯特·查尔斯·塔克：《马克思主义革命观》，高岸起译，北京：人民出版社 2012 年版

81. ［美］罗尔斯：《政治哲学史讲义》，杨通进、李丽丽、林航译，北京：中国社会科学出版社 2011 年版

82. ［美］罗尔斯：《政治自由主义》，万俊人译，南京：译林出版社 2002 年版

83. ［美］罗尔斯：《正义论》，何怀宏、何包钢、廖申白译，北京：中国社会科学出版社 1988 年版

84. ［德］考茨基：《资本论解说》，戴季陶、胡汉民译，北京：九州出版社 2012 年版

85. ［加］艾伦·伍德：《民主反对资本主义》，吕薇洲、刘海霞、邢文增译，重庆：重庆出版社 2007 年版

86. ［英］莱姆克等：《马克思与福柯》，陈元等译，上海：华东师范大学出版社 2007 年版

87. ［日］藤田正胜：《西田几多郎的现代思想》，吴光辉译，石家庄：河北人民出版社 2011 年版

88. ［德］西美尔：《货币哲学》，陈戎女、耿开君、文聘元译，北京：华夏出版社 2002 年版

89. ［德］西美尔：《金钱、性别、现代生活风格》，顾仁明译，上海：学林出版社 2000 年版

90. [美] 詹姆逊：《重读〈资本论〉》，胡志国、陈清贵译，北京：中国人民大学出版社2013年版

91. [法] 让·雅克·朗班：《资本主义新论》，车斌译，北京：东方出版社2015年版

92. [澳] 迈克尔·黑德：《叶夫根尼·帕舒卡尼斯》，刘蔚铭译，北京：法律出版社2012年版

93. [美] 道格拉斯·凯尔纳：《波德里亚：批判性的读本》，陈维振、陈明达、王峰译，南京：江苏人民出版社2005年版

94. [奥] 哈耶克：《哈耶克读本》，邓正来主编，北京：北京大学出版社2010年版

95. [德] 阿多尔诺：《否定的辩证法》，张峰译，重庆：重庆人民出版社1993年版

96. [匈] 阿格尼丝·赫勒：《后现代政治状况》，王海洋译，哈尔滨：黑龙江大学出版社2011年版

97. [德] 阿诺德·盖伦：《技术时代的人类心灵》，何兆武、何冰译，上海：上海世纪出版集团2008年版

98. [法] 雅克·比岱等：《当代马克思辞典》，许国艳等译，北京：社会科学文献出版社2011年版

99. [德] 霍克海默，阿多诺：《启蒙辩证法》，渠敬东、曹卫东译，上海：上海人民出版社2006年版

100. [英] 韦恩·莫里森：《法理学：从古希腊到后现代》，李桂林等译，武汉：武汉大学出版社2003年版

101. [德] 韩炳哲：《透明社会》，吴琼译，北京：中信出版社2019年版

102. [德] 韩炳哲：《他者的消失》，吴琼译，北京：中信出版社2019年版

103. [德] 韩炳哲：《倦怠社会》，王一力译，北京：中信出版社2019年版

104. ［德］韩炳哲：《在群中：数字媒体时代的大众心理学》，程巍译，北京：中信出版社 2019 年版

105. ［德］韩炳哲：《精神政治学：新自由主义与新权力技术》，关玉红译，北京：中信出版社 2019 年版

106. ［德］马克思·舍勒：《知识社会学问题》，艾彦译，北京：华夏出版社 2000 年版

107. ［德］马尔库塞：《理性和革命》，程志民等译，上海：上海人民出版社 2007 年版

108. ［美］马歇尔·伯曼：《一切坚固的东西都烟消云散了》，徐大建、张辑译，北京：商务印书馆 2013 年版

109. ［英］鲍曼：《立法者与阐释者》，洪涛译，上海：上海人民出版社 2000 年版

110. ［英］麦克法兰：《现代世界的诞生》，管可秾译，上海：上海人民出版社 2013 年版

111. ［美］麦卡锡：《马克思与亚里士多德》，郝亿春、、邓先珍、文贵全等译，上海：华东师范大学出版社 2015 年版

112. ［德］黑尔德：《世界现象学》，倪梁康译，北京：三联书店 2003 年版

113. ［斯洛文尼亚］齐泽克：《意识形态的崇高客体》，季光茂译，北京：中央编译出版社 2017 年版

（三）中文专著

1. 陈先达：《走向历史的深处》，北京：中国人民大学出版社 2012 年版

2. 张一兵：《物象化图景与事的世界观：广松涉哲学的构境论研究》，天津：天津人民出版社 2020 年版

3. 张一兵：《回到马克思》，南京：江苏人民出版社 1999 年版

4. 张一兵：《马克思历史辩证法的主体向度》，郑州：河南人民出

版社 1995 年版

5. 张一兵：《社会批判理论纪事》第 7 辑，南京：南京大学出版社 2014 年版

6. 孙正聿：《马克思主义辩证法研究》，北京：北京师范大学出版社 2012 年版

7. 吴晓明：《黑格尔的哲学遗产》，北京：商务印书馆 2020 年版

8. 杨耕：《"危机"中的重建——历史唯物主义的现代阐释》，北京：中国人民大学出版社 1995 年版

9. 丰子义：《走向现实的社会历史哲学：马克思社会历史理论的当代价值》，武汉：武汉大学出版社 2010 年版

10. 王南湜：《辩证法：从理论逻辑到实践智慧》，武汉：武汉大学出版社 2011 年版

11. 张文喜：《历史唯物主义的政治哲学向度》，南京：江苏人民出版社 2008 年版

12. 杨国荣：《人类行动与实践智慧》，上海：三联书店 2013 年版

13. 公丕祥：《马克思的法哲学革命》，杭州：浙江人民出版社 1987 年版

14. 张文显：《马克思主义法理学》，北京：高等教育出版社 2003 年版

15. 付子堂：马克思主义法律思想研究，北京：高等教育出版社 2008 年版

16. 贺照田：《西方现代性的曲折与展开》，长春：吉林人民出版社 2002 年版

17. 孙善豪：《批判与辩证：马克思政治哲学论文集》，唐山：唐山出版社 2009 年版

18. 郭齐勇，郑文龙：《杜维明文集》第 2 卷，武汉：武汉出版社 2002 年版

19. 杜维明：《儒教》，上海：上海古籍出版社 2008 年版

20. 陈独秀：《独秀文存》，合肥：安徽人民出版社 1987 年版
21. 孙亮：《重审马克思的阶级概念》，南京：江苏人民出版社 2016 年版

（四）外文专著

Alexandra Rau, *Psychopolitik. Macht, Subjekt und Arbeit in der neoliberalen Gesellschaft*, Frankfurt a., 2010.

Alfred Sohn-Rethel, *Intellectual and Manual Labour. A Critique of Epistemology*, Istunbul: Bogazici University Library, 1978.

Alschuler Lawrence R., *The Psychopolitics of Liberation: Political Consciousness from a Jungian Perspective*, New York: Palgrave Macmillan, 2007.

Anthony Giddens, *The Consequences of Modernity*, Cambridge: Polity Press, 1991.

Arnold A. Hutschnecker, *Psychopolitik. Eritik des Willens zur Macht*, Gütersloh: Bertelsmann Verlag, 1989.

Benhabib S., *Critique, Norm, and Utopia, A Study of the Foundations of Critical Theory*, New York: Columbia University Press, 1986.

Berki, R. N., *Insight and Vision*, London: J. M. Dent &Sons, 1983.

Bernard Stiegler, *For a New Critique of Political Economy*, Cambridge: Polity Press, 2010.

Carlo Vercellone, The Hypothesis of Cognitive Capitalism, http://halshs.archives-ouvertes.fr/halshs—00273641.

Chantal Mouffe, *Agonistics: Thinking The World Politically*, London: Verso, 2013.

Chantal Mouffe, *On the Political*, New York: Routledge, 2005.

Chantal Mouffe, *The Democratic Paradox*, London, New York: Verso, 2009.

Collins, Hugh, *Marxism and Law*, New York: Oxford University Press,

1982.

David Harvey, *Spaces of Capital*, Edinburgh: Edinburgh University Press, 2001.

Erik Olin Wright, *Envisioning Real Utopias*, London: Verso, 2010.

George Caffentzis, *In Letters of Blood and Fire: Work, Machines, and the Crisis of Capitalism*, Oakland, Calif: PM Press, 2013.

Giorgio Agamben, *Homo Sacer: Sovereign Power and Bare Life*, Polo Alto, CA: Stanford University Press, 1998.

Giorgio Agamben, *Means without End Notes on Politics*, London: Minneapolis, 2000.

Guy Debord, *Society of the Spectacle*, Brocklyn, New York: Zone Books, 1994.

H. A. Rommen, *The Natural Law: A Study in Legal and Social History and Philosophy*, London: B. Herder Book Co, 1947.

Rosa, Hartmut, *Beschleunigung. Die Veränderung der Zeitstrukturen in der Moderne*, Frankfurt am Main: Suhrkamp, 2015.

Hartmut Rosa, *Resonanz: Eine Soziologie der Weltbeziehung*, Frankfurt am Main: Suhrkamp, 2016.

Hiroshi Uchida edited, *Marx for the 21st Century*, London, New York: Routledge, 2006.

John Gray, *Liberalisms*, London, New York: Routledge, 1989.

John Holloway, *Change the World without Talking Power*, London: Pluto press, 2010.

John Holloway, *Crack Capitalism*, London: Pluto Press, 2010.

Kain, P. J., *Marx and Ethics*, Oxford: Clarendon Press, 1991.

Karl Marx, *Das Kapital, Erster Band I*, Dietz, Berlin, 2008.

Klaus Dörre, Stephan Lessenich, and Hartmut Rosa, *Sociology, Capitalism, Critique*, London: Verso, 2015.

Matteo Pasquinelli, "The Labour of Abstraction: Seven Transitional Theses on Maxism and Accelerationism", *Fillip magazine*, 2014.

Michael Geyer, Helmut Lethen, Lutz Musner (Hg.), *Zeitalter der Gewalt: Zur Geopolitik und Psychopolitik des Ersten Weltkriegs*, Frankfurt am Main: Campus Verlag, 2015.

Michael Hardt, Antonio Negri, *Multitude: War and Democracy in the Age of Empire*, New York: Penguin Books, 2005.

Paolo Virno, Michael Hardt eds, *Radical Thought in Italy: A Potential Politics*, Minneapolis, London: University of Minnesota Press, 2006.

Paul Philips, *Marx and Engels on Law and Laws*, Totowa New Jerser: Barnes& Noble Books Press, 1980.

Paul Wetherly, *Marxism and the State*, London: Palgrave Macmillan, 2005.

R. Schlatter, *Private Property*, London, UK: George Allen & Unwin, 1951.

Rawls, John, *Lectures on the History of Political Philosophy*, Cambridge, Mass: Belknap Press of Harvard University Press, 2007.

Rosa, Hartmut, *Alienation and Acceleration*, Malm: NSU Press, 2012.

Rosa, Hartmut, William E. Scheuerman, *High-speed Society, Social Acceleration, Power, and Modernity*, Pennsylvania: Pennsylvania State University Press, 2009.

Taiwo, Olufemi, *Legal Naturalism: A Marxist Theory of Law*, N.Y.: Cornell University Press, 1996.

Theodor W. Adorno, *Negative Dialektik*, Fankfurt: Suhrkamp, 2015.

Vesa Oittinen, *Evald Ilyenkov's Philosophy Revisited*, Helsinki: Kikimora Publications, 2000.

Yann Moulier-Boutang, *Cognitive Capitalism*, Cambridge: Polity Press, 2012.

后　记

本书是教育部哲学社会科学后期资助项目"政治经济学批判语境中人的价值观念问题研究"（18JHQ026）的结项成果。在写作过程中，得到了学术界一些期刊的慷慨相助，使得其中的内容得以发表，在此，不再一一注明书中具体章节的出处，并向这些杂志和编辑们致以敬意！同时，本书获得了华东师范大学哲学系出版基金与华东师范大学精品力作基金资助。

本书一定存在着很多研究的不足，恳请学界同仁给予批评指正，以帮助我能够将问题思考得更为成熟，观点表述得更为清晰。

2021 年 6 月于上海华东师大哲学系